D0730107

»Hochhuth klagt jene an, die verscherbeln und ergaunern, denen politökonomisches Kalkül über die Menschlichkeit geht, gleich, ob sie in der Treuhandanstalt, in Parteizentralen oder Bonner Regierungsämtern sitzen.« (Schweizer Feuilletondienst) Die Menschen in den »fünf neuen Bundesländern« werden mit Wissen der Politiker seit der sogenannten Wiedervereinigung systematisch ausgeplündert, gedemütigt und kolonialisiert. Dies ist die zentrale These Hochhuths, die er mit zahlreichen Dokumenten und Analysen belegt und in neun dramatische Szenen umgesetzt hat. Die Sprengkraft dieser Texte zeigt sich beim Lesen noch stärker als auf dem Theater. Viel Wut, Verbitterung und Enttäuschung sind in dieses Buch eingegangen.

Rolf Hochhuth, geboren am 1. April 1931 in Eschwege, gehört zu den engagiertesten deutschen Schriftstellern. Mit seiner Frage nach der moralischen Verantwortung politisch Handelnder löste er heftige Diskussionen, aber auch wichtige Veränderungen in der Bundesrepublik aus. Zu seinen bekanntesten Werken gehören: ›Der Stellvertreter‹ (1963), ›Soldaten‹ (1967), ›Eine Liebe in Deutschland‹ (1978), ›Juristen‹ (1979), ›Alan Turing‹ (1987).

Rolf Hochhuth

Wessis in Weimar

Szenen aus einem besetzten Land

Mit einem Anhang:
Das Stück in der Diskussion

Deutscher Taschenbuch Verlag

Ungekürzte Ausgabe
Mai 1994
3. Auflage Mai 2000
Deutscher Taschenbuch Verlag GmbH & Co. KG, München
www.dtv.de
© 1993 Verlag Volk und Welt GmbH, Berlin
Umschlagkonzept: Balk & Brumshagen
Umschlagbild: ›Flagge‹ (1985) von K. H. Hödicke
(Ausschnitt. Das Bild ist im Besitz des Zentrums für Kunst
und Medientechnologie, Karlsruhe. Courtesy Galerie Wolfgang Gmyrek,
Düsseldorf)
Satz: deutsch-türkischer fotosatz, Berlin
Druck und Bindung: C. H. Beck'sche Buchdruckerei,
Nördlingen
Gedruckt auf säurefreiem, chlorfrei gebleichtem Papier
Printed in Germany · ISBN 3-423-11849-0

»Ws. BERLIN. 15. März. Zur ›Wahrung des Volkseigentums‹ ist mit Wirkung vom 1. März in der DDR eine ›A n s t a l t zur treuhänderischen Verwaltung d e s Volkseigentums (Treuhandanstalt)‹ gegründet worden. Diese Rechtskonstruktion sei notwendig gewesen, erläuterte Minister Ullmann (Demokratie jetzt), weil es im Bürgerlichen Gesetzbuch (BGB) der Bundesrepublik den juristischen Begriff des Volkseigentums nicht gebe. Volkseigentum bedeutet in der DDR bisher nichts anderes als Staatseigentum. Es zu wirklichem Volkseigentum werden zu lassen, ist eine der Aufgaben der Treuhandanstalt.«
Frankfurter Allgemeine Zeitung, 16. 3. 1990

»Und wenn Sie sagen, wir hätten uns geändert – da bin ich skeptisch. Ein Mensch und ein Volk ändern sich nie. Die Deutschen waren immer, wie sie sind. Sie besitzen auch sehr liebenswürdige Eigenschaften, aber die traten immer dann deutlich hervor, wenn ihr Staat schwach war.

STERN: Aber hat die Katastrophe des Zweiten Weltkrieges nicht das politische Bewußtsein in Deutschland verändert? Sind wir nicht politisch bescheidener geworden?

HAFFNER: Natürlich hat die katastrophale Niederlage von 1945 zunächst diese Wirkung gehabt, im Gegensatz zu der von 1918. In den 50ern, auch noch den 60er Jahren, wirkten die Deutschen gewissermaßen befreiend. Aber wirken sie jetzt noch befreiend? Die Art, wie sie heute die Nachbarn gar nicht, und wie sie dabei den schwächeren Teil, nämlich die DDR, behandeln – ich muß wirklich sagen, die Art, wie Kohl mit Modrow in Bonn umgesprungen ist, hat mich unwillkürlich an die Art erinnert, wie Hitler 1938 mit dem österreichischen Bundeskanzler Schuschnigg umgesprungen ist.

STERN: Ein hartes Wort.

HAFFNER: Ich will damit nicht sagen, daß Kohl mich an Hitler erinnert. Aber diese Art, mit dem schwächeren ›Partner‹ umzugehen, als wäre er ein unverschämter Bettler, das hat mich daran erinnert, ich kann es nicht ändern.«

Sebastian Haffner zum ›Stern‹, am 5. 4. 1990

Szenenfolge

Personen nach der Szenenfolge

Prolog: Der Vollstrecker
Hildegard
Der Präsident

Die Apfelbäume
Frau Michaelis
Obstarbeiter
Schorsch
Pilot

Goethe-Hotel Weimar
Beschließerin
Drepper
Eva Golz
Golz

»Systemnah«
Minister
Sein Sohn
Professorin
Ihre Tochter

Buchsendung zu ermäßigter Gebühr
Ein Senatsrat

*»Zu ebener Erde und erster Stock
oder: Die Launen des Glücks«*
Pressefotograf
Eine Dreiundachtzigjährige
Ihr Sohn
Frau Schlucker
Betsy, die Sängerin

Metzger Schulz
Anwältin
Trumpf
Ministerin Leutheusser-Schnarrenberger
Erich Honecker

Philemon und Baucis
Käthe Seydel
Herbert Seydel

Ein Bruderzwist in Deutschland
Schauspieler

»Abgewickelt«
Reporter
Abgewickelte
Frau Mehlis
Günter Brünner

Ossis: Diebe, Wessis: Hehler
Ruth
Ministerialdirigent Dr. Schulze-Pforzheim
Ordonnanz
Prof. Dr. Hillerbrechter
Professor von Roessing
Bundeswehr-Offizier

Da nichts als der Zufall der geographischen Herkunft bestimmt, wer von diesen Deutschen durch das Kriegsende Ossi, wer Wessi geworden ist: So ist es sinnvoll, durch Doppel- und Mehrfachbesetzungen diese Zufälle der geographischen Herkunft aufzuheben.

Prolog
Der Vollstrecker

»Der Mord ist niemals politisch, er ist immer ein Verbrechen. Die Politik verwendet solche Mittel nicht, sie bedarf ihrer nicht.«
Otto von Bismarck, 1884

»Auf der Spurensuche nach den Ursprüngen der Treuhand findet man tatsächlich im Gesetzblatt der DDR vom 8. März 1990 unter dem Titel ›Beschluß zur Gründung der Anstalt zur treuhänderischen Verwaltung des Volkseigentums (Treuhandanstalt)‹ unter Punkt 1 schon die Feststellung: *Zur Wahrung des Volkseigentums* wird mit Wirkung vom 1. März 1990 die Anstalt zur treuhänderischen Verwaltung des Volkseigentums gegründet.

Aber dann kam der kleine, dürre Herr de·Maizière, gesponsert von dem großen, dicken Herrn Kohl, an die Regierung, und da las sich's plötzlich anders. Im Gesetzblatt vom 22. Juni 1990 wird die Sache nun ›Gesetz zur Privatisierung und Reorganisierung des volkseigenen Vermögens (Treuhandgesetz) vom 17. Juni 1990‹ genannt. Also nicht mehr *Wahrung des Volkseigentums*, sondern dessen *Privatisierung und Reorganisation*, soll heißen Ausverkauf und Vernichtung. Vom Volk, dem das Ganze ja eigentlich gehörte, ist in diesem neuen Gesetz überhaupt nicht mehr die Rede, nur von den verschiedenen Bürokratien und ihren Zuständigkeiten im Rahmen der Anstalt. Das Volk kann sich sein Eigentum in den Rauchfang schreiben.«
Stefan Heym, ›Extra‹, 8. 8. 1991

Unser Heim bestimmt unser Bewußtsein: Statistiken überraschen durch den Beleg, daß die meisten Jugendlichen, wenn sie endlich wählen dürfen, genau d i e Partei wählen, die auch von ihren Eltern gewählt wird, trotz aller tagtäglichen Spannungen zwischen Kindern und Alten in den Familien. Und so macht auch die Tatsache, daß der Marxismus niemals irgendwo dank freier Wahlen, sondern stets nur mit Gewalt herrschen konnte, die Grundeinsicht von Marx nicht falsch: Das Sein bestimmt unser Bewußtsein.

Die Treuhand, die zwei Jahre nach dem Fall der Mauer, 9. November 1989, fünfundzwanzig Prozent aller Berufstätigen der ehemaligen DDR arbeitslos gemacht hat, handelte dennoch ohne Frage in dem Bewußtsein, das wirtschaftlich Richtige und sozial Vertretbare zu tun, weil die Repräsentanten dieser Organisation sich diese Meinung aufgrund ihres persönlichen Seins gebildet hatten. Das verwehrt ihnen, die ausnahmslos mit den Maßstäben des Kapitalismus aufgewachsen sind, sich auch nur der F r a g e auszusetzen, ob nicht vielleicht ein so miserables, verrottetes, korruptes, unrentables Wirtschaftssystem wie das der DDR, das immerhin seine Untertanen ernährt hat, für diese Menschen immer noch besser war als eines, das sie nur hinauswirft! Und zwar hinauswerfen m u ß , weil die der DDR durch die BRD bescherte Währungs-Union den ostdeutschen Staat, der doch als Exportland einmal das siebtgrößte der Welt war, total exportunfähig gemacht hat überall dort, wohin er bisher hatte verkaufen können: in Osteuropa. Denn dessen Länder können die Deutsche Mark nicht bezahlen, zu der nunmehr auch die Waren der ehemaligen DDR ihnen angeboten werden ... Daß keiner der Wirtschaftler v o r h e r diese Folge der Währungs-Union auch nur bedacht hat, belegt einmal mehr, daß es ein vulgäres Vorurteil ist, die Männer der Tat als die unschlagbaren Realisten zu bezeichnen.

Folglich wird trotz der von der Treuhand herbeigeführten Arbeitslosigkeit in der DDR nie mehr auch nur gefragt, wie Maßnahmen zu bezeichnen sind, die den sechzehn Millionen DDR-Bürgern wirtschaftlich das Schlimmste antun: Massenarbeitslosigkeit –, das wird nie mehr gefragt, weil die Verkäufer des Bodens und der Bauten der DDR fast so vergnügt sind bei ihrer durchaus kriminellen Beschäftigung – kriminell vom Standpunkt der

Opfer, der DDR-Bürger — wie die Aufkäufer ... Wer die Macht hat, hat immer zu lachen. Natürlich kann man l a c h e n — sofern man nicht selber arbeitslos wird — über die Methoden, mit denen die nunmehr liquidierte DDR ihre Bürger zu Brot gebracht hat. Lachen — nicht aber leugnen, daß sie eben d o c h dank dieser Methoden Arbeit gehabt haben, wie schlecht auch immer dafür bezahlt. Daß aber nunmehr Millionen von ihnen arbeitslos wurden durch die neuen, wie man versichert: vorbildlichen Wirtschaftsmethoden, die ihnen zwangsweise auferlegt werden. Das geschieht, hierzulande zum erstenmal ohne jedes Mitspracherecht der Betriebe, also durch Gewalt, so furchtbar, freilich nur für jene furchtbar. die erwerbslos werden, daß allein Narren vermuten können, sie provoziere nicht Gegengewalt; und die beiden Attentate auf den ersten Treuhandpräsidenten und den Baubeamten Klein seien schon die letzten gewesen.

Der Zufall, daß die Gattin des Präsidenten der Treuhand bei ihm saß, als er ermordet wurde, muß einen Autor nicht an diesen Ablauf der letzten Stunde binden: Es wäre absurd, ein Gespräch mit ihm zu erfinden, ohne dem Tod das letzte Wort zu geben. Erst seine Ermordung hat diesen Mann zur Dramenfigur gemacht. Auch hat sein Tod nicht beendet, wofür und auf welche Weise der Präsident gewirkt hat. Ausdrücklich wird versichert, die Treuhand werde in seinem Geiste und nach seinen Richtlinien weitergeführt. Und da diese Institution die materielle Zukunft eines ganzen Staates, der immerhin vier Jahrzehnte existiert hat, auch künftig bestimmt, so war das Wirken dieses Mannes von erstrangiger, ja schicksalhafter Bedeutung für sechzehn Millionen. Also b l e i b t der Ermordete eine Figur des öffentlichen Interesses. Auch um seine Privatsphäre in dieser imaginären Szene auszusparen, verzichten wir darauf, die Zeugin seines Todes, seine Frau, dabei zu zeigen ... Die ihn gekannt haben — so weit wir sie befragen konnten — stimmen überein, daß der Präsident ein gewissenhafter Mann war, obgleich nichts in seinem Geschäftsgebaren offengelegt hat, warum er SPD-Mitglied wurde. Im Gegenteil: der brutale Wirtschaftsdarwinismus der Treuhand schlägt so sehr jeder sozialen Wertvorstellung ins Gesicht, daß auch deren Präsident sein

Parteibuch nur in der realistischen Einsicht erworben haben kann, im Bonner Staat könne so wenig wie einst im SED-Staat jemand eine öffentliche Pfründe erlangen, ohne in einer Partei zu sein; in welcher, das ist bekanntlich nur von der Geographie abhängig: mit schwarzem Parteibuch wird man seit 1945 eher am Rhein und südlich des Main, mit rotem eher in protestantischen Ländern und Gemeinden Nutznießer der Mitgliedschaft. Daß »Systemnähe« und Parteimitgliedschaft an sich schon ein Makel sei, hat erst der Bonner Minister Blüm anläßlich der Okkupation der DDR durch seinen Staat in Umlauf gesetzt, wohlweislich n a c h dem Beitritt der DDR zur BRD, und obgleich auch Bonner schwerlich ohne ihr Parteibuch und ohne »Systemnähe« Minister werden ...

Für diese Szene unterstellen wir, daß der Präsident bereit gewesen ist, sich mit einer Juristin in ein Grundsatzgespräch einzulassen. Selbst wenn er wußte, daß diese sozialdemokratische Professorin in ihrer beider Partei nur noch einen Sitz hat, aber keine Stimme mehr, weil sie noch immer der obsoleten Meinung anhängt, der erste Buchstabe des Kürzels SPD verpflichte ebenso zum Sozialen − wenn auch keineswegs mehr zum Sozialismus − wie das C in CDU zwar nicht mehr zum Glauben verpflichtet, aber doch zu irdischer Christlichkeit im Bergpredigt-Geist. Unser Mitgefühl für den so heimtückisch wie sinnlos Ermordeten drückt sich darin aus, daß wir ihn in dieser frei erfundenen Szene so charakterisieren − denn dafür gibt es keinen Beleg in der Realität −, als habe er sich mit geradezu königlicher Toleranz die Fragen, ja Anwürfe dieser »Marquise von Posa« gefallen lassen, anstatt die ihm höchst unangenehme Besser- oder jedenfalls Anderswisserin hinauszuwerfen. Wir idealisieren also diesen Mann, obgleich doch seine Treuhand in Wahrheit so wenig Einblick in ihre Geschäfte gibt wie eine Privatbank, obgleich sie nichts Eigenes verkauft, sondern nur treuhänderisch, aber gewaltsam, denn das Volk der DDR hat die Treuhand in keiner freien Wahl dazu ermächtigt − von Fremden Übernommenes, ein Geschäftsgebaren ohne Beispiel! Denn wem die Treuhand was zu welchem Preis warum verkauft, darüber verweigert sie, wenn sie will, jede Rechenschaft, dagegen bestreitet sie jedes Einspruchsrecht − Absolutismus.

Hintergrund: großes Blumenfenster, teils mit offenen Fensterflügeln, dahinter ein nachtdunkler Garten. Der Präsident, Gesicht seinem Wohnraum, also dem Parkett zugewendet, sitzt meist rauchend in einem Sessel vor diesem Fenster und kultiviert die nahezu ausgestorbene Fähigkeit, einen Partner sogar dann ausreden zu lassen, wenn der ihm widerspricht. Und wenn der kein Amt hat, also kein Mittel, seine Ansicht in Wirksamkeit umzusetzen ...

Die auf ihn einredende Sozialdemokratin, als Juristin Honorarprofessorin, ist Mitte Vierzig, also ein Dutzend Jahre jünger als der Präsident, eine schöne elegante, großgewachsene Pfarrerstochter, die ihrem Beruf leidenschaftlich und mit Klugheit ergeben ist – aber vielleicht doch nur, was man ihr freilich nie sagen dürfte, weil sie diesem Beruf zuliebe ein bißchen zu lange damit gewartet hat, schwanger zu werden; so lange, bis das nicht mehr ging. Sie haßt sich dafür, mehr noch die beiden Männer, weil sie denen allzu widerstandslos einreden konnte, das habe noch Zeit ...

Der Präsident ist ganz und gar unangekränkelt durch Zweifel, ob das, was er anordnet und in der Treuhand als Richtlinien herausgibt, auch zum Wohl der Allgemeinheit ist, da er unverständlicherweise nicht auf die Idee kommt, die Allgemeinheit in der ehemaligen russischen Besatzungszone Deutschlands sei eine andere als die in den Besatzungszonen der drei Westmächte.

Der schlanke Elegante hat keinen Bauch, kann sich also erlauben, eine Weste zu tragen; er hält ein Glas mit einem Whisky oder Wodka, während er auf die Rauchende sieht, die im Sessel am Teetisch sitzt, auf dem ein hoher schöner Samowar steht. Sie ist luftig angezogen, trägt ein sanft orangerotes Kleid, hat nackte Arme, weiße Schuhe – der alte Mann schaut nicht ohne Wohlgefallen, ja Sympathie auf sie und deutet durch Kopfbewegung an, daß sie sein volles Vertrauen hat. Vertrauen oder nicht – seine Stellung, eher d a s drücken seine dennoch ganz unarrogante Haltung, auch seine Gesprächsführung aus, ist so unangreifbar, daß ihm ganz gleichgültig ist, was sie denkt – wenn auch nicht, was sie eventuell publiziert.

Sie sehen zunächst beide zu den Spätnachrichten im Fernseher hin, die sie offenbar nur wegen eines bestimmten Ereignisses angestellt haben. Denn sobald jetzt — im Bilde das Brandenburger Tor ohne Quadriga — der Sprecher gesagt hat:

»... jährt sich am 6. August des nächsten Jahres der zweihundertste Geburtstag des 1791 fertiggestellten Brandenburger Tores. Schadows Quadriga, die zwecks ihrer Restaurierung entfernt werden mußte, soll dann in einem Festakt des wiedervereinigten Berlins mit einem Feuerwerk auf das Brandenburger Tor zurückgebracht werden. Ob Berlin bis dahin wieder zur Hauptstadt gewählt worden ist oder ob Bonn Hauptstadt Deutschlands bleiben wird — diese Frage dürfte bis zum 6. 8. 91 durch eine Abstimmung im Bundestag auch geklärt worden sein.«

— stellt der Hausherr den Fernseher ab und nimmt seine Partnerin das Gespräch wieder auf.

HILDEGARD: ... und habe also weder ein Tonband bei mir
noch mache ich Notizen; ich werde auch meinen Studenten
von unserem Gespräch erst berichten, wenn Sie mich,
Herr Präsident, dazu schriftlich autorisieren.
Ich bin ja heilfroh,
noch vorgelassen worden zu sein bei einem so gut Bewachten!

PRÄSIDENT, *stolz:*
Sie sehen doch, ich bin überhaupt nicht bewacht!

HILDEGARD: Aprilscherz? Heute ist der erste April.

PRÄSIDENT: Sehen Sie Bewacher?

HILDEGARD: Nein, aber es ist Wahnsinn, wenn Sie tatsächlich
ohne Bullen leben. Gott sei Dank glaubt das keiner.
Aber ich bin nun wirklich, wie ich Ihrer Gattin am Telefon
zugesichert habe, nur gekommen, weil mein Rektor hofft,
ich könne Sie überreden, in der Universität zu sprechen.
Denn natürlich habe ich aus Eitelkeit irgendwann angebracht,
daß Sie mit meinem Vater befreundet sind ... aber
Indiskretionen müssen Sie nicht fürchten,
ich bin keine Journalistin ...

PRÄSIDENT: Und ich kein Polizist ... darf ich Ihnen noch
Tee einschenken? Und weil ich kein Polizist bin,

Er schenkt ihr Tee ein, sie hat ihre Tasse hingehalten, dann
nimmt er redend seinen Gang durch den mit zurückhaltender
Modernität auch in der Wahl der Bilder eingerichteten Wohn-
raum wieder auf, zuweilen studiert er, während er spricht, unei-
tel und absichtslos sein Spiegelbild in den nachtschwarzen
Scheiben über den Blumen.

kann ich mich auch nicht besonders aufregen
über jede Gaunergeschichte.
Auch wäre der Preis, solche Gaunereien zu unterbinden,
die Wiedereinführung des Überwachungsstaates,
sogar in der Wirtschaft, den endlich
nach vierzig Jahren in der DDR abzuschaffen,
die Treuhand ja überhaupt aktiv wurde!
Liebe Frau Professorin ...

HILDEGARD: Wie schrecklich das klingt!

PRÄSIDENT, *ebenso amüsiert:*

Genau so schrecklich, wie Ihre Anrede: Herr Präsident.
Also, gnädige Frau, die Treuhand erkauft sich
ihr Geschäftsgeheimnis durch den Verzicht,
a n d e r e n nachzuforschen, wie die zu ihrem Gelde kamen,
mit dem sie jetzt die DDR hoffentlich schnell
in Privateigentum überführen ... das Lustigste,
was ich gehört habe, lustig, aber keineswegs kriminell,
da die Bonner versäumt hatten, das zu unterbinden:
Als endlich bekannt war, die Bundesrepublik
werde den DDR-Deutschen fünfzig Pfennige
für eine Ostmark eintauschen,
da haben Clevere im Westen
Abermillionen in Ostmark umgetauscht:
damals gab's ja in bundesdeutschen Wechselstuben
für fünf Pfennige eine Ostmark
– und sie haben das Umgetauschte
verteilt auf die Konten ihrer Freunde im Osten.
Wer eine Million DM umtauschte
erhielt zwanzig Millionen Ostmark, die dann Bonn
ihm in zehn Millionen Westmark umwechselte!

HILDEGARD, *lacht wie er:*
Da werde ich neidisch.

PRÄSIDENT: Wer nicht!

HILDEGARD: Nur der Einfall – nicht das Geld hat mir gefehlt:
ich hätte sicher auf das schuldenfreie Haus,
das meine Großmutter mir vererbt hat in Heidelberg,
eine Million Kredit bekommen und mühelos damit
zehn Millionen ergaunert!

PRÄSIDENT: Denke ich auch, bin ja kein Steuerfahnder.

HILDEGARD, *plötzlich gereizt, ja völlig humorlos:*
Bonn hatte keine Laune, das zu unterbinden,
denn Deutsche Bank und Deutscher Bund sind Synonyme.
Oder unterstellen Sie dem Bundesbank-Pöhl,
er sei ein solcher Trottel, daß er nur v e r g e s s e n habe,
Spekulanten den gleichen Riegel vorzuschieben
wie Adenauer-Erhard bei ihrer Geldreform vor vierzig Jahren,
als sie einen bestimmten Stichtag rückwirkend festsetzten:
Nur was bis dahin auf den Konten war, wurde umgetauscht.
So hätte Pöhl auch hier sagen können,
was nicht am Tage des Mauer-Einsturzes auf den Konten war,
wird nicht berücksichtigt – doch Bonn l i e b t Spekulanten:
denn sonst, Herr Präsident, gäbe es Ihre Treuhand nicht.

PRÄSIDENT: Wie nett, bin ich ein Spekulant?

HILDEGARD: Nein, nur ein nützlicher Idiot
von Spekulanten.

PRÄSIDENT, *lacht:*
Ich weiß, daß Sie nicht mich beleidigen wollen,
sondern nur mein Amt.
Sie bringen mich aber nicht so auf null,
daß ich Ihnen den Gefallen tue, Sie hinauszuwerfen.

HILDEGARD, *steht auf, er hat sich gesetzt, lacht auch wieder:*
Richard Strauss liebte die Redensart:
›In der Werkstatt gibt es keine Beleidigungen!‹
Jetzt schenke ich mal Tee ein.
Ich bin ja nicht gröber als die Arbeit,
zu der Sie sich mißbrauchen lassen.

PRÄSIDENT, *jetzt sich steigernd:*
> Spekulanten sind doch, im Falle der DDR, Leute,
> die keineswegs wissen, ob sie ihr Geld nicht v e r l i e r e n
> bei ihrem Wiederbelebungs-Versuch: nicht jeder,
> garantiere ich Ihnen, wird sein Geld behalten, gar mehren,
> das er in die Wirtschaftsleiche DDR investiert!

HILDEGARD: Land, Häuser sind keine Leichen:
> We r investierte — wär's ein Risiko? Keiner!
> Es fehlt, Herr Präsident,
> jeder Nachweis, daß auch nur e i n e r bisher
> Geld nach Mitteldeutschland hineinbrachte,
> das nicht durch ein Grundstück abgesichert ist!

PRÄSIDENT, *schroff:*
> Aber das würden Sie auch nicht tun!

HILDEGARD: I c h behaupte ja nicht, wie Sie wider besseres
> Wissen, die Investoren riskierten etwas:
> Auch wenn, was noch draufsteht,
> Fabriken, Läden, Kinos,
> nicht wieder rentabel zu machen wäre.
> Grundstücke, Gebäude sichern allemal die Investition
> — ja, verzinsen sie zwanzigfach.
> Ganz zu schweigen von den Milliarden,
> die Bund, Länder, Gemeinden denen draufzahlen,
> die vorgeben, drüben Arbeitsplätze zu schaffen.
> Wie wird eigentlich überprüft,
> ob der dann wirklich alles getan hat,
> die zu schaffen — und nicht nur zu scheffeln:
> Geld für Arbeitsplätze, die vielleicht »Realität« nur werden
> wie Potemkinsche Dörfer . . . ging's angeblich schief,
> steckt er das Staatsgeld weg, das er angeblich verloren hat.
> Ich weiß von einem Wirtschaftshai, der in Niedersachsen
> hundertzwanzig Frauen entlassen hat
> und dann in Thüringen für fast gar nichts
> von der Treuhand einen Betrieb gegen die Zusage erhielt,
> dort hundertzwanzig Frauen einzustellen,
> wofür er erst einmal acht Millionen kassierte
> als Starthilfe.

Dazu erlaubt ihm Bonn bis Ende 94 fünfzig Prozent
seiner Investitionen abzuschreiben.

PRÄSIDENT: Wissen S i e ein Rezept, eine Institution, überhaupt
irgend etwas Menschliches zu schaffen,
das Unzulänglichkeiten, Gaunereien,
Irrtümer, Fehl-Investitionen ausschließt?
Ich stelle Sie noch heute bei der Treuhand ein,
wenn Sie mir verraten, wie man Investoren
auf ihre Solidität überprüft,
ohne sich den Praktiken des Polizeistaates auszuliefern!

Sie hat aufgelacht, als er gönnerhaft sagte: Ich stelle Sie noch
heute ein. *Sie ist jetzt im Vordergrund, ungefähr da, wo zuvor
er auf- und abging. Er hat sich auf das Sofa gesetzt, das in der
Sitzgruppe vor dem offenen Fenster steht. Ohne Pause ist ihre
aggressive Antwort gekommen.*

HILDEGARD: »Ich stelle Sie bei der Treuhand ein!«
– ja da würde ich mich doch totschämen.

*Sie hat sich stehend im Spiegel der großen, nachtschwarzen
Fensterscheibe gesehen, sagt plötzlich aufgeschreckt:*
Das Fenster!
Es macht mir Sorge, daß ich bei Ihnen
keine Bullen sehe!

PRÄSIDENT, *lacht sie aus:*
Weil ich ja nicht einmal vor I h n e n Angst habe!
Ich kenne Sie als eine aus der Bahn
des Christentums ein bißchen entgleiste Pfarrerstochter,
die – wie wir fast alle – ihre ethischen Instinkte
nicht mehr von Gott herleiten kann
und deshalb Juristin wurde,
aber fanatisch sind Sie nicht.
Sie sind nur die völlig bedenkenlose Inhaberin
einer berühmt-frechen Schnauze,
die schon Ihren lieben Papa – grüßen Sie ihn –
ebenso in Depressionen stürzte
wie das Maul der Uta Ranke
einst den Bundespräsidenten Heinemann.

Ich wußte, deshalb nahm ich mir Zeit für Sie,
am Wochenende, es werde allerhand zu l a c h e n geben!
Halt! – was machen Sie?

*Sie hat laut, also mit e i n e m Griff, die Jalousie vor einem der
schmalen Seitenfenster herabdonnern lassen – jetzt weist sie mit
ausgestrecktem Arm in den Garten.*

HILDEGARD, *vorwurfsscharf:*
Keine Lust, mit einem Ihrer
Angehörigen verwechselt zu werden,
als fetter Bissen für Kidnapper!
Ihre Ahnungslosigkeit, mit der Sie sich
jedem mörderischen Voyeur aussetzen,
da im Garten, drüben auf der Straße . . .
Fast in Panik:
Machen Sie doch endlich auch d i e Jalousien runter!

PRÄSIDENT, *lacht:*
Denke nicht dran! – auch noch tausend Kilometer
weg von Berlin mein Familienleben
durch Leibwächter reglementieren zu lassen!

HILDEGARD, *in Sorge, aber ganz gewiß, daß ihre Warnung so
nötig wie realistisch ist:*
Dann wird man Sie ermorden, wie neulich den Chef
der Deutschen Bank, durch Fernzündung!

PRÄSIDENT, *kommt gar nicht auf die Idee, ebenso gefährdet zu
sein; nicht überheblich:*
Intelligent gemacht, ja. Beruhigen Sie sich,
ich fahre gar nicht Auto, ich gehe zu Fuß
– natürlich zu Fuß, wie sonst – vom Grand Hotel
Unter den Linden rüber in mein Amt,
in Görings Luftfahrtministerium.

HILDEGARD, *geht nicht auf seinen Frotzelton ein:*
Dann wird man Sie im Lift des Hotels ermorden,
die machen's ja jedesmal a n d e r s , natürlich,
jedenfalls auf eine Weise, an die unsereiner
noch gar nicht denken könnte:
wer's könnte, wäre selber einer, der's tut.

Ich rätsele, warum Sie als
sadomasochistischer Clown
sich hier dauernd im Lichte spreizen:
so lebensgefährlich dumm k ö n n e n Sie doch nicht sein!

PRÄSIDENT, *uneitel und so töricht wie ehrlich:*
Da ich keinem Böses tue — warum l a c h e n Sie!

*Sie hat sehr böse gelacht, er sie deshalb gereizt gefragt, fährt
verärgert fort:*
— vielen aber Gutes, wäre meine Ermordung
so irrational, das heißt zwecklos
wie durch eine Lawine.
Und wo kein Motiv ist, kann man nicht vorbeugen.
Wie gucken Sie mich an?

HILDEGARD: Ich versuche, dahinterzukommen,
ob Sie wirklich g l a u b e n , was Sie da sagen!
Nein, das kann nicht sein, obwohl man immer wieder
liest — und ich sehe es jetzt auch an Ihnen —,
daß die Eitelkeit der sogenannten, so sich nennenden:
»Männer der Tat«, sie seien die Realisten,
durch g a r n i c h t s gerechtfertigt ist!
Sie kommen vor lauter Tätigkeit nicht zum Denken,
diese Täter, und haben sogar den Dünkel, den,
der denkt, spöttisch einen »Philosophen« zu nennen,
womit sie meinen: Spinner, Weltfremder, Utopist,
»Sozialromantiker«: dies ihr beliebtestes Schimpfwort.
Es sind aber nachweislich gerade
im tätigen und täglichen Leben — die T ä t e r ,
denen die ganz großen Fehlkalkulationen an der Börse
wie als Kriegsstrategen oder Diplomaten unterlaufen ...
So werden ja auch regelmäßig die Geheimdienste
von den spektakulärsten Coups überrascht!
Und obwohl natürlich auch Sie fast so wenig Zeit haben,
nachzudenken, wie Sie keine Lust dazu haben:
frage ich mich doch, ob Sie ehrlich sein k ö n n e n ,
wenn Sie hier vorspielen, Sie wüßten nicht,
was Sie tun! Nein, das kann nicht sein,
kann n i c h t sein, kann nicht sein!

PRÄSIDENT, *noch gereizter, zum erstenmal ein wenig — sehr, sehr wenig — verunsichert; mehr durch ihre Art zu reden und ihn anzusehen als durch ihre Worte:*
W a s , verdammt, soll nicht sein können?

HILDEGARD: Daß Sie s o treuherzig sind
— Treuhand kommt ja wohl kaum von treuherzig —,
sich für einen Wohltäter zu halten!
Sie werden ermordet werden wie Geßler.
Schillers Geßler, den Wilhelm Tell umlegte,
war ein s e h r harmloser Mann, gemessen an Ihnen:
Gemessen an d e m , was Sie und Ihre Treuhand
sich an Ausplünderung der DDR-Deutschen leisten!
Denn was hat dieser Geßler getan? Für seinen Habsburger,
der übrigens nicht einmal ein Fremder war,
sondern auch ein Schweizer,
den Zehnten eingetrieben ... Wer wäre heute nicht selig,
er brauchte nur zehn Prozent Steuern zu zahlen!
Sie aber machen es genau umgekehrt wie Geßler:
Sie lassen den DDR-Deutschen zehn Prozent,
rauben ihnen aber neunzig. Dafür wird man Sie »hinrichten«!

PRÄSIDENT, *versucht durch Spott sein Empörtsein zu tarnen:*
»Hinrichten«? Danke — so nennen d i e Meuchelmord,
die ihn rechtfertigen.

HILDEGARD: Ich wählte bewußt dieses Wort,
Sie aufzuscheuchen.
Denn Sie sind so verrückt, sich für schuldlos zu halten.
So kriminell unbedenklich vollstrecken Sie
den Bonner Einfall, dem DDR-Volk sein Eigentum
zu rauben — denn Sie beschwindeln ja diese Menschen
der DDR nicht einmal — nein: Sie nehmen denen einfach weg,
was ihnen zukäme —, weil Sie reflexionslos, ironielos
Privateigentum bereits für ein Synonym von
V o l k s eigentum halten!
Sie sind vom Gefühl her so dressiert
auf unsere kapitalistische Gesellschaft,
die Sie großgemacht hat,
daß Ihr Verstand Ihnen nicht mehr sagt,

wie schuldig Sie werden.

Die Folge ist, daß Sie ohne Leibwache leben.

Goethe sagt, der Handelnde ist immer gewissenlos.

S i e , der für sechzehn Millionen
wirtschaftlich die Weichen stellt,
für ein Volk, dem Sie nicht angehören,
weil wir vierzig Jahre getrennt waren von ihm
durch die Russen – Sie beweisen,
daß Goethes Aphorismus
genauer träfe, nennte er den Handelnden
nicht gewissenlos, sondern denkfaul.

Denn noch immer muß man Ihnen, fürchte ich,
gute Absichten unterstellen. Das entschuldigt nicht,
daß Sie ablehnen, nachzudenken. So wenig denken Sie nach,
daß Sie sogar wütend auf das Barometer sind
– oder sagt man d e r Barometer –,
das Ihnen ein Ende mit Schrecken voraussagt.

Burckhardt definiert, daß man bei Abwesenheit
aller Rechtsmittel ...

PRÄSIDENT, *unterbricht jetzt sehr verärgert:*
»Man« – wer ist: man?

HILDEGARD: Das sagt er deshalb nicht, weil er
ein a l l g e m e i n e s G e s e t z – durchaus nicht nur
ein s p e z i e l l e s historisches Ereignis umschreibt:
»Man wird Richter in eigener Sache«,
sagt er, »bei Abwesenheit aller legalen Rechtsmittel.«

PRÄSIDENT, *nicht eingeschüchtert, aber auch nicht unbeeindruckt:*
Erstaunlich, dieser konservative Schweizer sagt: legale?
»Legale Rechtsmittel« – als gäbe es auch illegale?

HILDEGARD: So ist es. So meint er's, denn er spricht sogar
vom »Mord als Hilfsmittel« ... wie Voltaire ja das Zarentum:
»Absolutismus, gemildert durch Mord« nannte!
Und wissen Sie vor w e m ? Er schrieb das an seine Freundin
Katharina die Große ... damals verkehrten Herrscher
noch mit Dichtern, Sie aber wollen sogar Buchverlagen,
die um ihre Existenz ringen, die Grundstücke nehmen:
das einzige, das sie in den Augen der Bankiers

kreditwürdig macht ... Überlegen Sie noch einmal:
Kein Ossi — geben Sie das zu, hat i r g e n d e i n Rechtsmittel
gegen den Ausverkauf des dortigen Volksvermögens
an uns Landfremde, die wir allein deshalb
die Ossis arm kaufen können,
weil w i r nicht — ohne jedes Verdienst —
wie sämtliche Ossis durch die Kommunisten
vierzig Jahre deklassiert,
wirtschaftlich vernichtet wurden.
Das ordnen Sie an. Das vertreten Sie. Das heißen Sie — g u t.
Folglich: Sie werden daran sterben, daß Sie den Ossis
neunzig Prozent rauben!

PRÄSIDENT, *noch immer gutgläubig, aber fassungslos, ja amüsiert:*
Wieso »beraube« ich einen Staat, indem ich seine Wirtschaft
deshalb auf kapitalistischen Kurs bringe
weil der sozialistische total bankrott gemacht hat?

HILDEGARD: Nicht den Staat berauben Sie,
den gibt's ja gar nicht mehr,
und der hatte selber auch nichts, was er nicht
seinen Bürgern erst gestohlen hatte. Sie berauben d i e ,
die Bürger. Die werden nun zum zweitenmal beraubt:
vor vierzig Jahren, bei Kriegsende
durch deutsche Kommunisten im Solde des Kremls —
— jetzt durch Ihre Treuhand,
deren Beamte den Einheimischen gnädigst gestatten,
eine Vorortkneipe an der Ausfallstraße
Rixdorf-Ost zu erwerben
— nie aber die Ecke Friedrichstraße/Unter Linden!
Und alle Ihre Geschäfte, ausnahmslos, wickeln Sie ab
als letzter ungekrönter Absolutist Europas,
ohne jede Kontrolle!

PRÄSIDENT, *lacht:*
Wieso — werde ich nicht kontrolliert
vom Bundesrechnungshof?
Vom Finanzministerium?

HILDEGARD: Das ist keine Kontrolle
durch d i e B e t r o f f e n e n !

Das ist Besatzungsrecht,
wenn Einheimische nichts mitzureden haben.

PRÄSIDENT: Besatzungsrecht? Wir brachten den Einheimischen
wonach sie geradezu g e s u n g e n haben:
»Kommt die D-Mark, bleiben wir,
kommt sie nicht, geh'n wir zu ihr«!

HILDEGARD: Fünfzig Pfennige für eine Ostmark ein fairer Kurs,
aber hätte flankiert werden müssen durch das Verbot,
Ausländern und Westdeutschen Bauten und Boden der Ossis,
da die nicht mitbieten können, zu verkaufen.

PRÄSIDENT: Chauvinistin! Was haben Sie gegen Ausländer?

HILDEGARD: Gar nichts, wenn Einheimische
die gleichen Chancen haben.
Haben Sie aber nicht!
Wie in der Schweiz, der kapitalistischen,
müßte das sein: Sechsundzwanzig Prozent derer,
die dort arbeiten, sind Ausländer,
so ausländerfreundlich ist die Schweiz.
Doch ihrer keiner hat höhere Rechte
als Einheimische, nur weil er mehr Geld hat.
Land, Häuser darf einer erst kaufen
wenn er zwölf Jahre dort wohnt!
Sie aber, Herr Rohwedder, verhökern Ausländern
und Wessis das gesamte sogenannte
Volks-Vermögen der Ossis, nur weil die
ohne jede Schuld − total verarmt sind
unter russischer Besatzung ...
Ein menschenverachtender B e t r u g !
Denn Sie wissen, die letzte DDR-Regierung
hat ausdrücklich die Treuhand gegründet,
um endlich den Begriff »Volksvermögen«
zu realisieren − dem Volk der DDR
auszuhändigen, was bisher der Staat
ihm gestohlen hatte!
Sie wissen, Herr Präsident,
daß amtlich erörtert wurde, wie in unser
westliches BGB, da es den juristischen

Begriff des Volksvermögens nicht kennt,
dieser Begriff eingebracht werden könne:
so sehr hat man uns vertraut, die wir dann
– Sie an der Spitze – als räuberische
Okkupanten dort einmarschiert sind, um zu walten,
ohne jedes Ossi-Mitspracherecht!
Und diese Ossis sind Angehörige
des eigenen Volkes ... Sogar die FAZ
– keine ausgesprochen kommunistische Zeitung –
hat damals von dieser sogenannten
»Rechtskonstruktion Treuhandanstalt«
berichtet, die dem Volk geben solle, endlich,
was bei uns Wessis noch nicht im BGB
vorgesehen sei: »Volks«-Vermögen!
Schweigen, dann wie ein Schlußwort:
Selbstverständlich überleben Sie das nicht!
PRÄSIDENT, *hat auch nicht gleich weiterreden können:*
Absurd, Ihr Vergleich mit der Schweiz,
die nicht bankrott ist wie die DDR
– sondern der reichste Staat der Erde.
HILDEGARD: Dieser Staatsbankrott ist nicht zuletzt
dem Kreml zuzuschreiben, der bei der armen DDR
vierunddreißig Milliarden – Milliarden – Mark
Schulden hatte, weil das, was Russen
»Handelsbeziehungen« nannten
– in Wahrheit Reparationen waren, die noch immer
die DDR aus dem Hitlerkrieg an Moskau
zahlen mußte – während uns Wessis
die USA schon vor vierzig Jahren
mit ihrem Marshall-Plan wieder aufhalfen!
PRÄSIDENT: Das leugne ich nicht, da haben Sie recht
– geifern aber hier, als hätte i c h
diese Ausplünderung durch den Kreml verschuldet,
während ich nur das Ergebnis erbe
und beseitigen soll: den totalen Bankrott;
das ökologische und industrielle Notstandsgebiet
dieser volkswirtschaftlichen Sahelzone

zwischen Rostock und Erfurt ist nur zu retten
durch seinen Ausverkauf an Fremde – w e n n es zu retten ist!

HILDEGARD, *ironisch:*
Ein Gewaltakt, ganz beispiellos, Herr Präsident,
Landfremden sämtliche sogenannte Filet-Stücke
an Boden und Bauten verscheuern, ohne daß Einheimische
mitbieten k ö n n e n beim Ausverkauf
des Vermögens i h r e s Landes!
Ein totales Novum in der Weltgeschichte,
eine Variante des Kolonialismus,
wie er nirgendwo gegen Menschen
des eigenen Volkes je praktiziert wurde!
Herr Präsident, Sie unterscheiden sich von jenen
Einwanderern, die in Amerika den Rothäuten
die Herden und Länder raubten,
weil S i e Ihre ›Indianer‹ nicht auch noch ausrotten!

PRÄSIDENT: Sie reden von Filet-Stücken, ich von
Industrieanlagen
ohne Wert, unverkäuflich, von gewaltigem Unnutz für die,
die in ihnen gearbeitet haben, und leider auch für die,
die diesen rostigen Dreck heute verkaufen sollen.
Auf Kosten dieser Betriebe garantierte die DDR
Vollbeschäftigung, um sich damit vollends zu ruinieren.
Kunststück, wenn jede Pförtnerloge dreifach überbesetzt ist.

HILDEGARD: Vielleicht ist man lieber einer von d r e i Pförtnern
als gar kein Pförtner mehr, sondern nur noch Stempler.
Daß die Wirtschaft für die Menschen da ist,
nicht der Mensch für die Wirtschaft,
dieser Gedanke, Herr Präsident, kam Ihnen nie?

PRÄSIDENT, *hört gerade noch zu, er findet nur absurd, was sie
sagt, er spricht jetzt ein wenig abgemattet:*
Wir haben doch nur Tee getrunken, wieso reden Sie
wie besoffen von Vollbeschäftigung?
Ja, hätten wir die Volkspolizisten
und die abertausend Grenzer, abgerichtet zum Erschießen
der sogenannten Republikflüchtigen,
in Lohn und Brot lassen sollen?

HILDEGARD: Die meisten Regime-Gangster sind noch immer
Polizisten.
Ich spreche von den Arbeitslosen. Man kann sich totlachen,
wie korrupt die Wirtschaft da drüben war,
so korrupt wie übrigens j e d e :
wie unsre auch. Wo wären denn
– denken Sie an die Affären-Brutstätte Bonn
– wo wären denn Wirtschaft, Parlamentarismus
Korruption: n i c h t Synonyme?
Also, wie marode, unrentabel sie auch war,
die DDR-Wirtschaft,
wie überbesetzt an jedem Arbeitstisch
auf jeder Behörde. L a c h e n kann man!
L e u g n e n aber nicht, daß es keine Arbeitslosen gab,
wo jetzt Ihr Treuhänder jeden dritten dazu macht.
PRÄSIDENT: Auch ohne uns hätte die DDR die Leute bald
entlassen müssen.
Die Kommandowirtschaft war am Ende.
Der Staatsratsvorsitzende hat schließlich aus Angst
vor der Wahrheit seinen Chef der Planungskommission
nicht mehr zum Vortrag zugelassen.
Kennen Sie diese zu Tode gedüngten, zur ökologischen
Brache heruntergewirtschafteten Landstriche?
Kennen Sie die Mondlandschaft um Bitterfeld,
die chemische Hölle von Leuna, die Kraterlandschaft
des Braunkohletagebaus,
die strahlenverseuchten Abraumhalden von Wismut,
die für Tausende von Jahren zerstörte Erde
links und rechts der Elbe?
Und wie wollen Sie am Boden liegende Betriebe aufbauen,
ohne Investitionen, die Einheimische
nie erbringen k ö n n e n !
HILDEGARD: Indem Sie die Grundstücke Einheimischen geben
statt Ausländern, da nur Grundstücke kreditfähig machen,
überall auf der Welt.
Sie aber zwingen die Einheimischen, wehrlos zuzusehen,
wie Sie ihnen ihre einzige Kreditwürdigkeit rauben;

die Grundstücke.

Das hat es niemals irgendwo gegeben in der Geschichte.

Sie treten als Okkupant auf in der DDR,

obgleich auch Sie Deutscher sind wie die DDR-Bürger,

enteignen diesen Deutschen den Boden, die Bauten.

Oder bieten den Einheimischen an,

oh, wie großzügig,

daß sie ihren Boden, ihre Bauten neu erwerben dürfen.

Schon schändlich genug, aber nun ...

PRÄSIDENT: Sie wiederholen sich, ich m u ß mich
deshalb wiederholen.

Kein Wessi, ob Bundesrepublikaner oder Schweizer oder
Ami, investierte ohne Absicherung durchs Grundstück.

HILDEGARD, *schreit fast:*

Dann soll man's den Einheimischen geben!

Als Volksaktien wie Havel in Prag. Und wie hier

die Bürgerrechtler Schorlemmer, Thierse, Ullmann,

Bündnis 90, Neues Forum das propagiert haben!

PRÄSIDENT: Samt und sonders keine Manager —
Sozialromantiker, Utopisten!

HILDEGARD: Sie denunzieren diese Leute ebenso dumm

wie einst die SPD und Gewerkschafter

den CDU-Schmücker denunziert haben,

als der seine soziale Großtat startete:

die Privatisierung des Volkswagen-Werkes

gegen den phantasielosen Widerstand

von SPD und Gewerkschaften.

Der Mann hat das rentabelste Werk der BRD

an Kleinaktionäre aufgeteilt. Und das funktioniert!

Einheimische kriegten auch jeden Kredit,

raubten nicht Sie ihnen ihr Land!

Denn das ist doch das U n g e h e u e r l i c h s t e :

diesen Einheimischen, Deutschen wie wir,

gestatten Sie gnädigst,

im völlig aussichtslosen Wettbewerb

mit uns nicht Ausgeplünderten,

sondern Nachkriegsgewinnlern

sich um ihr eigenes Land neu zu bewerben!
Im Wettbewerb mit westlichen Wirtschaftshaien.
Ein Raubkrieg, Herr Präsident,
den Sie nicht überleben werden.

Antworten kann er nicht mehr, denn ein Schuß in den Hinterkopf hat den Mann auf den Teppich geworfen, ohne daß ihm auch nur noch ein Schrei von den Lippen gekommen ist – der Schrei, ein langer Aufschrei, der in Weinen und Wimmern übergeht, kommt von ihr.

Vorhang

Die Apfelbäume

Eine Million Apfelbäume umsonst abgeholzt
Viele Obstbauern erhalten keine EG-Prämie

Potsdam (dpa/MAZ) Rund eine Million Apfelbäume im brandenburgischen Havelland sind in den letzten Monaten offerbar umsonst abgeholzt worden. In vielen Fällen hätten Obstbauern nicht die Voraussetzungen zur Auszahlung der EG-Prämie von 8 200 Mark pro gerodetem Hektar erfüllt, sagte der Sprecher des Landwirtschaftsministeriums, Wickert. Rodungen seien vielfach nur aufgrund von »Mund-zu-Mund-Propaganda« über angeblich »saftige« EG-Prämien vorgenommen worden.

Wickert informierte auch über die Prämien-Bestimmungen der EG. Geld würde nur gezahlt, wenn die abgeholzten Baumbestände nicht älter als 20 Jahre waren, der Hektar einen Bestand von mindestens 500 Apfelbäumen hatte und der Grundeigentümer zustimmt.

Märkische Allgemeine Zeitung, 28. 3. 91

Mahnung an 85jährigen
Agrargenossenschaft fordert 10 000 Mark

Potsdam (ADN) Rund 130 Landeigentümer im Raum Werder sollen jetzt für etwas zahlen, das ihnen nicht gehört und nichts nützt: Obstplantagen. Zu den »Schuldnern« gehört Georg Kühnel, dem die Auflöser der Genossenschaft Werder jetzt fast 10 000 Mark abverlangen. 1960 hatte er knapp 47 Hektar in die damalige LPG »Karl Marx« in Bochow eingebracht, die 1976 in der GPG Obstproduktion Werder aufging. Die GPG pflanzte ohne Einverständnis des Eigentümers Kirschbäume, heute in vollem Ertragsalter. Seit Januar 1991 aber steht die Genossenschaft in Liquidation. Sie will als Auflö-sungsmasse retten, was zu retten ist. Dem entsetzten Rentner flatterte eine Rechnung über 9 640 Mark ins Haus für Kirschgehölze auf seinem Acker, die eigentlich gerodet werden sollten. Ausgestellt hat die Forderung ein West-Berliner Anwalt an einen Mann, der nur 600 Mark Rente hat. Das Kreisgericht Potsdam verschickte Mahnbescheide. Wer nicht sofort bezahlen könne, schlagen die Liquidatoren vor, könne bei der Genossenschaft ein Darlehen aufnehmen. Die nächste Mahnwelle kommt nach Ostern. Inzwischen machen Beauftragte der Liquidatoren »Hausbesuche« bei den »Schuldnern«.

Märkische Allgemeine Zeitung, April 1992

Apfelblüte in zehn Jahren alten Bäumen einer vier Hektar großen Plantage am Rande von Kemnitz, einem Dörfchen von dreihundert Einwohnern bei Werder, nahe Potsdam.

Die DDR hat versucht — und auch erreicht —, sich durch flugfeldergroße Plantagen in Werder und Umgebung unabhängig von der Einfuhr ausländischer Obstsorten zu machen; so hat sie Äpfel auch dort anpflanzen lassen — natürlich nicht n u r dort —, wo die ihrer Kleinheit wegen nicht immer (oft aber doch!) sogenannten »EG-Normen« entsprechen. Diese Normen waren ja auch vor dem Ausverkauf des Ostens an den Westen weder für die DDR noch für ihre Exportländer relevant ...

Tafelobst bedarf bestimmter Größe und Süße, um amtlich als solches von Wessis — doch nur von denen, nicht auch von Ossis, die aber nichts mehr zu sagen haben — bezeichnet zu werden. Den Bürgern der DDR war das heimische Produkt als minderwertig nicht aufgefallen, solange es dort in den Zeitungen nicht als minderwertig denunziert worden ist. Auch den vielen Ausländern nicht, die der DDR — auch im Westen — das Obst abgekauft hatten. Noch zwanzig Monate vor ihrer Auflösung hat denn auch die DDR an einer Autobahn inmitten ihrer zehntausend Hektar großen — insgesamt — Apfelplantagen einen gewaltig ausmaßigen industriellen Obstverarbeitungsbetrieb errichtet, der als einer der ersten — weil modernsten und lukrativsten — Fabrikanlagen des auszuplündernden Landes von der Treuhand an einen Wessi verkauft wurde, ohne daß ein einziger Mensch, der dank dieses Betriebes im Havelland Arbeit gefunden hat, ein Wörtchen bei dem Verkauf, der für den Verkäufer märchenhaft günstig erfolgt sein soll, hätte mitsprechen dürfen. Ergebnis: Die Treuhand hat mitnichten dem Käufer die Auflage gemacht, einheimisches Obst aus dem Havelland dort zu verarbeiten. So hat der Aufkäufer mit der Behauptung — die völlig sachlich ist —, Werder-Obst sei vom Staat subventioniert worden, abgelehnt, Äpfel aus der Produktion der Umgebung dort zu versaften oder als Tafelobst zu verpacken. (Daß n i r g e n d w o mehr im EG-Europa Landwirtschaft und Obstbau existieren, die n i c h t von ihren Ländern subventioniert werden: wurde dabei nicht berücksichtigt!) Mit dem Verkauf der

*von der DDR geschaffenen riesigen Fabrikanlage an einen Wessi,
dem die Beschäftigung der Einheimischen nicht näher am Herzen
liegt – er sagte ja, die produzierten zu teuer – als den Golfspielern
aus dem Westen, die nunmehr einige tausend Hektar ehemaliger,
jetzt weggeholzter Obstplantagen »begehen«: sank den Einheimischen, vermutlich zu Recht, der Mut, weiterzumachen. In dieser
Gemütsverfassung treffen wir sie an. Was sie seelisch noch »hält«:
ist ihr Wahn, großartig entschädigt zu werden, wenn sie ihre Plantagen, jedenfalls die Apfelbäume, vernichten ...*

*Einen Kirschgarten im sonnig kalten, oft wechselnden Aprillicht
naturalistisch schön auf die Bühne zu stellen: sind unsre Bühnenbildner ja geübt, seit vor etwa dreißig Jahren Tschechow sowohl in der
BRD wie in der DDR zum meistgespielten Theaterautor avanciert
ist, dank jener herzerwärmenden Risikoscheue, die Deutschlands
Spielplan-Gestalter in West wie Ost gleichermaßen auszeichnet ...
Also, »so weit das Auge reicht«, Apfelbäume, etwa zehnjährig
– keinesfalls älter –, in überaus reicher, das Gemüt gradezu ein-
zuckernder Blütenüberfülle, bis an die Rampe ...*

*Wer sich einen Begriff machen will, als Nichtbauer: wieviel Land
tausend Hektar sind, der muß wissen, daß schon in Zeiten des
Feudalismus ein Rittergut von tausend Hektar ein höchst stattliches
gewesen ist. Ohne Übertreibung läßt sich also sagen, daß die
DDR, indem sie hier im Havelland Plantagen von insgesamt zehntausend Hektar allein für Apfelbäume anlegte, mit ihrem Propa-
ganda-Spruch: »Jedem DDR-Bürger sein eigener Baum« – kaum
übertrieben hat. Schon Fontane preist in seinen ›Wanderungen‹
Werder und Umgebung als das regenärmste, daher für Obst offenbar bestgeeignete Land Norddeutschlands. Bereits 1878 wurde
hier in der letzten April- und der ersten Mai-Woche das Blütenfest
gefeiert ... ungefähr vierhunderttausend Touristen bestaunen seit
1990 alljährlich an diesen zwei Sonntagen in Werder und seinen
Nachbar-Dörfern die Baumblüte, auch die Seen ...*

*Das Dickicht von grell besonntem Blütenweiß und lackschwarzen,
wie gewaschenen Ästen ist auch im Vordergrund links. Doch im*

Hintergrund links ist eine schon stattliche Fläche leer von Bäumen: Die wurden anderthalb Meter über dem Boden abgesägt, dann zu einem turmhohen Haufen aufgeschichtet, der im Herbst verbrannt werden wird, während später russische Soldaten, von deutschen Behörden gemietet, mit Panzern die übriggelassenen Stämme samt Wurzeln herausreißen sollen. Wo keine Russen als Söldner dafür zu engagieren sind: verwendet man Bulldozer. Denn »irgendwer« hat gemeldet, in Wahrheit weiß keiner: wer −, die EG bezahle nicht abgeholzte Bäume, sondern nur herausgerodete Wurzeln, weil allein sie, nicht aber Geäst, zu zählen seien. Auch das stimmt nicht: man zahlt nicht die Bäume, sondern die abgeholzte Fläche, wenn man überhaupt zahlt ... Die Schildbürger, die sich hier zum Kaputtmachen ihrer Plantagen überreden ließen, haben das alles getan, ohne verbindliche Zusagen, das werde ihnen mit Wessi-Geld auch wirklich gelohnt ...

Bei noch geschlossenem Vorhang Krangekreisch und sehr laute Motorsägerei ... In Bühnenmitte der schmale Weg, der so tief die Bühne das zuläßt, hineinführt in die Baumreihen; so schmal ist der Pfad, begrast, daß nur ein motorisierter Karren, wie er auf Bahnsteigen Gepäck zu den Zügen fährt, ihn passieren kann, um Obstkörbe abzufahren. Ein − ebenfalls gelber − Bagger, so klein wie jene auf Friedhöfen, die durch Gräberreihen fahren, ist auf der Hintergrundfläche links beschäftigt, abgesägte Bäume zu dem schon erwähnten Riesenhaufen von Geäst und Blüten hinzuzerren und dann auf ihm hochzutürmen ...

Eine siebenundsechzigjährige Bäuerin, so abgearbeitet, daß sie zehn Jahre älter aussieht − »ich hab' müssen schon am neunten Tage nach de Geburrt mit unserm Egonchen widder raus uff'n Acker« −, kommt, so schnell sie gehen kann, aus der Tiefe der Plantage (der Bühne) rampenwärts und schreit schon, bevor sie noch sieht, wie ein Säger im Vordergrund ganz links sich jetzt in die Plantage hineinzuarbeiten beginnt −, schon von weither schreit sie dem zu:
Uffhören − heert uff, laßt's gutt sin mit de Sägerei
− hert doch erschte mal uff! Ich sag's doch, im Radio eben ...

Sie bleibt außer Atem stehen an der Rampe.
Ihr Dialekt ist nicht Werder-rein, denn sie kam als Halbwüch-
sige aus Schlesien, dort von den Polen vertrieben, und hat erst
nach dem Krieg hier einen Großbauern geheiratet – der immer-
hin zu seinem Glück nicht groß genug war, vor 1950 enteignet
zu werden; so daß er erst mit Gründung der LPGs genötigt
wurde, in die Genossenschaft einzutreten durch Einbringung
seines Landes, seines Waldes, seines Viehs, seiner Geräte.
Schnaufend sieht sie sich um, sieht kopfschüttelnd den katenho-
hen Berg abgesägter Bäume im Zugriffsbereich des kleinen
Baggers, der weiterarbeitet, während auch im linken Vorder-
grund der Baumabsäger, ein Mann Mitte Vierzig, sie jetzt noch
immer nicht sieht, wegen seiner Säge auch nicht hört, so daß sie
schließlich auf ihn zuläuft und ihn am Arm faßt, bis er sich nach
ihr umwendet, endlich seine Hand-Motorsäge abstellend, nach-
dem die noch einen Baumstamm gut einen halben Meter unter
dem ersten Ast durchgesägt hat und die Blütenkrone zur Erde
fällt: Ein deprimierendes Bild!

OBSTARBEITER: Wat jibt's denn, Frau Michaelis?
FRAU MICHAELIS, *außer Atem noch immer, sie lief zu schnell für*
ihre Jahre:
Die ha'm jesaacht ebent, im Radio – wenn ich's morjens
in de Küche zu tun hab', her ich doch immerzu Radio,
ha'm se ebent jesaacht: n i s c h t , jar nischt isses
mit de EG-Prämien for de abjeholzten Beime!
Befehlend, fast schreiend, sehr eindringlich und überzeugend:
Hört, saach' ick, doch erschte mal uff, bis daß ihr's
jenau wißt, ob's denn wirklich de Prämien jibt,
von wat se dauernd reden, wer weeß, is vielleicht
bloß Faselei ... Wickert, ja: Wickert hieß er,
hab' mir den Namen jemerkt von dem Redner da,
im Landwirtschaftsministerium ... gloobe,
Brandenburger Landwirtschaftsministerium – jenau, ja:
ha'm sie jesaacht, weeß ick bestimmt:
Die achttausendzweehundert
kriegt nur for jeden jerodeten Hektar, hat er jesaacht,

wer bestimmte Auflaachen, ja – so Auflaachen, ja
– also newahr: erfüllt. Bestimmte ...
Sie hat sich um die Luft geredet, sie pausiert, wischt ihre
Hände nervös an der Schürze ab; ihre fast wodkahellen Augen
sind blitzgescheit: Eine jener vielen Frauen, die sich in subal-
ternen Berufen nur deshalb verschleißen mußten, weil es einen
Weg zur höheren und zur Hochschule für sie nicht gegeben
hat.

OBSTARBEITER: Wemme kinne Prämien kriejen
   – kriejeme Golfplätze her,
   immer noch besser als Obst, wat verfault, weil nun de Treuhand
   uns die Safterei unterm Arsch wegverkauft hat ...
FRAU MICHAELIS, *hat sich, wieder kopfschüttelnd, umgesehen,*
   sagt mit aggressiver Melancholie:
   Und diese Blütenpracht – dat wer 'ne Ernte jeworden
   wie schon seit Jahren keene mehr! Eine Schande
   – wie wenn einer Brot weckschmeißt,
   jradezu 'ne Gotteslästerung,
   dies Beimewegholzen ... jeschieht uns, im Grunde, jeschieht's
   uns janz recht, dat wir nun die Jelackmeierten sin und nischte,
   aber ooch jar nischt kriejen for mehr
   als eine Million abjeholzter Appelbäume!
   Arschlöcher seid ihr allesamt, ihr Mannsbilder, jawohl –
   meener, jawoll: war der e i n z i j e , der nich mitschuldig is!
   Dat ist sogar schriftlich, weil er krank war
   wie's janze Jahr schonn,
   hat mein Arthur nich können mitjehen
   zur Versammlung und deshalb schriftlich
   müssen seine Neinstimme abjeben:
   meener is so unjefähr der einzije ...
OBSTARBEITER: Ja, weil er dich hat, Erna – du bist ebent
   zehnmal klieger biste ebent als 'n jeder von uns.
FRAU MICHAELIS: Klüger als i h r , Otto, dat würde doch
   noch jar nischt heißen,
   – denn dümmer als ihr, das hieße ja schon:
   nich mal loofen können vor Dummheit.

We r , gib's doch zu: n i e m a n d !
– hat euch allen üwahaupt jesaacht, dat ihr Prämien kriegt
for 'ne janze Million Äppelbäume,
die ihr wechjeholzt habt!
'ne Million, alleine Äppel!

OBSTARBEITER, *der sich eine Pfeife gestopft und angezündet hat,*
sehr gereizt jetzt, weil sie recht hat, was sogar er zugeben muß:
Dat jehört jetzt jar nich hierher,
du bist hergeloofen vom Radio fort,
weil du selber jehört hast
– haste doch ebent selber jesaacht –,
d a t Prämien d o c h jezahlt wer'en,
wenn ooch nicht an eenen jeden
und nich for jeden Baum … nu red doch endlich:
for welche und for welche n i c h jezahlt wird!

Er setzt sich neben den zuletzt abgesägten Stamm ins Gras.
Sie rennt herum wie eine Henne, der ein Marder an die
Küken ging.

FRAU MICHAELIS: Unglicke jenug is anjestellt worden durchs
Nur-so-darum-Reden,
dat will icke nich ooch noch so machen – z'erscht hab'
ick doch jar nich mittejekriecht,
dat's da im Radio um *uns* jing.
Also – dat is mal sicher:
for Beime jibt's schonn mal jar nischte,
sondern bloß for Hektare, for umjerodete …

OBSTARBEITER, *weist mit der Pfeife zum Bagger im Hintergrund,*
tippt sich dann vor die Stirn, den Vogel machend:
Wer soll denn können das da z ä h l e n ?
Is uns aber jenau deshalb anbefohlen worden,
das Geäste erschte mal wegzeschmeißen, weil das ja
– logisch – üwahaupt nich zu zählen is,
sondern nur die Wurzeln.
Wie willste denn, Erna, Äste zählen – kannste jar nich!
Wurzeln kannste, d i e kannste zählen.

Un deshalb haben se ja ooch verhandelt
mit de Russen, dat uns die Arbeitslosen da, die Rote Armee
– dat die uns mit Panzern die Stämme rausreißen, damit dat wir
de W u r z e l n zählen können.
Un uff de Wurzeln jibt's de Prämien.

FRAU MICHAELIS: Un vom wem weeß der Otto dat?
– von n i e m a n d e m !
Is nur Jerede, sonste jar nischt. Icke aber hab's immerhin
vor zwanzig Minuten mit meene eijenen Ohren auss'em Radio:
Dat ebent nich, du Besserwisser, uff Wurzeln und Stämme
Prämien jezahlt werden, sondern uff Hektare, uff Land!
Und du mußt nun, wenn de endlich mal zuhören willst,
denn mußte ebent dein eijenen Schnabel mal halten
und mußt erschte mal h ö r e n ,
uff wat se ebent im Radio jesprochen ha'm:
Also, sie ha'm jesaacht, da leje ick nu beede Hände
for ins Feuer, wenn erschtens
die abjehackten Beime – de ›Baumbestände‹, weeß ick jenau,
so ha'm se jesaacht: de Baumbestände –
nich älter sin als zwanzig Jahre.
Zweetens, ha'm se jesaacht, dat mindestens der Hektar,
'nen j e d e r Hektar, dat der mindestens
muß fünfhundert Beime jehabt ha'm,
wenn det se zahlen sollen.
Und drittens, der Jrundeijendümer
muß schriftlich,
dat er einverstanden is mit de Abholzerei,
muß er erklärt ha'm: schriftlich! So – un nun saache ick dir,
wenn ihr Männer noch Männer wärt
– un nich bloß Quatschköppe,
un so hinnerm Jelde her, dat ihr blöd würdet vor Jeldgier:
Sie macht ihm aggressiv direkt unter der Nase die Geldzähler-
bewegung:
denn würdet ihr, saache ick euch, einen jewissen Schuft,
der hier frieher von wejen seine große Bardei-Schnauze
dat Sagen hatte und hat's nu schon widder, dat Sagen,
und hat uns det alles einjebrockt und euch – Namen muß ick

ja woll keenen nennen −, denn würdet ihr diesen Halunken
bei Nacht und Nebel außen Haus holen, aus dem Hause,
das er auch bloß von wejen seine Stasimitmacherei hat,
und tätet diesen Schuft wegtun − dodschlagen und rinn
mit ihm in de Havel, wo se am tiefsten is ...

OBSTARBEITER: Ja, ick weeß, der ist schon widder obenuff,
ganz obenuff. Aber, Erna, wat willste machen:
Besser noch Golfplätze leje'mer an,
als bloßes Brachland. Und wohin mit Äppeln
von'ne Million Bäume,
wenn uns doch die Treuhand die nagelneue Safterei
an een Wessi vahökert hat, der üwahaupt keen Obst,
wat hier wächst, mehr versaften will, sondern
− weeß ick vom Schröder selber, und der wird's ja wissen
als zweeter Bürgermeister −, sondern sich aus de janze Welt
Extrakte kommen läßt, so heeßt dat: Extrakte, Konzentrate −
un die hier in u n s e r ' Saftfabrik bloß noch u m f ü l l t ,
nur noch uff Flaschen zieht, weil ebent diese Safterei,
logisch, erst een Jahr alt is
und die modernste in Europa sein soll.
Deshalb − logisch − hat ja der Wessi, hat der ja ooch sofort
zujeschlaachen und sich diese herrliche Fabrik
unnern Najel jerissen
−se saachen, er hat se jekriegt für so wenig
wie er woanderst alleene
fors Jrundstück hätte müssen berappen! Ja.
Und nun soll'n wir
uff den abertausend Tonnen Äppeln brüten?
− Erna spricht ...

FRAU MICHAELIS, *zu dem Baggerführer, der jetzt zu ihnen
gekommen ist:*
Mahlzeit, Schorsch! − nischte is et mit de Prämien
for'n jeden weckjeholzten Baum! Ebent im Radio
mit de e i j e n e n Ohren jeheert. Dürfen ooch nich älter,
de Baumbestände, als zwanzig Jahre sin ...

Schweigen.

OBSTARBEITER: Umjekehrt, Erna, umjekehrt – ha'm se doch
jesaacht: je älter – je mehr Prämie.

SCHORSCH, *ein sechzigjähriger Bauer, dessen väterlicher Hof
zwangsweise vor gut dreißig Jahren in eine LPG eingebracht
werden mußte:*
Nee, nee, nee – da hat schon Erna recht, Otto, nich du:
Se machen's ja jetzt mit m'im Vadder ebent jenauso,
wie's Erna 's ebent spricht: m'in Vadder wird im September
sechsenachtzig und kriegt jetzt schonn die d r i t t e Mahnung,
dat er neuntausendsechshunnertvierzig Mark hinblättern soll
for Kirschbäume, die er jar nich jepflanzt hat. Vadder hat
müssen vor zweiendreißig Jahren
seine siebenvierzig Hektar einbringen
in de Karl-Marx-LPG in Bochow, newahr! Nich jefragt word'n.
Newahr. War Feld – keene Plantage. Dann haben die,
ohne ihn zu fraachen, versteht sich,
uff seinem Jerste- und Kartoffelland Kirschen jepflanzt,
heute in vollem Ertragsalter, we'mme dat so saachen kann,
dort, wo ja
– ihr kennt ja unsen Boden hier
– nich ville wächst. Immerhin, newahr!

*Ein Helikopter, sehr niedrig, sehr laut – so niedrig, daß man in
der Tat seine Schatten über die Plantage fliegen sieht und schweigen muß, weil niemand ein Wort versteht; ja so niedrig kreist er
angeberisch über ihnen, daß Otto und Erna instinktiv die Köpfe
einziehen und dann hochsehen ...*

Und weil die – newahr – üwer zwanzig Jahre sind,
die Kirschen: kriecht er erschtens keene Präme für,
wenn er se abholzt, newahr.
Und muß aber, zweetens, noch üwer neuntausend Mark
zahlen, damit daß er de Bäume,
die ja er jar nie jewollt hat, behalten kann.
Denn se saachen, Wertsteigerung – saachen se einfach:
Wertsteigerung, neuntausend soll er zahlen, – hat aber bloß
sechshunnertzwölf Mark Rente! – stellt euch dat vor, newahr!

FRAU MICHAELIS: Wer will denn das ha'm von dein Vadder?
SCHORSCH: Der erschte Brief kam von einem Anwalt
in Westberlin, jetzt verschickt det Kreisjericht Potsdam
schon den zweeten Mahnbescheid:
Daran jeht uns der Vadder ein, der schläft nich mehr
– der murmelt, wie 'ne Kathole den Rosenkranz runnerleiert,
murmelt der vor sich hin, im Dauerjebet:
sechshunnert Mark Rente – neuntausendsechshunnert Mark
for Kirschen, die mir keener mehr abkooft!
FRAU MICHAELIS: Abkoofen, Schorsch, tut man uns die schonn
noch, stellt euch bloß annen Wannsee mit de Kirschen,
die jehn da weck wie frische Brötchen!
Aber dat Jeld – is ja unjesetzlich, mir hat eener jesaacht,
niemand muß eenem Bächter, wenn er abzieht, ersetzen,
was er uff'n jebachteten Jrundstück jepflanzt
oder jebaut hat . . .
OTTO: Jebachtet war dat ja niche'mal: war ja nur jestohlen,
det Land, seinem Alten . . .

*Sie können nicht mehr reden, weil der Helikopter, anscheinend
noch tiefer fliegend, es dröhnt gewaltig, zurückgekommen ist, wieder streifen seine Schatten die dort Stehenden, alle drei ziehen die
Köpfe ein und gucken hoch – Erna ballt die Hand zur Faust und
droht dem Flieger, lacht aber . . .*

FRAU MICHAELIS: Unse Lothar spricht,
nich nur diesen Heljokopter
hat dieser Wessi-Arzt -- is ja 'nen Arzt aus Westberlin –,
der drü'm in Kemnitz den Golfplatz baut, nee – een richtjes
hat der obendrei noch, een richtjes Fluchzeuch . . . for d a s ,
nich for den Heljokopter, hat er die Halle jebaut . . .
OBSTARBEITER: Een Arzt baut dat? – wieso denn een Arzt?
Uff det Schild, da an det Bauzaun is doch 'ne große Tafel,
uff der jedenfalls steht nüscht von eenem Arzt . . .
SCHORSCH: Doch, von 'nem Doktor schonn – steht da wat, so'n
wasserpolackscher Name und Partner, denn aber uff englisch
Miami/Florida – weeß nich, wat det heeßen soll:

Er sagt »Miami« wie man es als deutsches Wort lesen würde.
»Computergesteuerte Versenk-Beregnungsanlage«.
Un steht doch uff der Tafel: 27-Loch-Golfanlage
mit Golfodrome: Siebenzwanzig
– ist det nich vadammt wenich?

OBSTARBEITER: Ja, det hab' ick ooch jelesen, und
dann steht da noch 'ne Menge uff englisch –

SCHORSCH: Ja, aber 'nen Arzt, sprechen sie, von Westberlin . . .
Na, ich wünschte, ooch zu m'in Vadder käme so einer
und täte ihm de Angst nehmen, weil der doch nie mehr
im Leben
diese zehntausend uffbringt – und hat nun den Kommunismus
glicklich üwalebt, aber jetzt sind's de Kapitalisten,
die ihn hinmachen. »Wertsteigerung«, sprechen sie!

Man hört sehr nahe den Helikopter landen, sieht das aber nicht.

FRAU MICHAELIS, *zweifellos die Klügste hier:*
Sag's dei'm Vadder: Janz und jar unjesetzlich is det.
Hat der – den unse Lothar mal mitbrachte, hat der
mir selber jesaacht: Wer uff Jepachtetes was druffbaut,
hat nich nur keen Anrecht, dat der Besitzer ihm wat zahlt,
wenn der Pächter abzieht
– sondern, wenn der Besitzer dat will,
also dein Vadder: denn muß ihm der Pächter det Jrundstück
jenau so wieder zurückejeben, wie's er übernommen hat . . .

SCHORSCH, *Kopfbewegung seitlich zum Hintergrund hin:*
Da kommt'er, der Pilot oder Arzt oder wat er nun is . . .

FRAU MICHAELIS: . . . also, gloob's mir,
d'in Vadder hat sojar noch Anspruch,
dat ihm die LPG-Abwickler dat Land zurückjeben o h n e
Wurzeln: statt dass'e wat zahlt – kann er sojar verlangen,
dat die ihm die ollen Kirschen widder weckroden . . .
die se druffjepflanzt ha'm, ohne dein Vadder ze fraachen.

PILOT, *ein Mann knapp Fünfzig, eher Mitte Vierzig, sehr elegant-
sportlich, teure Lederjacke und Ledermütze, braun, blaues*

Seidentuch statt Schlips, kommt aus Bühnenmitte im Hinter-
grund nach vorn; sein Golfzeug trägt ein Domestik, ein hüb-
scher Halbwüchsiger. Betont »leutselig«:
Guten Tag — Tag: Darf ich fragen, war dies
— ist dies I h r Land — oder hat es der LPG gehört?

FRAU MICHAELIS, *aggressiv wie stets:*
Jehört hat der ja nüscht, wat se nich erscht anderen
weckjenommen hat . . .

OBSTARBEITER: Nee — so kannst'e det ja nu ooch nich saachen,
Erna. Allet wat recht is:
Die LPG hat schon ooch dazujekooft . . .

FRAU MICHAELIS: Ja für'n Appel un een Ei von Leuten,
die sie erscht weckjeekelt ha'm.

PILOT, *sehr jovial:*
Darf ich fragen: machen Sie Frühstückspause
— oder diskutieren Sie die neueste Schockmeldung?

SCHORSCH: Wir hörten — das heißt: Frau Michaelis hat jehört,
det se nun doch Prämien nich zahlen ohne weiteres,
also erstens for Bäume nich, sondern nur for Hektare
und zweetens üwahaupt für keene Bäume,
wo älter als zwanzig Jahre sin . . .

PILOT, *zieht die Zeitung — ein kleines Format — aus der Tasche*
und sagt durchaus mitfühlend: (Seine Zeitungen sind die MV
vom 17. August 1990 und ›Der Morgen‹ vom gleichen Tag)
Wenn Sie gestatten — Sie haben das Schlimmste,
merke ich, noch gar nicht gelesen, ich lese vor:

Freundschaft gekündigt

Obstbauern sind gezwungen, sich anderweitig umzutun

Werder (MV). Der bisher ökonomisch stabilen GPG Obstproduktion Werder, in der 1 200 Mitglieder 2 300 ha bewirtschaften, kündigten 60 Berliner und 30 Potsdamer Kaufhallen die Freundschaft. Das Kühlhaus ist nur zu einem Drittel ausgelastet. Die 120 ha große Tomatenanbaufläche muß 1991 stillgelegt werden. Das teilte GPG-Vorsitzender Dr. Fred Eisemann gestern auf einer Pressekonferenz mit ... Neupflanzungen von marktgängigen und auf märkischem Boden gedeihenden Obstsorten seien unumgänglich. Ebenfalls im großen Umfang müsse die materielltechnische Basis der Produzenten erneuert werden. Landwirtschaftsministerium wie Banken stellten dazu keine Investmittel bereit.

Er läßt die Zeitung sinken – gibt sie dann an Frau Michaelis.
Bitte, ich brauche sie nicht mehr ... weiß Gott will ich ja
hier nicht noch beitragen, Sie zu entmutigen, bitte aber
– in Ihrem ureigenen Interesse – noch einmal zu überdenken,
ob Sie nicht doch einem Golfplatz auch hier zustimmen wollen.
Ich habe immerhin nach Rücksprache mit Ihrem ehemaligen
LPG-Vorsitzenden acht Pfennig Pacht geboten
pro Quadratmeter ...
FRAU MICHAELIS, *wie aus der Pistole geschossen, sie hat das nicht*
jetzt überlegt, sondern schon oft erörtert:
– und ick jebe keenen Meter her unter zwölfen, keenen:
lieber vahungern wir, det hat sojar mein Mann jesaacht,
so ängstlich der immer ooch is.
Zwölf Pfennje pro Quadratmeter,
Herr Doktor, sonst wird das nischte mit uns beeden ...
PILOT: Bitte, man kann über alles reden –
vergessen Sie nicht, liebe Frau, dort,
wo ich den ersten Golfplatz angelegt habe:
wurde m e i n e t w e g e n
kein einziger Baum gefällt – sondern aus Altersgründen
war da sowieso der Baumbestand schon weg ...
und acht Pfennig ist –

OBSTARBEITER: Dürf'me dennmal, Herr Doktor,
ick weeß ja nich,
ob Sie der sin, der da drüb'm in Kemnitz
uff dem Bauschild steht, dürf'me mal eine Fraache stellen,
nischt für unjut, aber wenn hier ...
nun doch seit Hunnerten von Jahren Obstanbaujebiet
jewesen is ...
wieso sollen denn nun plötzlich Touristen herkommen
– un ausjerechnet mit Golfschläjern?

PILOT, *als habe der Frager einen Nerv getroffen, während er doch
nur ahnungslos eine Majestätsbeleidigung beging, schnaubt
verachtend »Touristen« aus:*
»Touristen« – ja, Mann: mit »Touristen«
habe ich ja nichts am Hut!
Touristen, die sollen man hingehen, wo sie wollen.
Hierher hole ich C l u b -Mitglieder!
Eingeschriebene Mitglieder,
wer bei uns mitmacht, der ist exklusiv berechtigt
– und zahlt dafür eine Stange Geld, die ihn davor schützt,
mit Krethi und Plethi womöglich den gleichen Duschraum ...
Bitte Sie: für »Touristen« bin ich nicht zuständig,
haben Sie keine Angst!
Nein, hierher kommen nur Zahlungsfähige.
Seien Sie nicht mutlos – dies ist ein gesegnetes Land
und bleibt das auch dann, wenn es wegen seiner Golfplätze
bald so berühmt sein wird wie früher durch sein Obst!
Guten Tag, wünsche ich Ihnen allen noch!
*Er tippt huldvoll an seine flache, randlose Mütze, der Golf-
Domestik folgt ihm, sie gehen ab, vorn links.*

FRAU MICHAELIS – *hält den anderen die Zeitung hin:*
Hier habt ihr's schwarz uff weiß: so ville Bestimmungen,
so ville Konfusion ooch ... v e r s t a n d e n hab' ick nur:
Uff Obst jibt's keen Kredit von den Banken
– uff Golfplätze aber jewiß!

OBSTARBEITER, *der seine Säge schon wieder aufnimmt, er hatte sie
ins Gras gelegt, um sich dem nächsten Stamm zu nahen, der an
der Reihe ist:*

Wer Golfplätze macht — braucht sicher keenen Kredit.
Komm, Schorsch — mach'me weiter.

SCHORSCH: Icke nich, ick warte.

OBSTARBEITER: Uff wat denn willste warten?
Da lies doch: sojar die hunnertzwanzig Hektar Tomaten
müssen nächstes Jahr stilljelegt wer'n!

SCHORSCH: Hätt' doch eener mal den Mut, helfen tät's uns
zwar ooch nischt mehr, laut ze saachen,
dat immerhin nich der Honecker mit seine Bonzen
unser blühendes Land hier plattjemacht hat
—sondern die vafluchten Wessis,
denen wir das nie heimzahlen können!

OBSTARBEITER, *nun auch schon resignationsmatt, wieder eine der*
beiden Zeitungen aufnehmend:
Un — muß ma' zweemal lesen, uff eenmal gloobt man
det jar nich — daß doch immerhin hier eintausendzweehunnert
Mitglieder zwodausenddreihunnert Hektar bewirtschaftet
un jahrzehntelang jut davon jelebt haben
samt ihre Familien — det soll nun alles nischte
— n i s c h t wert jewesen sin!
Wie wir jetzt die Beime absäjen müssen
—so säjen'se dann uns ab!
Wat den eenen zum Dodlachen — is den anneren
zum Dodschießen!

FRAU MICHAELIS, *schon fast ebenso resignationsmatt:*
Jenau — so isses. Vierzig Jahre lang sollen wir nischt hier
jezüchtet ha'm
wie Unjenießbares, da et nich den E J - N o r m e n entspricht,
unse Äppel sin zu kleene, um jut zu sein ...
wie lange wird's woll noch dauern,
bis euch Ossi-Männern die Wessi-Männer erzählen,
dat ooch die Kinner, die ihr hier jemacht habt,
vierzig Jahre lang — zu kleene jeraten sin,
um den EJ-Normen ze entsprechen!
Lauter halbe Portionen, alle eure Kinner!

Die Säge vom Obstarbeiter schreit auf, sehr rasch ist der noch nicht alte Stamm »durch«, die herrlich blühende Baumkrone fällt.

Vorhang

Goethe-Hotel Weimar

»Das volkseigene Industrievermögen der DDR wird auf 650 Milliarden Mark geschätzt. Damit entfielen auf jeden Bürger der DDR etwa 40 000 Mark. Erwogen wird, etwa 25 bis 30 Prozent des Industrievermögens den Bürgern in Form von Anteilscheinen oder Anrechten zur Verfügung zu stellen, um so Volksvermögen zu schaffen. Diese Vermögensurkunden können sie später zum Beispiel für den Erwerb von Wohnungen und Gewerberäumen ausgeben. Sie sollen jedoch nicht verkauft, also in Geld umgewandelt werden können. Entscheidungen werden erst die neu gewählte Volkskammer und die neue Regierung fällen können.«
Frankfurter Allgemeine Zeitung, 16. 3. 1990

»So auch findet man im Leben eine Masse von Personen, die nicht Charakter genug haben, um allein zu stehen; diese werfen sich gleichfalls an eine Partei, wodurch sie sich gestärkt fühlen und nun eine Figur machen.«
Goethe

»*Abseits.* − Der Parlamentarismus, das heißt die öffentliche Erlaubnis, zwischen fünf politischen Grundmeinungen wählen zu dürfen, schmeichelt sich bei jenen vielen ein, welche gern selbständig und individuell scheinen und für ihre Meinungen kämpfen möchten. Zuletzt aber ist es gleichgültig, ob der Herde Eine Meinung befohlen oder fünf Meinungen gestattet sind − wer von den fünf öffentlichen Meinungen abweicht und beiseite tritt, hat immer die ganze Herde gegen sich.«
Nietzsche

Die ehemalige Walter-Ulbricht-Suite im Goethe-Hotel zu Weimar.

Die Familien Golz und Drepper werden durch ihren Entschluß, von der Treuhand das Goethe-Hotel zu kaufen: zum Clan. Nicht ihr Verwandtsein hat das bewirkt — eine Golz hat den Dr. Drepper geheiratet —, sondern erst die ihnen aufgenötigte Aktivität, sich einschalten, einschleusen zu müssen ins öffentliche Leben, das heißt, in die Parteiapparaturen, um vom großen Kuchen: Staat, dem großzügigsten Pfründen-Vergeber, sich ein »hübsches Stück selber aufzutellern«, von dem, was vor der Wende betrügerischerweise dem Volk der DDR als Eigentum versprochen worden war.

Wir drucken ungekürzt als Beleg, ja als Dokument — denn so verschollen ist bereits nach drei Jahren schon diese Verheißung —, den Aufsatz, den die ›Frankfurter Allgemeine Zeitung‹ am 16. März 1990 aus Anlaß der Gründung der »Treuhandanstalt« veröffentlicht hat.

Auch als Beleg dafür drucken wir diesen Artikel, daß in diesem Stück kein Wort der Kritik am Walten der Treuhand laut wird, daß diese Institution sich nicht mißt an ihren eigenen Wertmaßstäben und Zusagen ans Volk der DDR zur Zeit ihres Ursprungs ...

Treuhandanstalt zur Wahrung des Volkseigentums gegründet

Von der Volkskammer kontrolliert / DDR-Ministerrat verabschiedet Statut / Anteilscheine für Bürger?

Ws. BERLIN, 15. März. Zur „Wahrung des Volkseigentums" ist mit Wirkung vom 1. März in der DDR eine „Anstalt zur treuhänderischen Verwaltung des Volkseigentums (Treuhandanstalt)" gegründet worden. Diese Rechtskonstruktion sei notwendig gewesen, erläuterte Minister Ullmann (Demokratie jetzt), weil es im Bürgerlichen Gesetzbuch (BGB) der Bundesrepublik den juristischen Begriff des Volkseigentums nicht gebe. Volkseigentum bedeutet in der DDR bisher nichts anderes als Staatseigentum. Es zu wirklichem Volkseigentum werden zu lassen, ist eine der Aufgaben der Treuhandanstalt. Sie ist Anstalt des öffentlichen Rechts und bis zur Annahme einer neuen Verfassung der Regierung unterstellt, die in einem Statut die Rechte und Pflichten der Anstalt festgelegt hat. Ein aus acht Personen bestehender Verwaltungsrat, der der Volkskammer verpflichtet ist und von ihr kontrolliert wird, soll die Anstalt vertreten.

Mit ihrer Gründung hat die Anstalt die Treuhandschaft über das volkseigene Vermögen übernommen, „das sich in Fondsinhaberschaft von Betrieben, Einrichtungen, Kombinaten sowie wirtschaftsleitenden Organen und sonstigen im Register der volkseigenen Wirtschaft eingetragenen Wirtschaftseinheiten befindet". Die Treuhandanstalt, die keine wirtschaftsleitende Funktionen ausübt, ist berechtigt, juristische oder natürliche Personen zu beauftragen, als Gründer und Gesellschafter von Kapitalgesellschaften zu fungieren oder die sich aus den Beteiligungen ergebenden Rechte und Pflichten wahrzunehmen.

Zugleich mit der Bildung der Treuhandanstalt ist die Verordnung zur Umwandlung von volkseigenen Kombinaten, Betrieben und Einrichtungen in Kapitalgesellschaften in Kraft getreten. Danach sind diese „Betriebe" in Gesellschaften mit beschränkter Haftung (GmbH) oder Aktiengesellschaften umzuwandeln. Die Geschäftsanteile beziehungsweise Aktien der durch Umwandlung gebildeten Kapitalgesellschaften übernimmt die Treuhandanstalt. „Der Verkauf von Geschäftsanteilen beziehungsweise Aktien durch die Treuhandanstalt ist zulässig, sofern das durch Gesetz geregelt ist. Der Verkauf bedarf der Zustimmung des Aufsichtsrates der Gesellschaft", heißt es in der jetzt im „Gesetzblatt der DDR" veröffentlichten Verordnung. Im Falle der Veränderung der Beherrschungsverhältnisse in der neu entstandenen Gesellschaft, etwa beim Verkauf von Anteilen oder der Erhöhung des Grundbeziehungsweise Stammkapitals, ist die Zustimmung der zuständigen Volksvertretung erforderlich.

In der Bildung der Treuhandanstalt sieht Ullmann einen wichtigen Schritt zur Sicherung der Rechte und des Eigentums der Bürger. Auf eine Enteignung der Bürger würde die Bildung der Treuhandanstalt hinauslaufen, wenn das von ihnen erarbeitete und eigentlich auch ihnen gehörende Volkseigentum als Staatseigentum behandelt würde. Mit der Umwandlung der volkseigenen Betriebe in Kapitalgesellschaften werde man den Anforderungen der Marktwirtschaft gerecht.

Das volkseigene Industrievermögen der DDR wird auf 650 Milliarden Mark geschätzt. Damit entfielen auf jeden Bürger der DDR etwa 40 000 Mark. Erwogen wird, etwa 25 bis 30 Prozent des Industrievermögens den Bürgern in Form von Anteilscheinen oder Anrechten zur Verfügung zu stellen, um so Volksvermögen zu schaffen. Diese Vermögensurkunden könnten sie später zum Beispiel für den Erwerb von Wohnungen und Gewerberäumen ausgeben. Sie sollen jedoch nicht verkauft, also in Geld umgewandelt werden können. Entscheidungen werden erst die neu gewählte Volkskammer und die neue Regierung fällen können.

Ein Wohnzimmer: »Gelsenkirchner Barock«, Anfang der sechzi-
ger Jahre; also dicke große Polstersessel um einen Couchtisch,
links ein leeres Bücherregal, drei Fenster im Hintergrund. Zwi-
schen dem zweiten und dritten ein großer Kamin; er allein ist
schön und erinnert nicht an den Spießer-Stil der sogenannten »bes-
seren Leute«. Über dem Kamin das eindrucksvolle Porträt Lenins
von Willi Sitte (1970), an der linken Wand ein großes Industriebild
im »klassischen« DDR-Realismus. Der Teppich ist geschmackvoll
auf die Polstergarnitur abgestimmt. Rechts hat man sich ein eheli-
ches Schlafzimmer in Pfarrhaus-Puritanismus vorzustellen, also
zwei fast pritschenschmale Betten, züchtig durch einen Nachttisch
getrennt. Über den Betten der Seemann-Kunstdruck einer Main-
landschaft von Hans Thoma.

Zwischen Schlaf- und Wohnzimmer selbstverständlich eine
Türe. Links die Türe, die vom Hotel-Flur hereinführt, wird
durch eine Fünfunddreißigjährige geöffnet, der an der gestren-
gen Kleidung die »Beschließerin« anzusehen ist.

BESCHLIESSERIN, *läßt eine Frau Mitte Vierzig und einen Herrn*
Ende Vierzig vor sich eintreten, schließt hinter sich die Tür und
sagt in anheimelndem Thüringisch:
Dies ist die ehemalige Suite des Staatsrats-Vorsitzenden.
So genannt, weil Genosse Walter ... weil Ulbricht,
wollte ich sagen, das Goethe-Hotel damals eingeweiht
und mit seiner Frau
diese Suite bewohnte die erste Nacht.
Deshalb auch noch das Lenin-Bild.

DREPPER, *geht auf das Bild zu; die Beschließerin grinst verlegen.*
Drepper hat, gut sichtbar, ein aufwendig teures, japanisches
Sony-Radio hereingetragen und stellt den Apparat auf den
leeren Couchtisch.
Vom Sitte oder vom Heisig? Verwechsle die immer.

BESCHLIESSERIN: Von Sitte, glaube ich oder ...
den Sie kennen werden,
weil er Ihren Bundeskanzler Schmidt malte.

EVA: Kann man das Bild jetzt kaufen ... ich vermute,
Sie entfernen das ebenso wie − leider −

die ausgezeichnete Soljanka von Ihrer Speisekarte?
Ich habe nie eine bessere Suppe gegessen.
Warum ist die gestrichen von der Karte?

BESCHLIESSERIN: Ja — der Chef meinte wohl, russische Suppen,
die würden jetzt noch unangenehmer auffallen
als russische Gefallenen-Denkmäler.

DREPPER, *sarkastisch:*
Dann nennt doch die Suppe nach dem Hotel,
schreibt doch »Goethe-Suppe« auf eure Karte!
Wem gehört denn jetzt dieses Hotel?

BESCHLIESSERIN, *lacht:*
Uns. Uns, haben wir g e d a c h t ,
weil's uns so weisgemacht wurde. Das ist ein Jahr her.
Inzwischen wissen wir nur noch, daß
die ›Frankfurter Allgemeine‹
ebenso lügt wie früher das ›Neue Deutschland‹.

DREPPER: Ach, Sie lesen die FAZ?

BESCHLIESSERIN, *nachdem sie eine Zigarette ablehnte, die Drep-*
per ihr ebenso anbot wie seiner jetzt rauchenden Schwester;
auch er zündet sich eine an:
Schon seit einem Jahr nicht mehr.
Nach der Wende war sie unser Evangelium
— vor allem am 16. März vorigen Jahres;
wir haben damals diesen Artikel fotokopiert
für die ganze Belegschaft, weil wir im Ernst
fest geglaubt haben, das Staatseigentum
der DDR — werde nun wirklich unser Volkseigentum!
Und folglich würden auch wir Mitarbeiter
Anteilscheine oder Aktien des Goethe-Hotels erhalten.
Aber d a s ist nun die »Wende«:
Der FAZ gehört das vornehmste Hotel Weimars,
drüben der ›Russische Hof‹, und eine Zeitung
und eine Druckerei,
doch uns Bürgern von Weimar gehört kein Backstein
an irgendeinem Betrieb!

DREPPER, *sarkastisch:*
Wessis in Weimar!

EVA, *freundlich, aber man spürt: sie hält die junge DDR-Dame*
für verrückt:
Wie konnten Sie − um Gottes willen − die Illusion haben,
man werde mit der Wende in der DDR die Arbeiter
und Angestellten an den Betrieben b e t e i l i g e n :
Auch in der Bundesrepublik gibt's doch
nur ganz, ganz wenige Betriebe, die denen mitgehören,
die dort arbeiten!

BESCHLIESSERIN, *einfach:*
Wir haben das geglaubt, weil wir's schwarz auf weiß
bekamen − in der FAZ. Ja! Und als wir merkten,
man spielt nur Blinde Kuh mit uns, da haben wir
eine Weile, bis wir wieder ausgenüchtert waren
nach dem Vereinigungs-Rausch, uns gradezu geklammert
an diesen FAZ-Artikel; haben auch immer zitiert
aus ihm, in unseren vergeblichen Bittgesuchen
an Parlamentarier und an die Treuhand!
Da hieß es, auf jeden Bürger der DDR entfielen
etwa vierzigtausend DM an Volksvermögen,
etwa dreißig Prozent auch der Industrie hier werde
dem DDR-Volk in Anteilscheinen ausgehändigt,
die wir nicht verkaufen dürften, sondern zum Erwerb
von Wohnungen und Gewerbe-Räumen ausgeben sollten.
Ausdrücklich hieß es, diese vierzigtausend seien nicht
in Geld umzuwandeln − sondern in Mitbesitz am Boden.
Und nun sind wir dermaßen betrogen und entrechtet,
daß wir nicht einmal erfahren − Auskünfte gibt's nicht
für »Personal« −, für wen wir arbeiten,
ob das Goethe-Hotel schon verkauft ist
oder noch Eigentum der Interhotel-Kette.

DREPPER, *sein Mitgefühl ist echt, weil diesen ohne Frau Reisenden*
die schöne Weimarerin offensichtlich stark erotisiert:
Warum kauft i h r , die Belegschaft, das Hotel nicht?
Natürlich auf d i e Weise, auf die allein
alles (und alle!) in der kapitalistischen Welt
gekauft und verkauft werden!

BESCHLIESSERIN, *lacht:*
Schön wär's, doch woher nehmen wir das Geld?
DREPPER: Die's kaufen, das Hotel, haben auch das Geld nicht,
das Geld hat die Bank, wo man's borgt.
Ihr habt doch hier in der DDR auf Gebäuden,
die erst euer Staat gebaut hat, keine Hypotheken:
also nehmt welche auf, die j e d e r kriegen kann,
wenn er in Weimar ein Hotel zu verpfänden hat!
Und kauft euch das Hotel selber. Reden Sie denn nie
mit Ihren Kollegen darüber?
BESCHLIESSERIN, *resigniert:*
Geredet wurde schon davon ... aber: im Ernst nicht.
Wir kennen uns da nicht aus, mit Hypotheken und so.
Und dann, wissen Sie ... ich möchte jetzt hier so viel
nicht sagen, man sagt aber, unsre alten Chefs
wollten bei den neuen als Geschäftsführer bleiben.
Ob das nun wahr ist – jedenfalls werden die den neuen
ja keine Steine in den Weg legen, das Hotel zu k r i e g e n :
übernimmt man sie als Geschäftsführer, klar!
DREPPER, *amüsiert:*
Das würde ich auch so machen,
wäre ich der alte Geschäftsführer!
Ich sehe, wie Sie mit Ihren Augen die Wände absuchen:
weil Sie wissen, hier ist alles wanzenbestückt.
Er hebt sein Sony-Radio hoch:
Keine Angst, die finde ich – in diesem großen Raum
sind sogar zwei ... aber ich warte, bis mein Schwager kommt,
der soll die noch sehen. Sie waren auch in der Stasi?
*Dies sagt er mit scheinbar wohlwollendem Verständnis, und er
hat ja auch recht mit dem, wie er das begründet:*
Ist ja ganz klar: in einem so bedeutenden Hotel ...
EVA, *um ebenfalls die Frau nicht wegzuschrecken mit der Fragerei:*
Und Hotels sind noch immer die besten
Informations-Zapfstellen;
ich las, daß auch bei uns im Westen jene,
die Kongresse beherbergen, allesamt verwanzt sind.

BESCHLIESSERIN, *ein wenig, aber nicht sehr verlegen; bald wieder*
selbstbewußt:
Ich war natürlich in der Partei, aber in der Stasi;
ich vermute, ich war nicht in der Stasi – kann's aber,
natürlich, nur vermuten. Wir sind hier oft nach Gästen,
aber meist nach DDR-Bonzen ausgefragt worden.
Aus dem Westen kamen eigentlich auch wenige
– also wahrscheinlich gibt's in den Stasi-Akten
auch eine Akte mit Aussagen von mir.
Ich hatte aber den Eindruck, was hier so
an Goethe-Forschern und Kulturellen absteigt
interessierte unsre Ausfrager nur mäßig.
DREPPER: Und wer hört h e u t e ab? – D a sind sie noch,
die Wanzen.
BESCHLIESSERIN: Ja, wer hätte die ausbauen sollen?
Doch abhören – also ehrlich:
Ich glaube, das tut niemand mehr.
Werden Sie mir ja glauben,
wenn ich hier so ganz ungeniert mit Ihnen rede.
DREPPER: N o c h – vermute auch ich! Noch hört niemand
Er weist auf sein Gerät
wieder ab. I c h machte mir den Spaß,
das Pärchen hier abzuhören, heute nacht,
als ich da so allein in meinem Zimmer war ...
EVA, *schreit's fast heraus:*
In d e i n e m? – aber du hast doch dein Zimmer
ganz da hinten am Ende des langen Schlauchs.
Hast du auch etwa mein Telefonat mitgehört,
in Zimmer 17? Und aufgenommen?
Alle lachen.
DREPPER: Aufgenommen – nichts, dich auch gar nicht belauscht.
War viel zu lustig, was ich aus d i e s e r Suite mitbekam.
Bin sehr neidisch gewesen, daß ich bei den zweien
nicht mitmachen durfte ...
waren das s c h ö n e Menschen?
BESCHLIESSERIN: Wie so oft: sie so schön wie die Maja vom Goya,
er nicht stattlicher als ein Bürostempel!

DREPPER: Schlimm genug, daß bisher nur unsere Ohren
auf ihre Kosten kommen, nicht auch schon die Augen.

EVA: Dieses Zusatzgerät erfindest du dann:
Sofort-Übertragung auch der Bilder.

DREPPER: Sie sehen, meine Schwester und ich vertrauen Ihnen.
War uns natürlich ganz klar, daß niemand
in einem so bedeutenden Hotel Ihre Position bekam,
der nicht in der Partei oder in der Stasi war ...
Warum sitzen wir denn nicht auch?

BESCHLIESSERIN, *denn Eva hatte sich gesetzt, offensichtlich, um
sie zu veranlassen, ebenfalls Platz zu nehmen:*
Ich werde ja unten erwartet.

EVA, *als gehe es ihr nur um das Bild, reicht ihr einen offenbar
größeren Geldschein:*
Nehmen Sie dies bitte − doch bitte,
weil ich so gern diesen Womacka oder Heisig kaufte.

DREPPER: Wenn der Lenin auch nur von Sitte ist:
Du hörst nicht zu!

EVA: Können Sie herausfinden, ob ihr den ebenso stillschweigend
wegtut aus dem Hotel wie die russische Suppe von der Karte?

Alle drei lachen.

BESCHLIESSERIN: Aber dafür müssen Sie mir nichts zahlen −
zahlen Sie, wenn Sie wollen, die Vermittlung, wenn ich weiß,
ob noch und bei wem Sie den Sitte kaufen können ...

DREPPER, *lustig, um die Befangenheit wegen des Geldscheins weg-
zulachen, zu seiner Schwester:*
Ich vermute, wenn die wissen im Hotel:
der Lenin ist vom Sitte −
dann k a n n s t du ihn nicht bezahlen.
Wenn die aber nur wissen,
ohne den Maler zu kennen: Lenin
− dann b r a u c h s t du nichts zu zahlen!
Im Ernst, da ich Ihren Worten entnehme,
daß die Belegschaft, der's zukäme
− wie ich finde −,

selbst das Hotel nicht kaufen will,
was hielten Sie davon, wenn w i r
– meine Schwester und ich –
es kaufen? Und natürlich Sie,
denn wir können ja nicht nach Weimar ziehen,
wir wohnen in Essen,
Sie zur Geschäftsführerin machten?

EVA, *eifrig zuredend:*
... doch, doch, im Ernst, Sie sind uns sympathisch,
wir sprachen schon gestern beim Abendbrot über Sie.
Warum sollten Sie nicht unsre Geschäftsführerin werden?
Finden Sie heraus, bitte, ob bereits
seriöse Verkaufsgespräche stattfinden und mit wem.

Er gibt ihr tausend Mark, doch wehrt sie heftig ab, bevor sie die nimmt.

BESCHLIESSERIN: Nein, nein, nein: auf keinen Fall – so viel Geld,
bevor ich weiß, ob ich das herausfinden k a n n.
Und vielleicht wird hier ja doch noch abgehört.

DREPPER, *gelassen, deutet auf seine Schwester:*
Stört uns nicht,
wir dürfen uns wie jedermann bewerben.
Wir wollen's ja nicht k l a u e n , das Goethe-Hotel,
wir wollen's k a u f e n.
Und wissen, das geht in die Millionen!
Ich frage doch lieber Sie, die wirklich weiß,
was hier läuft – als daß ich mich auf einem Amt,
wo ich ja auch nichts hörte, ohne dafür zu zahlen,
nur beschwindeln lasse ... Wissen Sie, ich bin zwar
kein besserer Wessi als alle anderen,
aber doch ein bißchen irritierter als die meisten:
daß ihr Ossis euch derart über's Ohr hauen laßt
wenn ihr euch schon Jahre in so einem Betrieb,
vielleicht Jahrzehnte verschlissen habt.

EVA, *nicht ganz ehrlich:*
Denn wir Wessis können's ja auch nur mit geborgtem
– nicht etwa mit eigenem Gelde bezahlen.

Beschliesserin: Jahrzehnte sagen Sie: ja, ich bin schon
hiergewesen, bevor die ersten Gäste kamen –
siebzehn Jahre.
Und deshalb haben wir darum gekämpft,
daß es die Belegschaft bekommt
– war ja ein Neubau der DDR,
ist von ihr keinem Menschen weggenommen worden.
Eva: Bin überzeugt, Sie würden das erstklassig leiten.
Überhaupt sollten Hotels von Frauen gesteuert werden,
sind doch a u c h Haushalte!

*Kurzes lautes Klopfen an die äußere der zwei Zimmer-Türen; her-
einspaziert der Ehemann von Eva, Mitte Fünfzig. Die Beschließerin hat nur gewartet auf die Gelegenheit, dem »Verhör« zu entgehen: Noch immer hat sie die Diktatur im Leibe und traut – warum
sollte sie auch – den Wessis so wenig wie früher den Ossis, deren
eine sie selber war . . .*
Drepper: Hallo, Schwager – endlich.
Beschliesserin, *will Drepper den Schein zurückgeben, den er ihr
nicht abnimmt. Er drückt die den Schein hinhaltende Hand
weg. Endlich steckt sie ihn ein, wortlos wegen des ihr Unbe-
kannten:*
Aha – jetzt störe ich aber . . .
Eva, *während ihr Mann sie umarmt und küßt, stellt sie ihn vor:*
Überhaupt nicht; mein Mann.
Bleiben Sie doch, wir haben noch Fragen.
Drepper, *da er merkt, sie will nicht, vermittelnd:*
Vielleicht lieber nicht h i e r ! Essen Sie mit uns,
wir laden Sie irgendwo – wo denn? – ins Auto,
und Sie zeigen uns einen schönen thüringischen Landgasthof,
wo wir ungestört sprechen können. Heute abend?
Beschliesserin, *die schon auf dem Flur war, als er das vorschlug
– tritt zurück ins Zimmer und sagt:*
Vor neun kann ich aber nicht. Und . . . hier vor dem Hotel
steige ich nicht gern zu Gästen in den Wagen.
. . . Wollen Sie mich abholen in der Franz-Liszt-Straße elf?
Leicht zu finden.

DREPPER, *streckt ihr die Hand hin:*
Beschlossen und besiegelt: Viertel nach neun,
Franz-Liszt-Straße elf. Danke.
EVA: Wiedersehen.
Sie schließt beide Türen hinter der Beschließerin.
GOLZ, *hat seinen Handkoffer abgestellt, sich umgesehen, sagt jetzt
aufgeräumt:*
Lenin hält immerhin noch die Stellung
– hörte im Autoradio, sie wollen aus Moskau
den Balsamierten abtransportieren ins Grab der Mutter!
EVA, *erläutert:*
Das ist oder war die Staatsrats-Vorsitzende-Suite.
Wir schlafen heute nacht in keusch getrennten Betten,
die das Ehepaar Ulbricht eingeweiht hat ...
GOLZ, *lachend:*
Und wo, Schwager, schläfst du? Ist Vera noch nicht da?
DREPPER: Weiß nicht, ob sie kommt – wir haben Krach!
EVA, *lustig:*
Zum erstenmal.
DREPPER: H e u t e zum erstenmal. Hoffe doch,
sie kommt noch.
*Er hat aus einer Rocktasche zwei Würfel, aus der anderen einen
Würfelbecher genommen und hält die hoch:*
Wir müssen nämlich zu viert sein, wenn wir heute nacht
unser Würfelspiel machen wollen!
EVA, *während sie ihrem Mann, der sich seines Rockes entledigt
hat, und ihrem Bruder je ein Bier aus dem Eisschrank holte:*
Welches Würfelspiel denn? – Ich dachte,
du wolltest das Zimmer entwanzen?
Sie deutet auf sein japanisches Koffer-Radio.
GOLZ: Seit wann trägst du Würfel bei dir, Schwager?
DREPPER: Ja – gleich nehme ich die Wanzen weg, sind zwei!
Die Würfel? Hat Eva dir nicht gesagt, daß ich ihr
neulich am Telefon die Ohren vollgeklagt habe:
Ich mußte fast fuffzig werden,
um endlich zu begreifen,
was unsere Kinder hoffentlich

spätestens mit achtzehn lernen:
Daß jedermann in eine Partei eintreten muß,
wenn er in unserer Gesellschaft was werden will,
außer er ist Erbe einer großen Firma,
Arzt oder Apotheker.
Doch sogar Chefarzt wird man nur noch mit Parteibuch.

Sie trinken. Auch Eva nimmt sich einen Piccolo-Sekt aus dem Eis und trägt das in die Liste ein.

GOLZ: Ich helfe dir.

Es wirkt ziemlich professionell, wie Golz mit seinem kleinen Schraubenzieher das Telefon rasch zerlegt. Das Gespräch pausiert nicht, wird eher schneller.

DREPPER: Immerhin: so weit sind wir ja schon,
  daß es uns eigentlich völlig schnuppe sein kann,
  wer was von uns abhört ...
EVA: Hörer abnehmen − reicht nicht?
  Oder aus der Wand ziehen?
DREPPER: Nein, stand grade in allen Zeitungen, daß dem Gauck,
  der die Stasi − ich hätte beinahe gesagt: umbesetzen soll,
  er soll sie abwickeln
  − aber irgendwohin gehen die Leute
  dann ja doch −,
  daß man dem Gauck
  sein Telefon n e u bewanzt hat; jetzt nach dem Umbruch.
  Ahnt der wirklich nicht, wer's war? − hat aber,
  wie man liest: »Strafanzeige gegen Unbekannt« erstattet!
  Und da wurde gesagt, gestern in allen Zeitungen,
  Beiseitelegen des Hörers nutze nichts mehr.

Am 25. April 1991 stand in den Zeitungen, die erst im Januar installierten Privat- wie Diensttelefone des Sonderbeauftragten des Berliner Senats für die Durchforstung der Stasi-Akten seien abgehört worden: »Die Sache flog auf, als man das Telefon in Gaucks

neuer Berliner Wohnung checkte. Diagnose: selbst bei aufgeleg-
tem Hörer lassen sich Gespräche mithören«, schrieb die Münchner
AZ. »Dann entdeckten die Techniker, daß auch die neue West-
Leitung in Gaucks Behörde einen Umweg macht: über die Berli-
ner Außenstelle des Bonner Innenministeriums (BMI). Gauck-
Mitarbeiter David Gill zur AZ: ›Dort gab es die Möglichkeit abzu-
hören.‹ Das BMI hält die Vorwürfe für ›absurdes Theater‹. Ledig-
lich aus technischen Gründen habe die Post die Gauck-Leitung
über die Schaltzentrale der Außenstelle geleitet. Nur: Dort arbeiten
ehemalige Stasi-Offiziere. Gerade deshalb, so Gill, ›nehmen wir
den Fall ernst‹. Behördenchef Gauck erstattete inzwischen Anzeige
gegen Unbekannt.«

Wir haben uns nie eingebildet, Wanzen in Telefone einzubauen –
sei eine nur auf Diktaturen begrenzte Lust. Denn – so Jacob
Burckhardt:»Nun ist die Macht an sich böse, gleichviel, wer sie
ausübt.« Das können auch in Demokratien nur jene der Parla-
mentarier bestreiten, die so töricht sind, daß sie persönlich dank
erwiesener Harmlosigkeit nicht einmal abgehört werden,
geschweige denn abhören dürfen ...

GOLZ, *schon am Telefon, dreht es herum, versucht es aufzu-*
schrauben:
Ja, und aus der Wand ziehen kann man's nicht.
Aber das müßten auch sehr altmodische Abhörer sein,
die noch ins Telefon ihre Wanzen setzen, wo jeder
zuerst sucht ... das machen die hier von außen.
Welche Nachbarn hat denn eigentlich das Hotel?
Er hat das Telefon mit berufsmäßiger Gewandtheit zerlegt, öff-
net nun ein Fenster, um hinauszuschauen.
DREPPER: Vielleicht macht Bonn das von außen. Die DDR
hat die Wanzen im Raum selber installiert
– und ich hatte heute nacht meine helle Freude dran!
EVA: Daß die mir gefiele, die du gleich zur Hotelchefin ernennst,
Brüderchen, kann ich nicht sagen:
ein bißchen zu aufgeweckt
für eine Untergebene!

    – aber ich gebe dir recht:
tüchtig ist die. Und kennt sich aus ...
Eva sieht infam aus, wie sie so spricht.
GOLZ, *mit sehr gutmütigem Spott:*
    Die soll ja auch nicht dir gefallen, Liebling,
sondern deinem Brüderchen, das immer so lange warten muß
auf die gestrenge Gattin ... stimmt's, alter Junge?
DREPPER: Stimmen tut's nicht, schmeichelt mir daher um so mehr:
    du meinst, so 'n stattliches junges Pferd hat g e w a r t e t
auf einen so alten, abgerittenen Gaul wie mich?
    Nein, aber Kinder hat die – keinen Mann mehr dazu ...
EVA, *nimmt den Frotzelton auf:*
    Aha, wie du dich schon informiert hast ...
DREPPER: Sicher, sicher, immer in Geschäften.
    Was soll man abends
sonst machen in Weimar – ich ging ja nicht so früh schlafen,
gestern, wie du ... war noch drüben im ›Weißen Schwan‹ ...
*Drepper drückte, kaum daß er jetzt zu antworten begann, auf
zwei Tasten seines Radios, das eben auch den Oszillator im
Leibe hat, den Schwingkreis, den ebenso jede der hier installierten zwei Wanzen in sich hat, d.h. eine Spule mit einem Konden-
sator, um eine Hochfrequenz zu erzeugen. Der Apparat, wenn
er angestellt ist, wie eben erst Drepper ihn eingeschaltet hat, darf
nicht zu nahe der Wanze sein, sonst meldet er durch lautes
Pfeifen die Nähe der drahtlosen Abhörsender, die etwa in Topf-
blumen oder einem Kugelschreiber sein können, sicherlich aber
– und so ist das hier – an einem Gegenstand haften, den niemand so einfach mitnimmt. Man muß demnach, was Drepper
gestern nacht ja getan hat, als er aus seinem Hotelzimmer jenseits des Flurs diese Suite hier belauscht hat, den Frequenzbe-
reich ermitteln, in dem die Wanze arbeitet. Kommt man mit
diesem japanischen Gerät in die Nähe der Wanze, entsteht eine
akustische Rückkopplung, die dieses Pfeifen erzeugt. Man geht
also näher, dreht das Radio in Richtung der Wanze – denn es
hat ja in sich eine Richt-Antenne, die einem zeigt, wo die Wanze
versteckt ist. Dreht man das Radio in Richtung der Wanze, wird
das Signal lauter. Wenn das Radio etwa nur noch zehn Meter –*

höchstens! – entfernt von der Wanze ist, kommen die mit ihm
aus der Wanze aufgenommenen Gespräche zeitgleich aus dem
Radio; wer will, kann sie aufzeichnen mit einem Tonband ...
vorausgesetzt, er entfernt sich wieder so weit von der Wanze,
daß nicht die Gespräche aus ihr und aus dem Radio sich »über-
lappen« wie jetzt hier. Denn nachdem nun Drepper zu seiner
Schwester gesagt hat: sonst machen in Weimar – ich ging ja
nicht so früh schlafen – *werden alle folgenden Worte, die er*
sagt, bis er den Apparat wieder abstellt, mit den Kommentaren
seiner Schwester, seines Schwagers aus seinem »Radio« zeit-
gleich herausgequatscht, so wie das Radio sie aufnimmt aus den
zwei hier versteckten Wanzen; das belustigt die drei erheblich,
hört sich ja auch ziemlich komisch an.

DREPPER: – gestern wie du ... war noch drüben
　　im › Weißen Schwan ‹!

EVA, *während Golz aufgehört hat, am Telefon zu bosseln:*
　　Wo kaufst du so ein Teufelsgerät?

DREPPER, *so weit er antworten kann, das heißt: antworten kann er*
　　– aber es kommt zeitgleich aus dem Radio, ist also fast
　　unverständlich:
　　In Berlin bei Conrad in der Hasenheide,
　　auch in dem Flughafen-Dutyfree-Shop in Frankfurt.
　　Sind eigentlich verboten wie die Wanzen selber,
　　kriegst sie aber überall ... Überlege, wenn wir diesen Kasten
　　– Goethe-Hotel Golz und Drepper – hier kaufen:
　　warum eigentlich diese Suite e n t wanzen?
　　Wir könnten doch als tüchtige Geschäftsleute,
　　die wir werden müssen, wenn wir die Hypotheken abstottern,
　　die anderen Zimmer hier auf der Etage
　　t e u r e r vermieten, wenn wir anbieten:
　　Gespräche, Badewannen- und Liebesverkehrsgeflüster
　　der Nachbarsuite im Preis eingeschlossen ...

GOLZ, *sein Lachen sieht aus, als gäbe ein Schakal Pfötchen:*
　　Ja – recht hast du: Man wird rasch so zynisch,
　　wie einen das Leben verbraucht ...

Drepper hat mit seinem Gerät, das er hochhielt und herumtrug,
während sich seine und Golz' Worte mit denen aus dem Radio
überlappten, die zwei Wanzen ganz genau geortet – eine, wie
vermutet, hinter Lenins Kopf, die andere gut versteckt offen im
Raum an einem schönen Messingwandleuchter, nahe der Türe
zum Schlafzimmer. Er hat sie geortet, aber nicht entfernt.

EVA: Das also nennt man »funkgestützt«? – oder
    Weltempfänger, habe ich das richtig aufgeschnappt?
    Zu ihrem Mann tretend, der aus dem Fenster sah:
    Und wenn eine Wanze außerhalb des Hotels,
    also von Nachbarn oder einem parkierten Auto
    abgehört würde: dann wär's k e i n e drahtlose.
    Ist das richtig? Was haben wir nun für Nachbarn?
GOLZ: Genug und nahe genug, um Wanzen
    auch außerhalb des Hotels anzubringen!
DREPPER: Die natürlich viel exakter übertragen.
EVA, *holt die Kamera aus ihrem Koffer:*
    Natürlich müssen wir die Wanzen fotografieren:
    Ist doch ein starkes Stück, daß die noch jetzt
    ihre Gäste belauschen.
    Sind nun alle Zimmer des Hotels verwanzt?
GOLZ: Glaube ich nicht, sondern das Personal,
    speziell natürlich eure neue Freundin,
    weiß eben, daß es interessante Gäste
    nur in bewanzten Zimmern plazieren darf!
    Hat s i e euch diese Suite aufgeredet?

Eva hat mit Sorgfalt die Wanzen fotografiert.

DREPPER: Ein prima Vorwand jedenfalls ist dieser Fund,
    sich den Geschäftsführer mal anzusehen:
    zweifellos ein mittleres Stasi-Schweinchen.
    Seine Beschließerin hat's ja gesagt,
    der will seinen Job behalten,
    indem er das Hotel hier denen zuschanzt,
    die ihn weiterhin als Boß dulden ...

GOLZ: Täte ich genauso: wer kann's ihm verdenken!

DREPPER: Und zu deiner Frage: S i e hat n i c h t s getan,
uns herzuführen. I c h wollte die Suite sehen,
aus der ich heute nacht so lustig unterhalten wurde!

EVA, *mit Katzengesicht:*
Können wir ihm jetzt herrlich vermasseln,
dem Herrn Geschäftsführer, weiterhin Boß zu bleiben,
wenn er nicht u n s das Hotel zuschiebt:
Indem wir jetzt nicht i h n alarmieren,
sondern Polizei; wenn uns neue Bullen
— also solche, die erst nach Weimar
aus Westen importiert wurden —
bezeugen, daß noch immer das Hotel verwanzt ist . . .

DREPPER: Warum müssen das n e u e sein? Alte, ortsansässige
bezeugen das auch, denn die Wanzen haben nicht s i e ,
sondern ihre Stasi-Brüder eingebaut. Gut, Eva:
hast recht, ruf die Polizei!
Ja, von diesem Apparat wird's wohl kaum noch gehen.

*Sie lachen, dann beginnt Golz das Telefon, das er ja kurz und
klein zerlegt hatte, wieder zusammenzusetzen.*

GOLZ: Daß wir den Geschäftsführer nicht informieren ist klar,
aber eure neue Freundin da — sollte dazukommen,
wenn wir die Wanzen den Bullen zeigen; ein Zeuge mehr
und einer vom Hotelpersonal . . . Los, Kind,
ruf bitte Bullen her!

EVA, *nimmt ihre Handtasche:*
Ich telefoniere gar nicht — ich gehe hin: die Polizei
ist ja übern Platz!

DREPPER, *schroff:*
Blödsinn, Schwesterchen.
Warum sollen welche sehen im Hotel,
daß du mit Bullen kommst — ruf an und bitte sie,
hier ins Zimmer! Und wenn sie da sind — holen wir
unsre künftige Pächterin als Zeugin dazu . . .

EVA: Auch wahr, aber bosselt nun nicht weiter, ihr zwei,
sondern sucht den Rest der Suite erst ab,
wenn die Polente euch dabei zuguckt.

GOLZ, *ungeduldig:*
Klar — wie weise von dir, sonst könnten die sagen,
wir hätten die Wanzen erst eingeschleppt ins Hotel Goethe.
›Wanzen bei Goethe‹: wäre ich Schriftsteller,
ich ließe mir diesen Titel nicht entgehen!

DREPPER, *hält den Würfelbecher in der Hand; wegwerfend:*
Ach, unsre Schriftsteller: gibt's e i n e n ,
der's nicht für unter seiner Würde hielte,
unsre Politkriminellen auf die Bühne zu stellen?

EVA: Wer's täte, den dürften sie natürlich nie spielen:
denn wer Intendant wird, entscheiden ja Politiker!
Wes Brot ich ess', des Lied usw. . . .

GOLZ: Und bevor so einer auf der Bühne ist
— ist er schon vergessen; so zwei Dauerbelästiger
des Publikums wie der Wehner, der Barzel:
vor zwanzig, noch vor zehn Jahren dreimal täglich
in der Tagesschau — heute weiß niemand,
wer die waren!

DREPPER: Vom Strauß weiß man immerhin noch,
daß er Honecker
Milliarden zugeschanzt hat,
diesem »gestandenen Mannsbild«,
wie Marianne Strauß den Honecker nannte!

EVA: Woher willst du das wissen?

DREPPER: Steht in den Strauß-Memoiren,
kann aber trotzdem stimmen!

EVA: Also — Polizei.

DREPPER: Halt — da wir nichts tun können, dein Mann und ich,
bevor du Zeugen bringst, wollen wir wenigstens würfeln:
Welches ist deine Zahl?
Ermächtige uns, für dich mitzuwürfeln:
sag, welches ist deine Zahl? Sieben, neun?

EVA, *versteht ihn nicht:*
Wozu würfeln — neun ist meine Zahl,

bin geboren an einem Neunten wie unsre Tochter.
Wozu?

DREPPER: Hab's dir angekündigt gestern abend.
Wir würfeln, wer von uns in welche Partei eintreten muß.

EVA: Gestern abend waren wir betrunken,
du meinst das e r n s t ?

DREPPER: Todernst bin ich nie, bevor ich betrunken bin.

GOLZ, *ernst, ja bedrückt:*
Und er hat recht. Haben wir doch schon erörtert,
daß zum Beispiel aus meiner Schulklasse
– meines Wissens – nicht e i n e r Parteimitglied wurde!
Ich bin ja älter als ihr: als ich Kind und Hitlers Krieg war,
gab's nur e i n e Partei, angebetet,
solange Hitler lebte, doch als ich aufwuchs,
dankte man Gott, wenn der Vater,
wenn die Onkel nicht Parteimitglied gewesen waren.
D a h e r unsre Abstinenz, ich vermute, d e s h a l b ging
keiner meiner Schulkameraden je in eine Partei.

EVA: Ich auch nicht! Würfelt ohne mich.
Ich gehe in keine Partei.
Frauen müssen ja nicht prahlen: »Mit Glied« zu sein!

DREPPER, *fröhlich, dreht sie herum, als wolle er mit ihr tanzen:*
Doch. Du mußt, du wirst, du wirst wollen müssen:
Sonst bleibst du beruflich, was du bist: gar nichts!
Eva ab.
Plündern wir erst noch den Eisschrank: außer
dem Leninporträt unbedingt das Beste hier im Zimmer!
Noch 'n Bier?

GOLZ: Nein, was Seriöses: Wodka und Sprudel.

DREPPER, *der dem Schwager das hinstellt und sich ein Bier:*
Daß unsre schöne Beschließerin hier in der SED
oder PDS ist, das sollte so bleiben – unbedingt.
Wenn wir sie nehmen als Geschäftsführerin,
beschwätze ich sie, zu kandidieren,
möglichst für den Thüringer Landtag!
Denn d a s hat man doch gelernt als Deutscher:
Immer noch besser, bist in der Nazipartei

oder in der SED — als in gar keiner Partei.
Kein einziges Nazi- O p f e r bekam im Bonner Staat
auch nur annähernd so viel Rente wie ein Nazi
— sofern Angehörige von Opfern
überhaupt eine Rente bekamen. So auch hier:
Wer so prominent war als Kommunist,
daß er einen Listenplatz bekam, hat heute ausgesorgt
als Abgeordneter; mehr als das Zwanzigfache
kriegt er mindestens als jeder, den seine SED
eingebauzt hat für Jahre ... Gibt's e i n e n ,
der in Bautzen saß — und t r o t z d e m heute
in ein Parlament kam, wo solche sitzen,
die ihn einlochten in Bautzen?

GOLZ: Vermutlich nicht. Aber du redest mich krank,
Schwager — dein Zynismus erreicht fast
den der Wirklichkeit.

DREPPER, *auch bedrückt:*
Nicht wahr! — geh doch zu den Schwarzen, bitte.

GOLZ: Um keinen Preis — eher kannst du mich anheuern
als Bankräuber!

DREPPER: Wozu? — Geh in die CDU,
da hast du mehr, da wirst du Bankdirektor.

GOLZ: Also gut — muß ja sein, mache mit:
aber nicht in der CDU ... in der FDP: ja.

DREPPER, *ärgerlich:*
FDP — bringt doch nichts. Gibt's die überhaupt
in Thüringen schon?

GOLZ: Keine Ahnung — sonst gründe ich sie!
Als Dr. Gilbert,
der Gerichtspsychiater der Nürnberger,
den Angeklagten Hermann Göring fragte,
warum er ausgerechnet in Hitlers Partei
— statt in eine schon etablierte gegangen sei,
da sagte Göring, der übrigens der intelligenteste
der Nürnberger war neben dem Bankier Schacht:
Göring sagte, bei Hitler sei er sofort o b e n gewesen,
weil der erst dreißig Mitglieder gehabt habe.

Also gar nicht dumm, in eine zu gehen,
die noch nichts ist.

DREPPER: Laß uns in jedem Fall würfeln: Keiner kann dann
den Vorwurf machen, wegen der falschen Partei
könne aus ihm nichts werden.

GOLZ: »Werden«? − wir wollen ja nichts werden:
k r i e g e n wollen wir was!

DREPPER: Wer kriegte was − der nichts i s t ?
G e w o r d e n ist!
Und niemand wird was − ohne Partei. Siehst du an uns.

GOLZ: Also los − würfeln.

*Während sie im Stehen getrunken haben, zieht nun Drepper aus
der Schreibmappe, die auf »Ulbrichts Schreibtisch« liegt − ein
Briefblatt des Hotels, setzt sich und schreibt, mit Mehrfarben-
stift.*

DREPPER: Wir müssen eine Liste machen, auf die wir die Parteien
− links die Parteien schreiben.
Und rechts die Würfel-Ergebnisse, mit unsern Namen.
Rote, Grüne, Schwarze − welche Farbe hat die FDP?

GOLZ: Wenn du's nicht weißt, ich weiß es auch nicht −
also: die Farblose − die papierfarbene.
Setzt du die Kommunisten nicht auf die Liste?

DREPPER: Wozu − eine Kommunistin haben wir schon:
Diese Beschließerin, wir nehmen die auf,
so wird unsre Familie zum Clan!

GOLZ: Bist dir dieser Frau schon verdammt sicher.

DREPPER: Sicherer als meiner − ja. Wenn wir fünf sind,
können wir auch fünf Parteien besetzen, also auch die CSU.
Wozu wohnt ihr unterhalb der Mainlinie?

GOLZ: Sagst das wie: unterhalb der Gürtellinie.
Mach keine Witze − wer ginge freiwillig in die CSU?

DREPPER: Freiwillig keiner − sondern durch Würfeln
dazu verurteilt.

GOLZ: Übertreib's nicht − d a z u kannst du keinen zwingen!
Frag lieber unsre Kommunistin, ob nicht sie
in die CSU eintreten will?

DREPPER: Wieviel müßten wir ihr bezahlen, daß sie d a s täte?

GOLZ: Aber was nützte die uns noch als Kommunistin?

DREPPER: Sag das nicht! Die Kommunisten sind schließlich
die e i n z i g e n Bonner Abgeordneten,
die nach der Wende deutsche Geschichte gemacht haben:
allein deren siebzehn Stimmen im Bundestag
haben Berlin als Hauptstadt durchgesetzt gegen Bonn.
... also vielleicht bringt die Frau
uns mehr, wenn wir sie in der PDS lassen ...

GOLZ: Ausgeschlossen — mehr als eine CSU-Abgeordnete,
wenn irgendwo geschoben werden muß, bringt doch
eine Kommunistin garantiert n i c h t !
Doch wenn du eine h a b e n willst in der CSU,
dann mußt du diese Frau einkaufen, denn von u n s
macht das keiner. Und davor sollten wir
unsre Familien auch behüten.

DREPPER: Aber dann könnte die ja nicht
in Thüringen wohnen bleiben.

GOLZ: Ja. Schade — aber wozu sonst
ist schließlich deine Frau katholisch?

DREPPER: Ist doch raus — längst ausgetreten aus der Kirche.

GOLZ: Dann tritt sie halt wieder ein!

DREPPER: Nein, nein — die hat zu lange im Süden gewohnt.
Wer w e i ß , wie man Kochwurst macht, ißt keine;
die kriege ich mit oder ohne Würfeln n i e in die CSU,
eher in die KP. Ja, sogar in die Kirche zurück,
wenn's was brächte, aber in die CSU — nein. Macht sie nie!
Also — ohne Würfeln kommen wir nicht weiter, los!
CDU/CSU haben die meisten Stimmen,
ergo, wer die meisten Punkte würfelt,
muß zu denen!
Folglich in die SPD: wer die zweitmeisten würfelt.
Darunter schreib: Grüne. Als letztes: FDP.

GOLZ: Wie viele Würfe hat jeder?

DREPPER: Im Grunde genügt einer.

GOLZ: Dann können wir ohne unsre Frauen nicht würfeln,
das können wir nur, wenn jeder von uns ... nein, so geht das

auch nicht. Sie müssen einverstanden sein,
daß wir alphabetisch unsre Namen
untereinander schreiben.
Ich würfle für meine Frau, und da Eva vor Otto kommt,
so ist mein erster Wurf für sie, der zweite für mich.
Er schüttelt den Becher, würfelt dann:
Also – bitte: elf ... schreib's auf. Würfle du jetzt für dich,
da Günther vor Vera kommt – und dann für Vera.

*Drepper würfelt. Die Türe geht auf, sehr rasch, ohne daß
geklopft wurde, Eva steht zeitungschwingend in der Türe, lacht
und ruft; während*
DREPPER *noch sagt:*
Wo hast du die Polente?
EVA: Ich hab's ihr schon gesagt, unsre Beschließerin
kommt mit ihnen rauf als Zeugin.
Ihr braucht mich in keine Partei mehr hineinzuwürfeln:
hab' meine gefunden!
GOLZ: Ich habe für dich schon gewürfelt – elf!
Also mußt du, wenn nicht einer noch eine Zwölf würfelt,
in die stärkste Partei, liebes Kind – die CDU/CSU.
EVA: Ihr wißt, das täte ich nie – ich gehe aber freiwillig,
seit ich das eben gelesen habe, zu den Kommunisten,
ob die sich nun noch lange als PDS tarnen oder nicht!
GOLZ: Lasse mich scheiden, wenn du Kommunistin wirst.
EVA: »W i r s t«? – ich werde doch keine, absurd:
wird man denn Kommunistin, wenn man in die KP geht?
Könntest ebenso behaupten,
die in der CDU seien Christen!
Oder das S in SPD meine sozial!
DREPPER: Aber wie kommst du plötzlich auf d i e ?
EVA: Hier – lies: Eine Brandrede ihres Vorsitzenden
Gysi in Dresden,
hetzt alle Bürger der neuen Bundesländer auf,
sobald im Winter die Mieterhöhung ihnen mehr
als zwanzig Prozent ihrer Renten, ihrer Gehälter nimmt:
e i n f a c h n i c h t z u z a h l e n !

Wenn eine Million Familien stur bloß
die alte Miete weiterzahlen,
kann der Staat sie weder auf die Straße werfen
noch Juristen und Gefängnisse für Abermillionen finden!
DREPPER: Gut der Mann, muß ihm der Neid lassen.
GOLZ: Neid?
DREPPER: Nun, da möchten wir doch auch hin,
wo der schon ist: ans Pult des Bundestags!
EVA: Von dort wollen sie ihn aber entfernen:
sein Aufruf zum Mietstreik,
schreit die Junge Union, die j u n g e ! − hier, lies!
müsse zur Aufhebung seiner
Abgeordneten-Immunität führen;
denn Mietstreik sei Anarchie.

Alle lachen.

DREPPER, *hat seiner Frau Weißwein eingeschenkt, nicht ohne*
»ordentlich« aufgeschrieben zu haben, daß er die kleine Flasche
Wein dem Eisschrank entnommen hat:
Prost! Was ist Anarchie − gemessen
an Mietsteigerung um siebenhundert Prozent!
GOLZ: Und wie blöde muß so ein CDU-Jüngling sein,
der nicht weiß, daß finanzielle Daumenschrauben
heutzutage gefügig machen, nicht aufsässig!
EVA, *resigniert:*
Wenn du recht hast, wäre ja auch Gysis Aufruf zwecklos.

Die schöne Beschließerin tritt ein; bevor sie noch den Mund
aufmacht, ruft
EVA: Aha, die Polizei will uns entwanzen!
BESCHLIESSERIN: Leider nicht, die Polizei meldet:
Sie hat keinen, der das kann!
DREPPER, *indem er die Schöne auffordert, näherzutreten:*
Ganz klar: die Bullen mit ihren dicken Pfoten,
Intelligenzquotient unter der Meßlatte,
könnten so 'ne feine Wanze ja nur zerdrücken,

aber nie anbringen. Die sollten aber b e z e u g e n ,
daß hier noch Wanzen sind.

BESCHLIESSERIN: Die sagten, da müßten wir Telekom anrufen;
doch bei Telekom läuft schon der Anrufbeantworter,
erst Montag früh wieder erreichbar.

GOLZ: Ich dachte, Freitag ab eins mach jeder nur seins:
Es ist ja erst elf!

DREPPER, *wie aus der Pistole geschossen:*
Schon Freitags ab elfen wird dir keiner mehr helfen.

GOLZ, *ebenso:*
Und montags vor zehn läßt sich auch keiner sehn!

EVA: Telekom sind eben Profis, offenbar.
Denn die schlechten Handwerker
erkennt man daran, daß sie kommen!

DREPPER: Finde's ganz inspirierend,
daß eure Suite bis Montag verwanzt bleibt;
wie sonst könnte ich endlich
am Liebesleben von Schwester und Schwager mal teilnehmen!

EVA, *schreit, lacht, reißt das Koffer-Radio an sich und macht
damit einen Sprung zur Schlafzimmer-Tür hin:*
D a s könnte dir so passen, der Apparat bleibt bei uns!

DREPPER, *der längst der Beschließerin ein Glas Sekt eingeschenkt
hat, trinkt ihr zu:*
Prost!

BESCHLIESSERIN, *hat ihm ein DIN-A4-Blatt hingehalten, das sie
gefaltet bei sich trug:*
Das hab' ich Ihnen doch mal zeigen wollen,
– ist dieser FAZ-Beitrag vom März 90:
Die Bauernfängerei bei der Treuhand-Gründung:
m u ß t e n wir das nicht für nahezu seriös halten?
Wir hatten grade zum erstenmal einen funktionierenden
Fotokopier-Apparat im Goethe-Hotel,
als die FAZ das brachte ... so bekam jeder dies Blatt!
Während Drepper das liest, kopfschüttelnd, setzt sie hinzu:
Hätten Sie das auch ernstgenommen oder finden Sie,
wir seien wirklich allesamt Idioten,
daß wir derart Blinde Kuh mit uns spielen ließen?

Drepper liest empört-amüsiert vor, gibt dann das Blatt an Eva und ihren Mann weiter:

»Zur Wahrung des Volkseigentums ... gegründet.
Diese Rechtskonstruktion sei notwendig gewesen,
erläutert Minister Ullmann (Demokratie jetzt),
weil es im BGB der Bundesrepublik
den juristischen Begriff des Volkseigentums
nicht gebe« – ja, ein beispielloser Betrug:
Vermutlich der eigentliche Grund, Abgeordneten
die Immunität zuzuerkennen – damit kein Bürger
sie haftbar machen kann für ihre Lügen
und Versprechungen ...

GOLZ, *hat auch das Blatt überflogen:*

Ich will die nicht in Schutz nehmen, sage aber doch:
Die w u ß t e n einfach nicht, wie das kommen werde!
Diktatur ist die Herrschaft der Uniformierten
– Demokratie die der Uninformierten.

Vorhang

»Systemnah«

»... Insgesamt haben durch die Neustrukturierung dreißig Prozent der Wissenschaftler der DDR-Akademie beruflich ›überlebt‹, 7100 von ihnen auf Planstellen. Dadurch ist der Osten, so Riesenhuber, in der außeruniversitären Forschung gegenüber dem Westen zwar immer noch, aber nicht mehr dramatisch unterrepräsentiert. Zweitausend weitere ehemalige Akademiemitarbeiter sollten im Rahmen der Hochschulerneuerung in die Universitäten der neuen Länder integriert werden. Dies ist nicht gelungen. Der Fehlschlag ist vor allem der mangelnden Bereitschaft der Hochschulen zuzuschreiben, weitere Forscher zu ihren schon überfüllten Reihen zuzulassen.

Das veranlaßte den Staat, die Verbliebenen im ›Wissenschaftler-Integrations-Programm‹ (WIP) zu ›parken‹ ...«
Frankfurter Allgemeine Zeitung, 6. 1. 93

»... muß man es machen, wie ein Wanderer, der wissen will, wie hoch die Türme einer Stadt sind: dazu v e r l ä ß t er die Stadt. ›Gedanken über moralische Vorurteile‹, falls sie nicht Vorurteile über Vorurteile sein sollen, setzen eine Stellung a u ß e r h a l b der Moral voraus, irgendein Jenseits von Gut und Böse ... jedenfalls ein Jenseits von u n s e r e m Gut und Böse ... als eine Summe von kommandierenden Werturteilen verstanden, welche uns in Fleisch und Blut übergegangen sind ... Der Mensch eines solchen Jenseits, der die obersten Wertmaße seiner Zeit selbst in Sicht bekommen will, hat dazu vorerst nötig, diese Zeit in sich selbst zu ›überwinden‹ ... auch seinen bisherigen Widerwillen und Widerspruch g e g e n diese Zeit.«
Nietzsche, ›Die fröhliche Wissenschaft‹

Am Müggelsee ein Landungssteg.

Kleidung eines weiblichen und männlichen Twens, die offenbar baden, hängt über dem Geländer ...

Die Mutter eines der Kinder, eine dicke Professorin, sommerlich angezogen, ist beruflich noch nicht völlig ausgebootet – aber doch schon resigniert, in Erwartung, demnächst hinausgeworfen zu werden, das heißt: wirtschaftlich deklassiert. Sie sitzt da und schaut dem Freund zu, der sich abtrocknet und anzieht: der Vater des anderen Twens. Auch er – wie sie – Ende Fünfzig.

Sein wirres ungekämmtes Haar ist noch naß; er hat – barfuß – nur eine lange weiße Hose an und wringt seine Badehose aus. Er weist auf seinen Bademantel, mit einladender Geste.

MINISTER: Nun geh schon ins Wasser, es ist sehr warm
   – und meinen Bademantel, ich habe ihn gar nicht benutzt,
   da nimm ihn.

PROFESSORIN, *lacht auf:*
   Welchen Mangel an Selbstironie traust du mir zu,
   wenn du denkst, ich zöge mich vor dir noch aus?
   Ich hab' ja vorsichtshalber meinen Badeanzug gar nicht mit!

MINISTER: Hier brauchst du keinen!

PROFESSORIN, *lacht, weist mit einer Kopfbewegung zum Wasser hin:*
   Auch das noch! Und vor deinem Sohn ... wo bleiben
   unsere Kinder?

MINISTER: Hatten w i r zwei's denn früher so eilig,
   zu unseren Alten zurückzukommen, wenn wir baden waren?

PROFESSORIN, *lacht:*
   Wir haben die Alten gar nicht erst mitgenommen.
   Kann mich nicht erinnern, je mit meinen Eltern
   – wenn auch du dabei warst – gebadet zu haben.

MINISTER: Stimmt, aber dafür hatten wir immer das prima Boot
   deines Vaters allein, so oft er zu Kongressen war!

PROFESSORIN, *plötzlich ernst:*
   Jaa – s o o privilegiert war mein Vater,
   daß er zu Kongressen sogar ins »Westliche Ausland«

– wenn auch ohne meine Mutter –
reisen durfte: »Reisekader«!

MINISTER, *gequält ironisch:*
Deine verdammte Familie war eben,
wie die Bonner euch das jetzt vorhalten: »systemnah«.
Eine sogenannte »systemnahe« Familie.
Deshalb muß Bonn euch jetzt die Rente kürzen
um ein Drittel: Strafe muß sein,
wieso verstehst du das nicht!

PROFESSORIN, *aggressiv; sie ist aufgestanden, lehnt sich ans Stegge-
länder und redet, ja schimpft auf ihn ein. Alle alte Vertrautheit
zwischen ihnen scheint damit wegzuebben. Er ist erst – bis er
begreift – noch amüsiert, dann bedrückt, weil sie recht hat. Und
weil er selber seine – in Bonn – wortlose Schwäche so verächtlich findet, wie sie ihm das vorhält:*
Ja, du rettest dich, hast du früher auch getan, in die Ironie,
sooft es ernst wurde, aber dein Frotzelton, mein Lieber . . .
spürst du nicht, daß du dich damit n i c h t entziehen kannst?

MINISTER: Entziehen – wieso? Anruf genügt, ich hab' keine
Sekunde gezögert, mich hier
mit dir zu treffen und –

PROFESSORIN: Ja, ja – schön weit weg von Berlin, am Müggelsee,
damit ja keiner dich sieht mit einer alten SED-Tante.

MINISTER: Was soll das heißen! In der CDU zu sein
war ja auch kein Vergnügen, damals hierzulande,
wo wir euch Kommunisten nichts als verdächtig waren,
und ist es noch heute in Bonn nicht, wo man uns vorhält,
die nützlichen Idioten der Kommunisten gewesen zu sein,
die ihnen geholfen hätten,
einen Mehrparteienstaat vorzutäuschen . . .
In Bonn werden wir Ossis doch dauernd verdächtigt.

PROFESSORIN: Für zweiunddreißigtausend Mark Ministergehalt
läßt man sich schon bißchen verdächtigen.

MINISTER: Minister ohne Geschäftsbereich, vergiß das nicht!
Hab' immer Angst, mein Enkelsohn fragt:
Opa, gibt's eigentlich n o c h einen Beruf,
außer dem des Bundesministers,

der keiner speziellen Vorbildung bedarf?
Ulla, bist du wirklich der Meinung, ich oder auch
die sehr wenigen anderen Ossis, die am Rhein
noch geduldet werden – wenn auch keineswegs zugelassen
zu irgendeiner sinnvollen Mitwirkung –, meinst du,
's wäre besser, wir resignierten? Streikten?
PROFESSORIN: Daß e i n e r streikt, ist immer Quatsch.
Wenn aber alle ... ihr alle,
die Bundestagsabgeordneten, die von hier kommen:
wenn ihr alle nicht mehr mitmachtet
als Demokratie- S t a t i s t e n ,
zu denen Bonn euch erniedrigt ...
Wenn ihr alle spektakulär diesen wahren Grund
beim Namen nennen würdet:
Eure Anwesenheit in Bonn soll doch nur vortäuschen,
die machten Demokratie. Wenn ihr
aussteigen würdet – das zeigte schon,
daß Westdeutschland uns Ostdeutsche wie Okkupanten
unterworfen hat. Die Fortsetzung
der deutschen Geschichte als unser liebstes Spiel:
als Bruderkrieg!
Konkret: Warum hast du nicht aufgeschrien
im Bundestag, im Kabinett, als vorige Woche
durch dieses infame Rentenüberleitungsgesetz
zwei Millionen DDR-Bürger im Kollektiv-Verfahren
um die ihnen zustehenden Renten geprellt worden sind?
Universitätsprofessoren wie ich um ein Drittel.
Maximum zweitausend Mark bekommen wir.
Bonn enteignet wie Hitler Rentenansprüche,
»Begründung«: Die sie durch eigene Beiträge
mitfinanziert haben, diese Renten,
seien »systemnah« gewesen!
Siebenundzwanzig Jahre Ordinarius
für Hals-Nasen-Ohrenkrankheiten.
Dazu siebenundzwanzig Jahre eingezahlt
in die Zusatz-Versicherung, doch jetzt: zweitausendzehn Mark
Höchstrente. Mit welchem Recht?

Der Günter war nicht mal in der Partei!
Der Witwe Roland Freislers, der für Hitler
sicher zehntausend erhängte oder köpfte,
hat Bonn solche Härten – so wenig je auferlegt
wie etwa jenem Münchner Senatspräsidenten,
der eine neunzehnjährige Polin enthauptete,
weil sie den Säugling der jüdischen Familie,
bei der sie Dienstmädchen war,
vor dem Gas hatte retten wollen.
Dieser Mann, als das aufflog,
wurde höflich gebeten, vorzeitig in den Ruhestand zu treten:
bei voller Höhe seiner Pension.

MINISTER, *ohne Ironie, es ist ja auch weder spaßig noch übertrieben, was er sagt:*
Du konntest doch nicht erwarten, liebe Ulla, Bonn
werde uns Ostdeutsche so wohlwollend behandeln,
wie kriminelle Nazis:
Denn viele führende Bonner *waren* doch Nazis.
Der Kommentator der Nürnberger Rassengesetze war
während der gesamten Ära Adenauer
Bonns machtvollster Beamter:
Staatssekretär im Bundeskanzler-Amt!

PROFESSORIN: Früher hast du nur gefrotzelt
– jetzt bist du zynisch!
Denn warum sagst du nicht genau dies in Bonn?

MINISTER, *lacht sie aus:*
Weil's dort keinen gibt,
der das nicht weiß! Offene Türen einrennen?
Die wissen das natürlich auch, daß Honeckers Mitläufer
keinen Weltkrieg und keinen Holocaust
für ihn gemacht haben!

PROFESSORIN: So – jetzt reden wir also von Nazis!
Ich wollte aber von d i r reden. Von deinesgleichen:
Ihr Leisetreter aus der DDR v e r h i n d e r t am Rhein,
durch eure verächtliche Artigkeit,
daß auch nur in Bundestag und Kabinett –
geschweige denn der ganzen Nation deutlich wird,

was man sich hier erlaubt mit vielen derer,
die euch gewählt haben nach Bonn!
Du müßtest doch wissen, als Jurist,
im Gegensatz zu mir: Wieso dann, wenn es Bonn nützlich ist,
noch immer Gesetze der DDR weiterbenutzt werden?
Daß wir Professoren der DDR nie Beamte waren,
nutzt Bonn jetzt aus, uns die Renten zu streichen
oder zu kürzen – während das den Professoren der BRD
nie passieren könnte, nur weil die Beamte sind ...

MINISTER, *nickend:*
Ja, deshalb hat ja Bonn auch alle Nazi-Beamten
in voller Höhe pensioniert: weil sie Beamte waren!
Warum fragst du – was du weißt? Was jeder weiß
– seit Jahrzehnten!

PROFESSORIN: Ich frage, warum du, warum alle, ihr Gewählten
aus der DDR – das h i n n e h m t !

MINISTER, *achselzuckend, aber gar nicht leichtfertig, sondern resigniert:*
»Demokratie« – die Mehrheit will's.
Wir sind die Minderheit.

PROFESSORIN, *blickt zu ihm auf:*
Sind wir die w i r k l i c h ? Du redest dich heraus.
Das stimmte nur, wenn je Recht gewesen wäre
– sagen wir: in der ganzen alten BRD,
überall, von Lübeck bis Garmisch,
abzustimmen über eine Maßnahme, die allein für Bayern
gegolten hätte! Das hat's aber nie gegeben, das war
bei denen drüben niemals Recht. Wieso dann jetzt bei uns?
Deshalb hat doch auch Karlsruhe verfügt,
daß die Ostparteien fünf Prozent nur
in den Ostgebieten erzielen mußten.

MINISTER, *lapidar:*
Trotzdem müssen wir uns gefallen lassen, daß die Vertreter
von sechzig Millionen Wessis – über die Vertreter
von fünfzehn Millionen Ossis
die Gewalt der Mehrheit als Recht deklarieren.

Außer in einem von Feinden besetzten Land
hat's das nie gegeben!

PROFESSORIN: Ergo, wir haben nicht Recht
über uns, sondern Besatzungsrecht.

MINISTER, *nickt:*

Alte Sache − ja, doch!

Haben einen Staat, der unsrer nicht gewesen ist,
sondern sich unseren nur angegliedert hat,
dank seiner wirtschaftlichen Übermacht: Und d e r
erklärt nun die Meinung s e i n e r Mehrheit
über die Interessen unsrer Minderheit als − Recht!
Und weil Bonn das so sehen will − ist es Recht,
daß ein Medizinalrat im Osten
nach dreißig Dienstjahren weniger Pension erhält
als ein Briefträger im Westen.

PROFESSORIN: Dank auch deiner,
im Wortsinne: s t i l l s c h w e i g e n d e n Duldung!
Ihr müßt da raus, Werner! Müßt allesamt a u s s t e i g e n
aus diesem Übereinkommen, das nur euch G e w ä h l t e n
fast so viel nutzt − wie es euren Wählern schadet!
Und der Welt Demokratie vortäuscht.

MINISTER, *der sich nun − einschließlich Schlips − fertig
angezogen, auch gekämmt hat:*
»Ihr müßt da raus!« sagst du, Ulla: w i e denn?
Kann einer nicht immer noch ein bißchen mehr tun,
der Volks v e r t r e t e r ist − als nur Volk?

PROFESSORIN: Ja, wenn er Courage hat, könnte er mehr tun:
Was aber tust du denn?

MINISTER, *ratlos, ja verzweifelt:*
Wie denn, wenn mein
werter Herr Kabinettskollege aus der DDR,
der mit dem Bonner Innenminister
den Einigungsvertrag aushandelte,
den Bonnern schon zugestimmt hat,
daß hier ungefähr alle Klagerechte wegfallen?

PROFESSORIN: Ja, da preisen wir alle Dieter Hildebrandt
als d e n Meister der Ironie − doch sogar d e r

hat nie den Einfall gehabt,
die BRD einen Rechtsstaat zu nennen!
MINISTER: Natürlich denke ich dauernd an deinen Vater:
fünfzig Jahre Arzt, vierzig Ordinarius,
stets Zusatzrenten selber vorausgezahlt
– jetzt ihm die Rente enteignet
bis auf ein Sechzehntel eines Ministergehalts,
ein S e c h z e h n t e l !
PROFESSORIN: Und zwar – wörtlich – ohne Ansehen der Person,
im Kollektiv-Verfahren, ohne auch nur zu überprüfen,
wer von diesen viertausend betroffenen Professoren
Mitläufer war ... Sondern nur mit dem »Argument«:
niemand habe Professor werden dürfen,
der nicht »systemnah« gewesen sei!
D a r ü b e r ließe sich diskutieren
– nicht aber über den Skandal, daß ein M i n i s t e r
in Bonn »Systemnähe« als Vorwand benutzt,
hier einem dreiundachtzigjährigen Arzt
die Rente zu kürzen:
denn auch er wäre ja wohl schwerlich Minister geworden,
ohne »systemnah« zu sein!

*Als Beleg dafür, daß die Verurteilung wegen »Systemnähe« im
Kollektiv-Verfahren erfolgte, zitieren wir aus einem in rüdestem
Ton gehaltenen Brief des Kanzlers der Universität Leipzig Peter
Gutjahr-Löser an einen hinausgeworfenen Professor (Januar
1993): »Leute wie Sie, die an der Aufrechterhaltung und Festi-
gung dieses Spitzel- und Denunziantenstaates mitgewirkt haben,
sollten wenigstens die menschliche Loyalität, die ihnen der neue
Staat trotz allem durch die Gewährung einer akzeptablen Alters-
versorgung entgegenbringt, mit Zurückhaltung honorieren.
Und es ist dabei völlig nebensächlich, ob Sie von der Richtigkeit
des politischen Kurses dieses Systems überzeugt waren oder sind
oder ob Sie ihm aus opportunistischen Gründen willfährig
waren. Eines kann ich Ihnen jedenfalls versichern: Die freiheit-
lichen Demokraten in diesem Lande sind keine Schwächlinge.
Sie werden es nicht hinnehmen, daß die unter großen Opfern,*

mit Geduld, Klugheit und Mut mühsam errungene politische
Freiheit von ihren Gegnern verächtlich gemacht wird.«
MINISTER, *verdüstert, er kramt in der Kühlbox, die er stets zum*
Baden mitnimmt, sagt trostlos:
Darauf einen Whisky — oder mehrere.
PROFESSORIN: Nein, ich hab' Durst: lieber ein Bier, wenn du's hast.
MINISTER, *hält ihr Gläser hin, schenkt ein:*
Kollektivschuld-Spruch der Wessis gegen uns Ossis.
Sind erst unsre Mieten denen angepaßt im Westen,
sind auch unsre Professoren — Proletarier.
PROFESSORIN: Woraus folgt . . .

Schüsse, fünfmal, sehr nahe, Lachen dazwischen zweier Halb-
wüchsiger, eines Mädchens, eines Jungen, die nackt gebadet haben,
sich aber nun — sie ihrer Mutter und ihrem »Onkel«, er seinem
Vater und seiner »Tante« — ein bißchen bekleidet präsentieren,
angezogen mit russischen und DDR-Militär-Utensilien und Uni-
formteilen: Stiefel, Mütze oder Pelzkappe, einer Jacke, einem Fern-
glas, Handschuhen. Der Junge hält eine Kalaschnikow. Auch einen
Bademantel schleifen sie hinter sich her. Sie überrennen fast die
beiden Alten.

SOHN, *zweiundzwanzig, schreit:*
Wir feiern den Ausbruch der Jerechtigkeit!
MINISTER: Idiot, die sperren dich ein,
mit der Kalaschnikow hier rumzuballern!
SOHN: Wie denn sonst den Ausbruch der Jerechtigkeit feiern!
PROFESSORIN: Womit habt ihr das Zeug bezahlt — wo haben
Nackte ihr Portemonnaie?
TOCHTER: In Bademänteln — wir wollten Pommes frites
und Cola koofen und fanden den Uniformhändler.

Beide berlinern stark, der Mutter, dem Vater war der Dialekt
kaum anzumerken.

SOHN: Wir schießen Salut für wat janz Spektakuläret:
Rollstuhlfahrer vom Bundesverkehrsminister persönlich
überfahren: haben nun doch i h n zur Strecke jebracht!

TOCHTER: Jibt also noch Jerechtigkeit hierzulande
— wer hätt's jegloobt.

PROFESSORIN, *während der Junge, die furchtbare Waffe hochhaltend über seinem Kopf, einen wilden Krieger-Tanz aufführt, mit entsprechendem Siegerjohlen:*
Wovon redet ihr denn, was ist passiert?

MINISTER, *erleichtert, daß sein Sohn wenigstens nicht mehr schießt:*
Mein Kabinettskollege, der Herr Verkehrsminister,
hat sich hier eine Villa untern Nagel gerissen,
die für Abermillionen Ostmark und eine Million Valuta
in ein Schwerbehindertenheim umgebaut worden war:
keine Türschwellen mehr, zugunsten von Rollstuhlfahrern
Sauna, Lift — aber darin nun die Familie
des in Bonn Amtierenden —, ein Skandal,
der, durch den ›Runden Tisch‹ fernsehgerecht
unters Volk gebracht, aufgeflogen war.

SOHN: Dat Dollste: Die CDU-Fraktion im Städtchen
hat jeschlossen
jejen diese Korruption eines CDU-Ministers Front jemacht
und ebenso wie alle anderen Fraktionen jeholfen,
seine Muschpoke rauszuekeln aus dem Krüppelheim.

MINISTER, *packt seinen Sohn und droht lustig, ihn ins Wasser zu werfen:*
Schimpf du noch einmal auf meine CDU — ersäufe ich dich!

TOCHTER, *die sich wie der Freund jetzt ungeniert hier anzieht, die russische Soldatenkleidung zog sie aus und ihre (ihr sehr chic stehende) Matrosenmütze mit dem gut lesbaren Band:*
VOLKSMARINE *zieht sie wieder auf, als sie sich angekleidet hat:*
Ihr hättet det Ersatz-Jebäude besichtijen sollen, wat
der Minister den Behinderten zuweisen ließ,
um selber wohnen zu bleiben, wo er sich reinjesetzt hatte!

PROFESSORIN: War's d u denn drin?

TOCHTER: Na und ob: Lübbenauer Weg zwo — hohe Steinstufen,
zu fünfen mußten wa den im Rollstuhl, der mitjekomm' war,
zur Besichtijung, rinnhieven — unmöglich!

Zum Vater ihres Freundes, den sie an sich duzt, jetzt aber nicht:
Ja, Herr Minister, wat tun Sie, darf ick mir erlooben,
det zu fragen: Um für uns Basis-Jutwillige
den ›Runden Tisch‹ erneut zu institutionalisieren,
den die so herrliche Vereinigung
natürlich im Programm jestrichen hat?
MINISTER: Gabi, gebe dir die Frage zurück: was tut i h r ?
SOHN, *aggressiver als seine Freundin zu seinem Vater:*
Wir tun jar nischt, weil wir nur Leserbriefe
schreiben könnten, die schon die Sekretärin
in den Papierkorb schmeißt!
D u mußt dafür sorgen, daß wir im Fernsehen
– det einzije, wat noch beachtet wird –
zu einer Tageszeit, zu der auch Maßgebende
– Leute wie du ... vor der Glotze ...
MINISTER, *lacht:*
Lieber Gott, »Maßgebende«!
SOHN: Ja, det wir zu dieser Sendezeit
'ne ›Runde Tisch‹-Stunde kriegen
wie vor dem glorreichen Einzug der Wessi-Besatzungsmacht.
Jibt et eigentlich im Kabinett oder
im Parlament irgendwen, der denen uff die Finger guckt,
die da bestimmen, wat in der Tagesschau
jesendet und wat da unterschlagen wird?
Wer legt eigentlich fest: wie viele Polit-Sendungen
in welcher personellen Zusammensetzung?
MINISTER: Das wäre ja Zensur – willst du das?
SOHN: Wieso Zensur? – Dann war's also auch Zensur,
daß hier in Eigeninitiative Bürger verhindert haben,
dat sich so 'ne Ministermuschpoke für den Rest ihrer Tage
in ein Behindertenheim einquartiert?
PROFESSORIN: Werner, dein Sohn hat recht: kein Clan arbeitet
so anonym wie der unvergleichlich stärkste
Volks-Manipulator Tagesschau ... wie harmlos war
der »Volks-Empfänger« der Nazis, gemessen
an diesem Volks - E i n fänger Tagesschau!

TOCHTER: Stimmt. Wer unsre Zeitungen schreibt,
weiß man unjefähr.
Doch die von der Tagesschau kennt keener.

MINISTER, *bedeutet seinem Jungen, sehr ernst zu nehmen, was sie sagten:*
Du suchst, sagst du, noch immer ein Thema für eine Diss:
frag Tante Ulla, ob sie dich annimmt als Doktoranden,
schreib eine Analyse, wie die Tagesschau sich
personell zusammensetzt, wer da wen inthronisiert
und wohin das geführt hat in der Auswahl
ihrer Nachrichten! Und ihrer Unterschlagungen.

TOCHTER, *redet ihm zu:*
Bernd, prima — wäre politisch höchst brisant.
Wenn du dit nich nimmst — nehme ick's als Thema.
Sie umarmt und küßt ihre Mutter und geht einige Schritte, den Arm um sie geschlungen, mit ihr:
Nur kann ick leider nich
bei meinem Mütterchen promovieren!

PROFESSORIN, *verdüstert, setzt sich, ein bißchen kaputt, stiert aufs Wasser:*
Auch Bernd nicht. Niemand kann bei mir mehr promovieren.
Bernd, frag deinen Vater, auf welchem Stern er lebt,
seit er Minister in Bonn wurde . . .

MINISTER, *bitter:*
Minister — ohne Geschäftsbereich: nicht zu vergessen!

PROFESSORIN: Geschieht dir recht, daß man dir keins anvertraut,
kein Geschäft, kein Ministerium:
wenn du so ahnungslos bist, noch für möglich zu halten,
ich alte Ossi-Professorin dürfte noch jemals
Examina abnehmen . . . gar einem den Doktorhut aufsetzen,
der in Bonns Schaufenster: Die Tagesschau —
einen Stein wirft!
Sie sagte das so, daß die drei anderen sich betreten ansehen, als hätten sie soeben erfahren, die alte Frau sterbe demnächst an Krebs.

TOCHTER, *zärtlich, tritt zu ihr, tröstend:*
  Hört bitte mal, wir haben ein Graffiti
  formuliert, beim Schwimmen, Bernd und ick ...
PROFESSORIN, *gequält lachend:*
  Ein Graffiti gibt es nicht:
  wenn's nur einer ist, heißt es Graffito.
TOCHTER: Logisch. Danke, also e i n e n Graffi t o.
  Sie betont dieses »o« und »einen«:
  Hört schon: Stalinismus jerodet
            Demokratie jesät
            – Kohl jeerntet.
  Wie findet ihr det?
MINISTER: Zu versöhnlich, da humoristisch. Humor neutralisiert.
SOHN: Dann sag, wenn dir die Schärfe fehlt
  – hast recht: Dann sag uns wenigstens,
  wo wir den plakatgroß hinschmieren sollen.
PROFESSORIN: Ans Rote Rathaus, weil das soeben
  so schön hell renoviert wurde.
TOCHTER: Dort liegt es zu ab – wer liest's da schon!
MINISTER: Hast recht – sprayt's an die Schinkelsche Wache:
  da liest es jedenfalls jeder Berlin-Tourist.
  Trotzdem: zu harmlos! Sprayt lapidar
  – macht euch aber erst einen Reim drauf,
  Sonst zündet's nicht:
  Zwei Jahre Treuhand –
  78 % Arbeitslose in der Landwirtschaft!
PROFESSORIN: ... Bernd, wie hieß
  die neue Verordnung des Renten-Kürzungs-Ministers?
  D e t muß an die Wand, dann stimmt's!
SOHN, *scheinbar todernst:*
  Unser Herr Sozialminister, ja – jestern hat er anjeordnet,
  bis Jahresende d ü r f e n Rentner und Arbeitslose bei Rot
  üwa die Kreuzung jehen
  – ab 1. 1. m ü s s e n sie's.

Vorhang

Buchsendung zu ermäßigter Gebühr

»... wir wohnen in Berlin, und schon vor 61 haben wir ja durch den engen Kontakt von Ost nach West gesehen, wie die Entwicklung so läuft. Und dieser Überfluß von allem, diese Wirtschaftswunder-Mentalität, dieser Perfektionismus, der eben auf ganz andere Zielstellungen orientiert, der jagt mir schon ein bißchen Angst ein. Und es ist so, daß es schön ist, wenn man viele Dinge hat, die zum Lebensstandard gehören, aber es ist auch schön, wenn man weiß, daß das nicht alles ist, daß vielleicht andere Dinge wirklich noch wesentlicher sind im Leben.«

Brandenburgs Sozialministerin Regine Hildebrandt im Gespräch mit Günter Gaus, 16. 9. 1991

*Privater Arbeits- und bevorzugter Wohnraum eines hohen Ministe-
rialbeamten der Berliner Baubehörde. So geschmackvoll wie –
dank täglicher Benutzung – unaufgeräumt: weiße, überfüllte, halb-
hohe Regale, nicht nur mit Büchern überfüllte, sondern auch mit
Mappen, Akten, Rollen, die Pläne enthalten, daher der Eindruck
der Unordentlichkeit, in Wahrheit: ein geordnetes, phantasieför-
derndes Chaos.*

*So auch der Schreibtisch, der so modern ist wie der Stuhl. Im
Raum weiterhin: zwei höchst behagliche, leuchtend rot bezogene
Sessel, eher Sitzwannen, seltene, höchst geglückte italienische
Designer-Kreationen. Je ein Foto der Architekten Poelzig und Gro-
pius.*

*Der Hausherr schaltet beim Eintreten das Licht ein, in Hut und
Mantel, ist Mitte Vierzig, geht auch zum Schreibtisch, um dort die
weitarmige, spinnenbeindünne Lampe anzumachen, dann wirft er
seinen Hut auf einen Sessel, stellt sein schmales Lederköfferchen
ab, trägt Hut und Mantel hinaus . . .*

*So hat der Zuschauer Zeit, sich in die drei plakatgroßen Graphiken
von A. Paul Weber, jenem Zeichner, den Ernst Jünger 1934 aus
dem Nazi-KZ freigebettelt hat, zu vertiefen, die nebeneinander über
den halbhohen Regalen hängen: Der Staatsfeind, Schuheputzen (in
Hochformat), zwischen ihnen – Querformat – jenes berühmte
Blatt, das eine riesenlange Kolonne mit Nazifahne zeigt, die
ahnungslos in ein Massengrab marschiert . . .*

*A. Paul Weber war einer jener deutschen Künstler, die im Dritten
Reich wie in der Bundesrepublik gleichermaßen nicht »in« waren:
Niemals bis in sein hohes Alter, wie er selber erzählte, hat eine
Staatliche oder Städtische Graphische Sammlung von ihm ein einziges Blatt gekauft; die Nazis nicht, weil Weber ihr Feind war; die
Demokraten nicht, weil er nicht gegenstandslos zeichnete, sondern
zeitkritisch. Endlich, kurz vor seinem Tode, wurde dem Achtzigjährigen durch den Bundespräsidenten Heinemann ein eigenes
Museum errichtet . . . Querzuliegen in Deutschland als Dauer-
schicksal – es macht Weber dem Inhaber dieser Wohnung sympathisch, was eine ganze Menge über beide aussagt.*

Daß die Berliner Kripo sich bemüht habe, das Attentat vom 13. Juni 1991 auf den ranghöchsten Mitarbeiter des Berliner Bausenators aufzuklären, wird auch ihr unbedenklichster Verleumder ihr nicht nachsagen können: Bis zum heutigen Tag, dem 28. Januar 1993, hielt sie es jedenfalls nicht für nötig, jene beiden Männer auch nur einmal anzuhören, die nachweislich — nachweislich durch die Sekretärin des Ermordeten und durch seinen Terminkalender im Büro — die letzten Menschen waren, die ihn auf seinem Amt nach Voranmeldung besucht und etwa neunzig Minuten gesprochen haben: Es ging um das wundervolle Modell zu einem neuen ›Wintergarten‹ am Bahnhof Friedrichstraße, das der Münsteraner Architekt Prof. Harald Deilmann — Erbauer der Oper von Tokio — geschaffen hatte, zur Freude des dann Ermordeten... Während dieses Gesprächs fiel unter anderem der Satz: »D i e beißen damit bei mir auf Granit«... Aber die Berliner Kripo interessiert das nicht. Offenbar genügt ihr, herausgefunden zu haben, daß der Getötete eine verheiratete Türkin als Geliebte hatte...

Der Mann kommt zurück, Flasche und volles Rotweinglas in den Händen, er trägt einen schwarzen ärmellosen Pulli zum weißen Hemd, aber den Rock hat er ausgezogen wie seine Schuhe, er geht in Strümpfen... Er greift in einen Stapel Post hinein und legt ihn, dann eine weitere Handvoll und auch noch Zeitungen und zwei Bücherpäckchen auf den Teppich, um am Schreibtisch den Platz zu bekommen, erstens, den Wein abzustellen, zweitens, seine kleine Schreibmaschine in die Mitte zu schieben, damit er tippen kann ... Er hat ein mit Bindfaden verschnürtes Buchpäckchen — nicht groß, offenbar ist nur e i n gebundenes Buch in ihm — länger in der Hand gehabt, ehe er's wieder hinlegt. Er murmelt währenddessen vor sich hin, wird dann deutlicher, ein kaum stockendes Selbstgespräch:

Wieso: ›Wissenschaftliche Buchgemeinschaft, Darmstadt‹ —
bin doch bei denen gar nicht Mitglied!
Ich sollte erst den Thierse anrufen ... nein, noch zu früh.
Er schaut auf die Uhr, geht dann vom Schreibtisch weg zu einem der schönen Sessel, zieht das Telefon an langer Schnur mit und

wählt schon im Gehen, spricht; geht noch herum »an langer
Leine«, später setzt er sich.

Kannst du frei reden? – ach . . . das ist wirklich das einzige,
was mir an dir nicht paßt, Liebling, daß du nicht dauernd
– ich meine ab achtzehn Uhr – um mich sein kannst;
but nobody is perfect . . . wie? Ja.
Ja, das stellen sie auch noch mit einem an, die verdammten
Ehen: Sie machen einen unfähig, abends allein zu sein.
Leugne ich ja nicht. Hätte man wenigstens ein Kind bei sich,
wäre eine verheiratete Geliebte natürlich die ideale – ach, wo:
ich meine das keineswegs zynisch. I'm serious.
Aber jemanden nachts schlafen hören
im gleichen Wigwam: ist schon die Grundvoraussetzung,
Alleinsein nicht zu fürchten . . . ich lege ja bereits,
so weit bin ich schon, nachts die Kette vor –
könntest du Schreibmaschine schreiben!
Da hätten wir die vollendete Tarnung: jederzeit,
sogar abends, grade abends, wenn ich im Amt
niemandem mehr diktieren kann, könntest du herkommen
– ist ja wirklich mehr ein Büro, meine sogenannte Wohnung!
Und käme wider Erwarten ein Kontrolleur,
während wir nicht aufmachen können –
dann waren wir gerade essen! Das Haus, was niemand weiß,
hat einen zweiten Ausgang durch den Garten.
Er lacht. Sie spricht offenbar, er hört zu, wieder lachend –
während er mit seinem schuhlosen Fuß den Posthaufen auf dem
Teppich »durchsieht«, jetzt auch ein Päckchen aufnimmt, ver-
wundert den Absender liest, dann das Päckchen, das er hoch-
hielt, wieder zur Post, zu den Zeitschriften zurücklegt und einige
Briefe hochnimmt und auf seinem Schoß sortiert . . . während er
schon sagt:
Wäre dein Mann tatsächlich eifersüchtig, das heißt,
nicht ebenso – und mit dem gleichen – beschäftigt wie wir:
er hätte uns längst hoppgenommen . . . was?
Hoppgenommen heißt:
erwischt. Das sagen hier Polizisten und andere Ganoven.
Oh – nein, im Gegenteil, dein Deutsch ist schon sehr flüssig,

könnte ich halb so gut Türkisch wie du Deutsch . . .
dafür kannst du Französisch, ich aber kein Wort.
Auch mein Englisch ist ja viel schlechter als deins!
Nein, eigentlich glaube ich nie an länger dauernde
Ahnungslosigkeit vom Ehepartner:
Die Hälfte will einfach ihre Ruhe haben,
die andere Hälfte zieht die Gardine nicht auf,
weil sie selber im Glashaus sitzt. That's it.
Und dann braucht sie erst recht zu Hause ihre Ruhe.
Wie? – ja, man kann nicht alles haben:
mein Glück mit dir, es wäre vollkommen,
dürftest du auch noch nachts bei mir sein.
»Vollkommen« – was das heißt?
Absolut, komplett, completely.
Doch rund um die Uhr den Partner sehen,
kann ja auch nur gutgehen auf Zeit,
sonst wär's ja schon ausgeartet zur Ehe.
Doch Ehe – bestenfalls – ist Liebe ohne Sehnsucht,
also auch wieder nicht vollkommen . . .
Paradox: wir fürchten nichts so sehr wie die Undauer
in allem Menschlichen – doch was dauert,
hält nicht als Glück, strange isn't it?
. . . ich rede mir das übrigens nur ein,
weil ich ausgerechnet heute – weiß nicht warum –,
h e u t e abend dich entbehre,
daß mir's weh tut. Lach mich nur aus:
kennst du das nicht, daß Liebe körperlich w e h tut
– nein? Nun, bist eben noch so jung, daß du bisher
nie allein warst. Das m i r eigentlich Unfaßbare:
daß du kein Gefühl dafür hast, w a s du mir gibst,
wenn du »mir das Frühstück« machst.
Er lacht zärtlich-intim. Setzt rasch hinzu:
»Frische Brötchen bringst« ist irgendwie lustiger . . .
Ernst, ja besorgt:
Überleg dir, was du sagst, sollte er fragen,
mit wem du so lange telefoniert hast!
Wieso? kann doch sein, er hat versucht, dich anzurufen.

Who knows.

Schlaf schön, ich küsse dein Herz . . . ich dir a u c h.

Er legt auf, nachdem er ihre Antwort abgewartet hat, geht zum Schreibtisch, um sich wieder Rotwein einzuschenken. Hebt eine Berliner Zeitung hoch, überfliegt die Titelseite, schnaubt verächtlich, wirft die Zeitung auf den Stuhl, murmelt:

. . . wie ging das: der Unterschied
zwischen Helmut Kohl und Boris Becker?
Bei Boris Becker f r e u t man sich auf den zweiten Satz.

Er hebt wieder den Hörer, wählt – dann, nach einem Blick auf die Uhr, murmelt er:

Noch zu früh
und legt auf.

Als wolle er Post öffnen, bückt er sich nach den Briefen, die er auf den Teppich gelegt hat, nimmt sie, liest aber nur die Absender und läßt sie fallen. Er wendet sich dem großen Diktiergerät zu, stellt es ein und spricht, wobei er den Tonkopf an langer Schnur, im ganzen Raum hin- und hergehend, keineswegs dauernd vors Gesicht hält:

Liebe Frau Holzer, meine Freundin hat heute keinen Ausgang,
das Fernsehen ist noch ein bißchen blöder,
als ihm sogar Samstag die Polizei erlaubt,
also diktiere ich lieber den Brief, den ich längst
dem Mercedesboß schreiben sollte . . . rufen Sie bitte
Reuters Sekretärin an und fragen Sie diskret, welche Titel
dem Mann alle zustehen, ich will ihn ja nicht gleich
durch die unzureichende Anschrift gegen mich aufbringen.
Also: Korrekte Adresse, dann natürlich lieber Herr Reuter.
Sie hatten die Freundlichkeit,
mich neulich anläßlich Ihres Besuchs im Wissenschaftskolleg
anzuhören, obgleich ich mir vorstellen kann,
wen alles Sie anhören, wieviel Sie auch lesen müssen, als ich
mir erlaubt habe, nein, das ist ein bißchen zu viel an Demut!
Liebe Frau Holzer – also bitte nur:
Als ich Ihnen meine Besorgnisse andeutete,
daß offenbar Mercedes-Benz den Potsdamer Platz,

den Sie nur zum Teil, aber nicht als Ganzes
hätten kaufen dürfen, wäre ich bereits
in meiner heutigen Stellung gewesen,
völlig der Industrie, dem Handel, der Wirtschaft
als Bauland überantworten will ...
Ich könnte mir das eigentlich nicht vorstellen
beim Sohn eines so bedeutenden Kommunalwissenschaftlers
– denn für mich ist Ihr Vater in erster Linie
der Ankaraer Professor für Kommunalwirtschaft,
in dessen Städte- und Weltbildern doch
auch die Kunst ihren zentralen Stellenwert hat;
ich denke nur an Ernst Reuters Protest gegen den Abriß
des Schlüters-Schlosses – die kulturell schändlichste Untat
der deutschen Kommunisten.
Es steht ja im Wissenschaftskolleg die fast armlange Reihe
von Ernst Reuters gesammelten Schriften und Reden:
ein als Autor nicht weniger bedeutender Mann
wie als Politiker ...
Absatz, Frau Holzer: So kann ich mir nicht vorstellen,
daß der Sohn Reuters d a s repräsentativste Grundstück
Deutschlands kauft, ohne auf ihm der Bevölkerung
und seinen Mitarbeitern in Berlin
auch eine Oase der Kultur inmitten eines sonst allein
dem Gelde gewidmeten Stadtteils zu schenken ...
Zunächst entschuldige ich mich: einen Mann, gar einen,
der selber ein bedeutendes Lebenswerk bewältigt wie Sie,
verehrter Herr Reuter, als Sohn seines Vaters anzusprechen:
ist zunächst einmal eine grobe Taktlosigkeit,
ich habe mir denn auch ...
Er bricht sein Diktat ab, geht einige Schritte, kehrt dann zum
Tonband zurück und sagt:
Frau Holzer, das ist tatsächlich u n m ö g l i c h
taktlos, einen Mann, gar dann,
wenn der selber schon grauhaarig ist
und Verdienste hat, die fast so groß sind wie sein Verdienst,
dauernd auf seinen Erzeuger anzusprechen;
als das, sogar noch an seinem 75. Geburtstag, Golo Mann

zustieß, durch einen Zürcher Interviewer,
bekam der zur Antwort: »Ich wünschte,
ich wäre im Entbindungsheim vertauscht worden
und hätte niemals von einer Familie Mann gehört!«
Ich habe mir auch hinter die Ohren geschrieben,
was der Sproß eines berühmten Künstlers mir antwortete,
als ich am Telefon erst nicht merkte, daß da
nicht sein Vater sprach. Aha, rief ich,
Sie sind der S o h n ! »Nicht nur«, antwortete pikiert der
Halbwüchsige: »Unter anderem bin ich auch Sohn, ja.«
Also, Frau Holzer — kürzen Sie das über den Vater
um die Hälfte, danke!
Daher meine Frage: Halten Sie überhaupt für d e n k b a r,
den alsbald prominentesten Platz Berlins, den Potsdamer,
zu überbauen, ohne auf ihm auch ein Kultur-Forum zu
schaffen? Fangen wir an mit einem Grundstück,
das nicht Ihnen gehört, doch sozusagen
— von den Linden gesehen — als sein rechtes Eckhaus,
Wand an Wand mit dem Brandenburger Tor,
dem Pariser Platz neben der Akademie der Künste
die eigentliche Weihe als Stätte der Musen und der
Bürgerkultur gegeben hat:
Das Palais Max Liebermanns, das sein Großvater kaufte,
als der zukünftige Maler acht Jahre alt war — und aus dem dann
seine dreiundachtzigjährige Witwe hinaus — und in den
Selbstmord gehetzt wurde.
Sonst wäre sie vergast worden ... Sind Sie, Herr Reuter,
mit mir nicht der Meinung, daß dieses Haus
genau dort wieder erstehen muß als Museum
nicht allein Liebermanns,
sondern der künstlerischen Mitgift überhaupt,
die Berlin von seinen Juden empfangen hat
in den zwei Jahrhunderten zwischen Moses Mendelssohn
und Max Reinhardt? Fontane, obgleich er die Juden
sarkastischer, mitleidloser beobachtet hat als andere Leute,
mußte bereits schreiben:
»Die Juden finanzieren unser Kulturleben

und wir Arier den Antisemitismus.«
Doch haben sie ja Kultur keineswegs »nur« finanziert –
»nur« in Anführungsstriche –: denn welcher Nichtjude
gibt schon als Privatmann Geld für Kunst,
die er sich nicht wertbeständig ins eigene Haus stellen kann?
Zum Beispiel für Theater, was Juden oft getan haben ...
Nein, sie haben Kunst höchsten Ranges auch geschaffen!
Bevor Wagner Antisemit wurde, weil er in seiner Armut
die finanziellen Erfolge Meyerbeers und Offenbachs
verständlicherweise kaum ertrug
– gab er schriftlich, Felix Mendelssohn sei
– Zitat, Frau Holzer, also in Anführung –
»das größte musikalische Genie seit Mozart«.
Und was die Wissenschaft betrifft: Dieses Museum
im Liebermann-Haus sollte Gedenkstätte auch d e r Juden
werden, die fünfundzwanzig Prozent der Nobelpreise
für Deutschland errungen haben,
obgleich die Juden in Deutschland nur ein Prozent
der Deutschen waren. Diesem Anteil von einem Prozent
entsprach exakt allerdings der Anteil
der im Ersten Weltkrieg für das Kaiserreich
gefallenen Juden: Zwölftausend ...
Goebbels nannte die Juden schriftlich Flöhe und Ratten
– Franz Joseph Strauß hatte dann den Schneid,
Autoren Ratten und Schmeißfliegen zu nennen ...
Und da diese Einstellung zur Kultur
zahllose Verantwortliche in Bonn charakterisiert,
in der Metropole, die einen Kulturminister niemals vermißte.
So hatten jene, die den Einigungsvertrag
aushandelten, so wenig wie ihre folgenreichste
Kreation, die Treuhand, einen Anwalt der Kultur dabei.
Das führt – ein Beispiel – dazu, daß sogar jenes Gelände,
das an den Bahnhof Friedrichstraße grenzt und schon
vor Ende des Zweiten Weltkriegs hundertfünfzig Jahre lang
der Unterhaltungskunst gewidmet war
– dort stand auch der Wintergarten –,
jetzt der Kunst entzogen, weil unter Bundesvorbehalt

gestellt werden soll. Und zur Vernichtung der DDR-Kultur:
Soeben ist die bedeutend gewesene Babelsberger
Film-Produktion zu Tode »abgewickelt« worden.
Jedenfalls gibt es im Hause Treuhand keinen Menschen,
den man ansprechen könnte auf kulturelle Probleme.
Meldet eine Abordnung von zwölf Autoren sich dort an
– werden die von Unzuständigen empfangen,
wenn sie länger antichambriert haben als beim Papst.
Sie, lieber Herr Reuter, würden natürlich sofort vorgelassen;
so bitte ich Sie denn heute, doch einmal mit mir hinzugehen,
damit wir Frau Breuel sagen können, daß diese Ursprungsstätte
großer Malerei – nichts anderes werden darf
als ein Museum, das jene Kultur repräsentiert, die von Juden
ihren Berliner Mitbürgern geschenkt wurde.
Die übliche Ausrede der Treuhand: Das Grundstück sei ihr
zugefallen, weil die Bonner mit den Kommunisten
noch abgemacht haben,
Enteignung bis Ende 49 anzuerkennen – verfängt hier ja nicht,
da bereits die Nazis es Familie Liebermann enteignet hatten.
Daß Mercedes in sein Imperium am Potsdamer Platz
Kultur aufnimmt, ist doch wohl so selbstverständlich,
daß es Zeit hat, Vorschläge im einzelnen
dann zu unterbreiten, wenn wir mit Hilfe von Mercedes
das Palais Liebermann für die Kultur gerettet haben.
Dank und freundliche Grüße, sehr geehrter Herr Reuter,
Ihr Ihnen sehr ergebener ...
So, liebe Frau Holzer – da hätten wir's. Ach ja:
vielleicht sollte ich dem großen Mann noch die Anschrift
von Liebermanns Groß-Neffen mitteilen ... wirkt hoffentlich
ein bißchen aufmunternd, weil der ja nun auch
als Komponist und Imperator der Pariser und Hamburger Oper
eine erste Nummer ist. Also schreiben Sie bitte noch:
P. S. Sollten Sie Fragen wegen Liebermanns Erben haben,
sehr geehrter Herr Reuter: Hier die Anschrift des Groß-Neffen
in Florenz, Professor Rolf Liebermann
– kriegen Sie von der Akademie,
Frau Holzer, die genaue Anschrift.

Fügen Sie bitte diesem P. S. noch an:
Denn die Londoner Anschrift der Familie Riezler habe ich
nicht. (Riezler mit z.) Und schreiben Sie auch, bitte:
Liebermanns Schwiegersohn, von dem er eine Enkeltochter
hatte, war ja jener Kurt Riezler, der als Sekretär
des Kanzlers Bethmann-Hollweg das aufregende
Präventiv-Krieg-Tagebuch hinterließ.
Danke, Frau Holzer!
Ich hätte Ihnen gleich noch meinen Brief
an den roten Rauschebart und stellvertretenden Fraktionsboß
Thierse diktiert,
aber ich will ihn einfachheitshalber erst noch anrufen,
wenn ich seine Visitenkarte bei mir habe – ich fürchte aber,
sie liegt schon auf Ihrem Schreibtisch. Nacht, Frau Holzer!

*Während er das sagt, kramt er in seinen Hosentaschen, geht dann
aus dem Raum, als er das Diktiergerät abgestellt hat, und holt
seinen Rock herein, um auch dessen Taschen nach der Visitenkarte abzusuchen. Er wird fündig, geht gleich zum Telefon,
wählt und sagt:*
Spreche ich mit Herrn Thierse – aha, guten Abend:
so gut kennen Sie meine Stimme, bin geschmeichelt!
Ich wollte Ihnen morgen ein paar Unterlagen zusenden
über diese so seriös firmierende kriminelle Vereinigung:
D i e s e r Fall, weiß Gott – wäre Wasser auf Ihre Mühle,
denn da haben Sie alles zusammen, was überhaupt denkbar ist
an Bestechungsversuchen – natürlich unbeweisbaren,
war ja allein, als er mir auf dem Weg zum Auto,
mittags, schon auf der Straße, eine Summe antrug,
die in kein Kuvert paßt, aber d i e s e Burschen,
das verspreche ich, kriegen d i e s e n Flecken Erde
– Filetgrundstück sagt man neuerdings –
nicht a u c h n o c h ! Die beißen bei m i r auf Granit!
Und das hab' ich die wissen lassen mit einer Schroffheit,
daß die's bei mir nicht noch einmal versuchen.
Ob künftig die Treuhand
wieder so – gelinde gesagt: freigebig ist – ich weiß nicht.

Denn immerhin wird heute gemeldet, daß ein Schweizer,
ein Israeli, ein Japaner die Treuhand anzeigen wollen,
weil die am Hauptbahnhof die Glühlampenfabrik
den Grundstückspekulanten auslieferte,
während diese drei sie als Fabrik hatten retten wollen ...
Kann spannend werden, wenn die Kläger durchhalten,
obwohl sie ja kein Rechtsmittel haben
– gegen die Treuhand gibt es keins!
Jedenfalls, Herr Thierse ...
Wie? – lieber Gott, und das s a g e n Sie nicht,
entschuldigen Sie, Sie haben das Haus voller Gäste?
Pardon! Bin ja morgen bis vierzehn Uhr dauernd
im Amt erreichbar, hinterher muß ich zum Senator.
Geht jetzt los mit den Vorwürfen, Berlin hätte Mercedes
den Potsdamer Platz viel zu billig verscherbelt;
finde ich nicht – sofern man den Stuttgartern
nur die Auflage gemacht haben würde,
auch Kultur dort anzubauen ... bis morgen, danke!

*Er legt auf, schenkt Rotwein ein – geht vom Telefon weg, das auf
dem Schreibtisch bleibt, ohne daß er den kabellosen Telefonhörer mitnimmt zu dem Sessel neben dem Postberg auf dem Teppich. Er spricht, während er im Hintergrund neue Bücher, die da
auf einem Brett vor dem Regal aufgestapelt sind, mit einer Hand,
ohne sie zu öffnen, hochnimmt und wieder hinlegt:*
Ob sie noch mal anruft? – kann's nicht mehr riskieren.
Die Romane da, in die man wenigstens
mal reinlesen sollte, aber merkwürdig,
wie Geschichten anderer Leute kaltlassen,
sobald man selber privat und beruflich zu viele am Hals hat ...
Also, Post – Briefe nehme ich mit in die Wanne.
Wieso schickt mir die Wissenschaftliche Buchgemeinschaft ...
Werbung? Oder ein Geschenk – aber von wem!

*Er hat eine Schere vom Schreibtisch geholt und stellt sich mit der
und dem Päckchen neben den Sessel und schneidet den Bindfaden auf; dann schneidet er noch die – bei Buchpäckchen unübli-*

che, doch das fällt ihm nicht auf — mit Klebestreifen zusätzlich geschlossene Papier- und Wellpappenverpackung auf. Eine Explosion, die seinen Aufschrei erstickt und ihn zwei Meter in den Hintergrund schleudert, wo er in die Knie sackt, dann offenbar in wahnsinnigem Schmerz nach hinten umfällt auf den Rükken, die Augen weit aufgerissen, eine Hand vor der Brust; die Hand überströmt von Blut; Hemd, Pullover blutgetränkt, die Briefbombe riß ihm eine tiefe Wunde in den Magen. Er soll bis zum Morgengrauen gelebt und anfangs vergebens versucht haben, den Telefonhörer zu erreichen. Erst seine Putzfrau wird ihn finden. Wir sehen hier noch einige Augenblicke seine vom Wimmern, Seufzen, Schweigen begleiteten Versuche, zum Telefonhörer hinzulangen: die linke Hand in den Teppich verkrallt, vergebliche Bewegungsversuche auf dem Boden, fast nur Zuckungen Richtung Telefon. Dann geht die Hand auf, die geballten Finger lösen sich, liegen leblos da.

Vorhang

»Zu ebener Erde und erster Stock oder: Die Launen des Glücks«
Lokalposse mit Gesang, frei nach Nestroy

Oben gegen unten.

Die gehn nach Bonn wie andre auf den Strich!
Wie viele VIP's hat die Nation?
Ach, schufteten auch sie doch körperlich:
dann dächten sie sozial, statt einem Lohn-

Empfänger, der nichts sparen kann, die Renten
auch noch zu kürzen, um sich selbst Diäten
zu steigern. Wenn sie e i n e n kennten,
droben in ihren Dachverbänden, Aufsichtsräten

In Ministerien, Chefetagen, Parlamenten
– e i n e n der sich als Underdog so grade hält:
Sie s c h ä m t e n sich beim Feilschen in Prozenten,
die sie – wie Fleisch von ihrem Tisch abfällt –

»Gewähren« dort zu Füßen ihrem Hund!
Was haben sie s e l b e r monatlich?
Ihr Synonym für Deutsche Bank ist Deutscher Bund:
sie gehn nach Bonn wie andre auf den Strich

»... in korrekter Weise enteignet wurden.«
*Sabine Leutheusser-Schnarrenberger, Bundesministerin der Justiz,
am 8. 10. 92*

»155 Kilometer lang war die Berliner Mauer, davon allein 43,1 Kilometer mitten durch die Millionenstadt. Mehrere tausend Grundstücke wurden den Besitzern genommen, einige hundert Häuser und Dutzende Betriebe wurden gesprengt, um sie zu bauen und den Mauerschützen freies Schußfeld zu bieten.

Doch auf Kosten der Opfer, die damals Haus und Grund für den Grenzbau verloren, will der Staat jetzt einen milliardenschweren Gewinn machen: Die Bundesregierung weigert sich beharrlich, die Mauergrundstücke an ihre früheren Eigentümer zurückzugeben. Die Enteignung werde nicht rückgängig gemacht, da sie nach dem Verteidigungsgesetz und somit nach damals gültiger Rechtslage der DDR erfolgt sei. ›Damit‹, meint Joachim Hildebrandt, 54, ehemaliger Eigner eines Mauergrundstücks, ›wird die Todesgrenze nachträglich für legal erklärt‹.«
Peter Schmalz, DIE WELT, am 15. 7. 1992

»... selbst wenn man ein ›Verteidigungsinteresse‹ annehmen wollte, ist zu bedenken, daß der Enteignungszweck mit der Wiedervereinigung fortgefallen ist. Enteignungen sind nur zu einem bestimmten Zweck zulässig. Ist dieser fortgefallen − wie bei den Mauergrundstücken −, muß das Grundstück zurückgegeben werden. Selbstverständlich gegen Rückzahlung der etwa erhaltenen Entschädigung ...

Hinzu kommt, daß der damalige Bundesjustizminister Klaus Kinkel im Frühjahr den Opfern des SED-Regimes, die ihre Grundstücke wegen des Mauerbaus an der Grenze zwischen Bundesrepublik und DDR verloren haben, die Rückgabe des enteigneten Besitzes zugesichert hat. Die Treuhand wurde demgemäß angewiesen, den Verkauf dieser Grundstücke einzustellen. Hier steht die Bundesregierung im Wort. Rechtlich, politisch und moralisch ist es nicht zu verantworten, den Enteigneten an der Berliner Mauer die Rückgabe des entzogenen Eigentums vorzuenthalten, während man den Enteigneten an der innerdeutschen Grenze dieses Recht zuerkennt.

Natürlich geht es bei den Mauergrundstücken in Berlin um mehr Geld als bei den verwüsteten Höfen und Häusern an der innerdeutschen Grenze. Aber was wäre das für ein Staat, der sich aus den Enteignungen zum Bau der Schandmauer bereichern will? ... den Vorwurf der Geldgier ... Ist man so abgebrüht, daß man den Makel nicht fürchtet, der den Enteignungen an der Mauer anhaftet?«

Rudolf Wassermann, Präsident a. D. des Oberlandesgerichts Braunschweig, DIE WELT, am 19. 9. 1992

Treppenaufgang in jenem Berliner Gerichtsgebäude in der Litten-straße, das um 1900 zum Muster der meisten neu zu erbauenden wilhelminischen Gerichts-Treppenhäuser auserkoren wurde ... Die Treppe hat mehrere Flure — sprich Etagen. Hier das Foyer des Gerichts und die Beletage seines Treppenhauses. Also ist — wie bei Nestroy — auch hier »die Bühne zweigeteilt«. Nur daß die »untere Etage« nicht Schluckers Wohnung zeigt, die obere nicht die des Herrn von Goldfuchs, sondern daß eine pompöse Treppe das eigentliche Bühnenbild ist: Durch eine Kordel vom Foyer abge-trennt, sind soeben auf dem saalgroßen Treppen-Absatz, dem ersten Stockwerk — wie bei Nestroy — »alle damit beschäftigt, auf einer prachtvoll gedeckten Tafel die Aufsätze in Ordnung zu brin-gen«. Das heißt: ein Buffet zu einer Stehparty wird aufgebaut, anläßlich beispielsweise einer Juristentagung, sei die nun von Bonn oder vom Berliner Senat anberaumt ... Im Hintergrund dieses Obergeschosses, also vom Parkett kaum sichtbar, weit hinter der noch nicht opulenten, sondern erst noch aufzubauenden Tafel, versammelt sich eine Band, die noch nicht spielt, sondern Tonpro-ben veranstaltet — bis plötzlich BETSY, wie eine namens Elisabeth sich als Sängerin nennt, aus der probierenden Band herausspringt mit ihren sehr langen Beinen in tomatenroter hautenger Hose und — in erster Linie sich zur Feier — einen jener Songs losschmettert, die sie kaum ans bundesdeutsche Fernsehen verkaufen könnte. Sie ist ein denkmalhoher Rauschgold-Engel, hat Schultern so männlich breit wie eine Kühlerhaube — das Halbmännliche in ihr mag ihre Neigung mitbestimmt haben, politischen Texten, die sie aber nur selten loswerden kann, den Vorzug zu geben ... Daher es auch charakteristisch für sie ist, hier aus ihrer Band herauszutanzen. Zuerst singt sie unser Motto-Gedicht. Sie hat keine Ahnung, daß »die da unten«, denen sie sich zuwendet, weil ja die »da oben« noch gar nicht da sind, hierherkamen, um Minister anzubittstellern ...

Diese Bittsteller sind alle im Foyer: Berliner, denen ihre Mauer-grundstücke heute hier im Hause wieder einmal in einem der vielen Gerichtsverfahren, wie schon Kläger vor ihnen auch, erneut enteig-net worden sind — zum zweitenmal. Diesmal nicht von SED-»Juristen«, sondern von solchen eines sich selber dreimal täglich im Fernsehen der Welt als »freiheitlich-demokratisch« anpreisenden

Gemeinwesens ... Immerhin, die hier 1993 Bestohlenen dürfen sich noch zusammenrotten! Gegen ihre Enteignung durch die SED 1961, beim Mauerbau, durften sie das nicht ... Doch von allen ihren Angstträumen war doch keiner so absurd wie die Tatsache, daß jetzt nach dreißig Jahren eine Bonner Justizministerin der FDP (!) diese Enteignungen der Ulbricht-Regierung als »korrekte« bezeichnet ...

Sie konnten sich hier Parterre zusammenrotten, weil man vergessen hat, nach der Gerichtsverhandlung und vor dem Beginn der Party, die hohen Flügeltüren des Gebäudes beizeiten vor den Demonstranten zu verrammeln ...

Wie bei Nestroy »geht die Handlung auf beiden Schauplätzen gleichzeitig vor sich ...«

Im Vordergrund Gerangel, ein Wachtmeister des Gerichts mit Schlüsselbund hat jetzt verspätet die hohe, dicke Haustür vor dem Volke verschlossen, neben ihm zwei Polizisten, die sich anständig benehmen, obgleich sie offenbar hier sind, die »widerrechtlich« eingedrungenen Passanten – eben die Bittsteller – auf die Straße zu befördern. Deren dreie sitzen aber schon auf den ersten Treppenstufen und sind ganz offensichtlich ohne Gewaltanwendung nicht mehr hinauszuwerfen; vor der jedoch schrecken die Polizisten zurück ... um so mehr, als da auch mit Presse-Ausweis ein Fotograf steht: Demokraten fürchten nämlich nicht mehr ihre Untertanen – d e s h a l b allein können auch Demokratien keine Rechts-Staaten werden –, sondern allenfalls die Presse. Was nicht in der Presse steht, findet nicht statt. Daher die öffentliche Meinung den demokratisch Regierenden ebenso schnuppe ist wie den Diktatoren; allein die veröffentlichte Meinung beeindruckt sie zeitweise – aber auch nur wenige Wochen vor den Wahlen; und nie mehr die nur gedruckte: im Fernsehen muß sie ausgestrahlt worden sein ...

Die Verachtung der Bonner gegenüber ihrem Volk wird 1993 wieder deutlich in ihrer Weigerung, auch Deutsche – wie Franzosen, Dänen, Schweizer das selbstverständlich dürfen – durch Volksabstimmung entscheiden zu lassen, ob sie in die europäischen Verträge einstimmen. Die Weigerung der Bonner Verfassungs-Väter, eine Volksabstimmung im Grundgesetz zuzulassen, geschah

aus schlechtem Gewissen: Politiker, die an dieser Verfassung mitge-
arbeitet haben — zum Beispiel Theodor Heuss, der dann erste
Präsident der BRD —, hatten nämlich selber als Reichstagsabge-
ordnete Hitler zum Diktator gemacht, indem sie — einstimmig,
außer den Sozialdemokraten und den zur Tatzeit bereits verbotenen
Kommunisten, die meist sogar schon im KZ waren —, indem sie
dem Ermächtigungsgesetz beistimmten. Heuss, der an sich Humor
gehabt hat, verstand hier keinen Spaß: Er war zu Tode gekränkt,
wagte je einer, ihn daran zu erinnern, daß er da mitgewirkt —
obgleich er vor Hitlers Machtantritt sogar ein böses Buch gegen
Hitler veröffentlicht hatte ... Es ist eine Lüge, dem deutschen Volk
anzuhängen, es sei politisch zu unmündig, als daß ihm eine Volks-
abstimmung »gewährt« werden könne: Das Volk hat zu keiner Zeit
während der Weimarer Republik annähernd solchen Schaden ange-
richtet wie die Erwählten, seine Abgeordneten, die für Hitler haft-
bar waren ... das Volk hat lediglich Hindenburg gewählt, der
erstens ein anständiger Mensch war und dem zweitens die demokra-
tischen Parteien keinen Kandidaten ähnlichen Ranges, ähnlichen
Rufes gegenüberzustellen vermochten, nach Eberts Tod ... Kein
Mitläufer in der Nazi-Partei ist annähernd so schuldig geworden
wie die Abgeordneten des Reichstages, die Hitlers Errichtung der
Diktatur durch das Ermächtigungsgesetz beigepflichtet haben ...
eine Schuld, die sie dann dem Volk in die Schuhe schoben, indem
sie eine Volksabstimmung in ihrer Verfassung 1948 nicht zuließen,
was so undemokratisch ist wie die Fünfprozentklausel ... Wir Deut-
sche, ausnahmslos, müssen wir folgern, haben nicht deshalb nie-
mals eine Demokratie zu errichten vermocht — Ausländer haben sie
uns nach zwei verlorenen Weltkriegen a u f g e z w u n g e n —, weil
wir — wie 1848 — als Demokraten von Landsleuten besiegt worden
wären, sondern weil wir von Natur keine Demokraten sind: Wir
sind Schulmeister mit dem unausrottbaren Drang, Mitbürger zu
maßregeln. Oder sie so zu betrügen, wie die Bonner die einstigen
Untertanen Honeckers betrogen haben, indem sie die Vereinigung
mit Maßregeln und zahllosen rückwirkenden Gesetzen und Verord-
nungen praktizieren, von denen allen im Einigungsvertrag über-
haupt keine Rede war ...

PRESSEFOTOGRAF, *zu einer Gruppe von fünf Prozeßverlierern, die offensichtlich auf seine Bitte noch nicht heimgegangen, sondern am Ort ihrer Niederlage geblieben sind und die er schon einige Male knipste:*
Jarantiere, dat hier die beste Ecke ist, wenn et
üwahaupt eene jibt, für Sie, die Bonzen
direkt ansprechen zu können. Wir sind ja einjeladen
– ick sag's doch, die Presse is ja ausdrücklich uffjeboten,
die Oberschicht zu fotografieren, die sich um vierzehn Uhr
hier zu einem juristischen Symposium vasammeln wird.
Irjendeen Großmogul der Justiz wird siebzig
– na, un det wird jefeiert, drei Nachmittage lang,
mit Vorträgen
... Da wären Sie ja bescheuert, versuchten Sie n i c h
wenigstens mal einen der ewigen Tagesschau-Propagandisten
in eijener Sache mit Ihrem Fall – direkt de Nase druff –
zu befassen!
DREIUNDACHTZIGJÄHRIGE, *berlinert stark, sogar noch dann, wenn sie aus der Zeitung vorliest; wir verändern den Text nicht, aber die Schauspielerin sollte stark berlinern:*
Sehr jung muß sein, wer noch so optimistisch is wie Sie!
Lesen Sie keene Zeitung?
Hier steht's doch: Für die Bundesrejierung war die DDR –
sofern die Jrundstücke enteignet hat, die jetzt Bonn
sich aneignen will, sonst natürlich nich:
Ein Rechtsstaat! Lese ick vor, wörtlich aus einem Artikel von
Andreas Lauk: Nach Ansicht der Bundesrejierung sind
nämlich die im Anschluß an die Festlejung der Jrenze
durchjeführten Jrundstücks-Enteignungen und die damit
verbundenen Zwangsumsiedlungen rechtmäßig. Es läge in
diesen Fällen, so die Bonner, ›kein rechtsstaatlicher Mißbrauch
der entsprechenden Jesetze durch die DDR-Behörden vor‹.
Denn ›Enteignungen nach dem Verteidigungs-, dem Aufbau-
und dem Baulandjesetz werden nicht anjetastet, weil sie in der
DDR nach damalijer Rechtslage erfolgten.‹
IHR SOHN, *ein Fünfzigjähriger im Trenchcoat, ruft:*
Also wörtlich, die Bonner Juristen heute,

wie alte Nazi-Juristen in der BRD zur Rechtfertigung
der Todesurteile für Hitler: »Was damals Recht war«,
schrieben die, nach dem Krieje, »kann heute
nich Unrecht sein« . . . So war der Bau der Mauer rechtens,
folglich ooch seine Vorbedingung: Die Enteignung
des Bodens, auf den sie gemauert wurde.

DREIUNDACHTZIGJÄHRIGE: Durch den Mauerbau wurde
unser Grundstück in Berlin-Treptow
in die Grenzmaßnahmen einbezogen und
darauf ein Wachturm gebaut. Von einer Enteignung und einer
Entschädigung wurden wir nie in Kenntnis gesetzt. Nach dem
Fall der Mauer habe ich an eine späte Jerechtigkeit geglaubt
und einen Rückübertragungsantrag gestellt. Mein Sohn möchte
auf dem bislang unbebauten Grundstück ein Mietswohnhaus
errichten. Doch unser Antrag wurde sowohl vom Amt zur
Regelung für offene Vermögensfragen als auch vom
Kammergericht abgelehnt. Mein Vertrauen
in den deutschen Rechtsstaat ist zutiefst erschüttert.
Sie setzt sich entnervt − weint aber nicht − auf die Treppe.

SIEBZIGJÄHRIGE, *ruft, bis die Stimme so schwach wird, daß sie fast
nur mehr flüstert:*
Wir wurden erst 1984 enteignet . . . Fünfzig Jahre
als Erwachsene hier ausgehalten in Berlin.
Trotz zweier Weltkriege mit Bombeneinschlägen und Bränden,
trotz Weltwirtschaftskrise, Schulden und Inflation behielten
wir den Familienbesitz − ein Wohn- und Fabrikgebäude in der
Heidelberger Straße in Neukölln − bis in die Nachkriegszeit.
Die Mauer verlief durch die Heidelberger Straße, das Haus
stand auf der Ostseite. 1984 kam das Ende, wegen eines
Fluchtversuches »mußte« ein freies Schußfeld geschaffen
werden. Die gesamte Straße, also auch unser Haus, wurde
gesprengt. Was zwei Weltkriege nicht geschafft haben, gelang
jetzt innerhalb von Stunden! Das war eine schwere seelische
Belastung für mich. Mein Rückübertragungsanspruch wurde
abgelehnt, gestern. Neuer Besitzer:
Die Bundesregierung.

SECHZIGJÄHRIGE, *später als Frau Schlucker bezeichnet, nach einem Bericht vom Cay Dobberke in der NZ vom 27. 7. 92:*
Wem jehört det einstige Niemandsland?
Auf den Resten unseres Wohnhauses stand
jahrzehntelang ein Wachturm der DDR-Grenztruppen.
Wir hatten nicht viel von unserm 1936 erbauten Haus zwischen
Potsdam-Babelsberg und Wannsee. Gleich nach Kriegsende
mußten wir es räumen, nach dem Mauerbau wurde es
gesprengt, und sechs Jahre später auch noch das
Grundstück zum »Eigentum des Volkes« erklärt.
Die Begründung lieferte das Verteidigungsgesetz von 1961.
Ich begreife nicht, daß man ausgerechnet solche DDR-Gesetze
gelten läßt, wenn man alles andere abschafft.

BETSY, *will hier offenbar an die Nichtgeladenen jene Texte loswerden, die sie bestimmt nicht zu Geld machen kann, schon gar nicht auf einem Juristen-Symposium. Dies mag der Grund sein für ihre Gratis-Einlagen, mit denen sie sich in Abständen, die allein von ihrer Laune bestimmt werden, immer wieder den Bittstellern zuwendet – so plötzlich auftauchend wie ein Drachenflieger. Zwei Kollegen der Band halten sich hinter ihr, unterstützen sie aber energisch, haben auch selber offenbar Spaß an der Sache; sie singt:*

Parlamentarier

»Oh, Deutschland, hoch in Ehren!«
– die Melodie kann bleiben.

Doch die Parteien lehren,
wie sie's mit Ämtern treiben

im »heiligen Land der Treu«:
der Text ist umzuschreiben.

Für Schulbücher druckt neu:
»Bonn – Trog für viele Schweine!

Komm, stoß dich auch gesund!
Kommst du nicht auf die Beine:

in Bonn — nicht grad beim ›Bund‹
— doch als Parteibuch-Mann

fällt niemand auf, der nichts,
sofern er reden kann.«

Sie macht sich diskret wie eine Sirene wieder davon.
FRAU SCHLUCKER: Damals hatte unsre Familie nur ein paar
Koffer
mit dem Nötigsten retten können. Dann teilte man
sich eine kleene Wohnung in Prenzlauer Berg
mit mehreren Familien. Auf dem jeerbten Jrundstück
meener Eltern wollen wir een neuet Haus bauen
— da wir ja nun dem ›freiheitlich-demokratischen Rechtsstaat‹
anjegliedert wurden. Doch die Bundesbehörden
verweisen auf 5 000 Ostmark
Entschädijung, die die DDR den Eltern jezahlt hat. Die
Enteignung rückjängig zu machen komme daher nich in Fraje.
Statt dessen schickte uns jetzt een Wessi eene vorformulierte
Verzichtserklärung — natürlich verweijere ick die Unterschrift.
Nich eenmal den Wannseer Jrundstücksteil habe ick
zurückerhalten. Die Berliner Ämter sajen, daß die 270
Quadratmeter uff Westjebiet von Potsdam mitverwaltet
wurden. Aber die dortijen Akten erwähnen nur det frühere
DDR-Jelände.
METZGER SCHULZ, *über achtzig, kleinbürgerberlinisch. Er geht an
Krücken, zitiert nach dem gleichen Bericht von Cay Dobberke;
er sagt, da wir ihn nicht als den bettlägrigen »Pflegefall« zeigen,
der er in Wahrheit längst ist:*
Ick koofte 1954 — da ging det noch — die Bernauer Straße 39.
Mehrere Familien zogen ein. Grenzsoldaten vermauerten
sieben Jahre später die unteren Fenster. Als sich aber
schließlich aus allen Stockwerken Ostberliner in den Westen
abseilten, wurde dat Jebäude abjerissen. Statt einer
Entschädigung erhielt ich als Strafe, das war vor zwee Jahren —

eene Rechnung über 6 000 Mark. Inzwischen – gleich nach de Wende – schrieb meine Schwester Marlen an den Ostberliner Magistrat – und wurde uff später vatröstet. Vor kurzem kam nun Post vom Amt für offene Vermögensfragen. Hier lag eine unterschriftsreife Verzichtserklärung bei. Begründung: Die Rückgabejesetze seien nur für Ostjrundstücke jedacht, det Haus an der Bernauer Straße lieje aber in Westberlin. Unterlajen belejen, det is falsch. Die Flüchtlinge wären damals ja ooch nich vom Westen in den Westen jesprungen! Bei einer Rückfrage wurde meine Schwester erneut vatröstet.

Diesmal uff den Herbst, in dem das »Zweite Unrechtsbereinigungsjesetz« kommen soll.

Ick erlebe det nich mehr, ick will aber, wie andre Leute ooch, den Enkeln statt Haus wenigstens den Boden hinterlassen, den uns die BRD jetzt wechräuwert! Vor allem: Jibt man uns die Mauerjrundstücke zurück – wird ja keen einzijer neuer Besitzer ausquartiert: denn da wohnt je keener, det is ja Niemandsland. Wir tun ja keenem Menschen wat zuleide, wenn wir det unbebaute Niemandsland vom Bausenator wiederhaben wollen. Da würde ja nur d e r aus dem Jrundbuch – sofern er üwahaupt da drinne steht – wieder ausjestrichen, der's jeklaut hat: die Volksarmee der DDR, der wir ooch nischt mehr wegnehmen, weil die doch ja nich mehr existiert.

DER FÜNFZIGJÄHRIGE, *im Trenchcoat, der seine Mutter hierher begleitet hat, entnahm längst seiner Brieftasche ein Schreiben der Senatsverwaltung für Finanzen an das Verwaltungsgericht Berlin, 13. Kammer. Nun kommt er zu Wort:*

Det muß man zweemal anhören, obwohl einen schon beim ersten Mal det große Kotzen kommt. Det Verwaltungsjericht Berlin, 13. Kammer, Hardenbergstraße 21, hat uns selber in Kopie den Schrieb ausjehändigt, den ihn am 13. April 92 die Senatsverwaltung für Finanzen in unserer Verwaltungsstrafsache Charlotte Hildebrandt, also hier meiner Mutter, jeschrieben hat.

Er deutet auf die Dreiundachtzigjährige, die sich wie schlafend – vielleicht schläft sie – auf die Treppe gesetzt hat:

Darin heißt et wortwörtlich – hören Se det an: »Soweit durch

Verwaltungsentscheidungen Vermögenswerte entzogen
worden sind, richtet sich die Korrektur der
Enteignungsmaßnahmen – wie bereits festgestellt – jedoch
ausschließlich nach dem Vermögensgesetz … Eine
Rückübertragung kann mithin nur im Rahmen der Tatbestände
des Vermögensgesetzes erfolgen. Diese Einschränkung findet
ihre Berechtigung darin, daß für Enteignungsmaßnahmen, die
nicht der Bundesrepublik Deutschland zuzurechnen sind, sie
auch nicht einstehen muß. So führt auch das
Bundesverfassungsgericht in seiner Entscheidung vom
23. April 1991 sinngemäß aus: Was eine
außerbundesrepublikanische Staatsgewalt vorgegeben hat,
kann, es muß aber nicht, heute von der Bundesrepublik
korrigiert werden.«

Er läßt den Brief sinken und wiederholt:

»K a n n – m u ß aber nicht korrigiert werden«, sagt die
Senatsverwaltung. Uff deutsch: Pure Willkür: kann – muß aber
nicht! Wenn die Stadt Berlin oder der Bund den großen
Reibach selber machen wollen: jeben se de Mauergrundstücke
halt nich zurück! Denn die Staatsjewalt hat immer recht –
sofern das, was se »Recht« nennt, i h r nutzt. Jesetz – det muß
man als Normalverbrauchter hierzulande erst lernen,
als Neubürger der BRD: Jesetz ist, wat dat Recht annulliert.
Meine Mutter zahlte siebzig Mark Miete unter Honecker,
unter Kohl siebenhundert.
Aber dafür lebt die Dreiundachtzigjährige nun in einem
»freiheitlich-demokratischen Rechtsstaat«, wat ihr dadurch
demonstriert wird, daß dieser Staat viele, vielleicht sieben
Millionen DM an ihrem Grundstück jewinnt, wat ihr die DDR
für fünftausend Ostmark – wie unsre Bonner Justizministerin
saacht – »korrekt enteignet« hat … Und denn wundern sich
unsre Minister, det se nur noch mit Leibwache sich unters Volk
trauen können, dat so blöd war, sie zu wählen!
Janz offenbar sin bundesdeutsche Richter nur dem Jesetz –
nich ooch dem Recht vapflichtet. Ja, schlimmer: Unsre Richter
vollstrecken Jesetze unjerührt ooch dann, wenn die janz
offensichtlich dem Jrundgesetz widersprechen, das jenau

definiert, wann üwahaupt enteignet werden darf: nämlich nur
zum Alljemeinwohl!

Die verrottete Sperrmüll-Prosa des Juristen- und Verwaltungs-
Rotwelsch ging Betsy dermaßen aufs Gemüt – daß sie erneut
heranprescht und loslegt:

BETSY:

Mauer-Abwicklung

Die Grundstücke, wo einst die Mauer
– heut so zentral gelegen in Berlin
wie nur in London Themse-Bridge und Tower

Als Staatsvermögen einzuziehn,
ist Bundes-Pflicht, weil auf die Dauer
Privatbesitz von d i e s e n Werten

Als amoralisch nicht vertretbar ist,
wie Ossi-Richter Wessi-Richter lehrten:
Auch Bonner Kassen kann ein Kommunist

Wenn er als Richter amtet, rasch sanieren,
statt Zeit – wie so ein BGB-Jurist –
mit Ansprüchen von gestern zu verlieren!

Der Schweizer Peter Schibli, Bonner Korrespondent der »Basler
Zeitung«, beobachtete dort, wie das Justizministerium sich über
Rückgabe-Gesuche der einstigen Besitzer der Mauergrundstücke
hinwegsetzte; er berichtete am 6. 11. 1992 in der »Basler Zeitung«.

ANWÄLTIN, *spricht seinen Text, sie redet, als trage sie das einem*
Gericht vor:
Die Familie von Peter Heidler wohnte bis 1962 in einem
Einfamilienhaus direkt an der Berliner Stadtgrenze in Groß-
Ziethen. Die Liegenschaft an der Grenzstraße 5 befand sich in
unmittelbarer Nachbarschaft zum Westberliner Bezirk
Neukölln und lag damit direkt an dem 1961 errichteten

»antifaschistischen Schutzwall«.

Am 26. Februar 1962, kurz nach drei Uhr morgens, umstellten Einsatzkräfte des DDR-Grenzkommandos das Haus und zwangen alle Familienmitglieder, sich anzuziehen. Der gesamte Hausrat wurde auf Lastwagen geladen und mit den Heidlers nach Prieros bei Storkow im Kreis Königs-Wusterhausen verfrachtet. Peter Heidler erinnert sich: »Keiner von uns wußte, wohin die Fahrt ging. Man hatte uns nur gesagt, daß die Familie umgesiedelt wird.« In Storkow erhielten die Heidlers eine kleine Dachgeschoßwohnung in einem ehemaligen Landwarenhaus zugewiesen. Das zwangsgeräumte Einfamilienhaus in Berlin wurde vorübergehend von »politisch einwandfreien Genossen« bezogen und 1965 endgültig abgerissen, da der »Todesstreifen« entlang der Mauer in jenem Jahr verbreitert wurde. Den Wert des Grundstücks mit Wohnhaus schätzten die Behörden auf 24 000 Ostmark; der entsprechende Betrag wurde auf ein Sperrkonto beim Amt für Staatliches Eigentum einbezahlt. Nachdem Peter Heidlers Eltern verstorben waren, teilte ihm das Amt 1979 mit, die Entschädigung sei verfallen. Heidler ist einer von über hundert ehemaligen Grundstücksbesitzern, die in den sechziger Jahren vom DDR-Staat im Zusammenhang mit dem Bau der Berliner Mauer zwangsweise enteignet wurden. Die Alt-Eigentümer haben sich nach der Wiedervereinigung zu einer »Interessengemeinschaft e. V.« zusammengeschlossen, die den Zweck verfolgt, ›sämtliche Bestrebungen bei der Wiedererlangung des Eigentums zu fördern, zu koordinieren und zu dokumentieren‹. Von der Regierung in Bonn fordern die früheren Eigentümer, den entschädigungslos enteigneten »Republikflüchtlingen«, Zwangsumgesiedelten und Vertriebenen gleichgestellt zu werden, die ihr Eigentum aufgrund des Einigungsvertrages sowie des Vermögensgesetzes zurückverlangen können. Bei den Vermögensämtern sind derzeit knapp zwei Millionen Gesuche auf Rückübertragung anhängig. Bei der Abwicklung dieser Anträge gilt der umstrittene, weil investitionshemmende Grundsatz »Rückgabe

vor Entschädigung«. Für die ehemaligen Maueranwohner
zeigen die Behörden kein Verständnis.

BETSY, *tritt wieder sehr schnell auf und beherrscht durch ihre Erscheinung wie durch ihren Gesang die Szene:*

Richter
Eine Leierkasten Ballade

Dies ist eine Moritat ohne Moral,
denn sie spielt unter deutschen Juristen.
Selbst wer schuldlosen Menschen das Leben stahl,
den streichen die nicht aus den Listen
— Mafia-Geist — des Berufsverbands:
Nicht einer ward vor Gericht gestellt,
der für die Schänder des Vaterlands,
für die Nazis — Todesurteile gefällt.

Nicht einer! — sie alle gelangten ins Alter,
sei es im Amt, sei's mit hoher Pension:
einst Büttel Hitlers — heute Verwalter
demokratischer Rechte: dem Volke zum Hohn ...
Auch die Richter der Enteignungs-Balladen
— erst die wenigsten sind schon gesichtet —
nahmen selber keinen Schaden,
als sie Schuldlose vernichtet.

Verdammt, keine Moritat mit Moral
spielt je unter deutschen Juristen,
denn ob die christlich, ob liberal,
ob Nazis, ob Kommunisten:
D a s bleibt gleich, daß einen Richter
keiner, weder Frau noch Mann,
jemals haftbar machen kann.

Seine Sicherheit, das dem so ist,
legt das Strafmaß fest, das er bemißt!
Denn was Durchschnittsbürger »Schicksal« nennen,
lernt ein Richter nur als »Laufbahn« kennen.
Gibt er lebenslänglich »aus Versehn«:
i h m kann lebenslänglich nichts geschehn.
Betsy ist so plötzlich, wie sie auftrat, wieder verschwunden.

FRAU SCHLUCKER, *einundfünfzig, faltet eine Zeitung, die sie über-*
flog, und reicht sie weiter; sie berlinert so ausgeprägt, daß ver-
mutlich sogar Liebeserklärungen bei ihr ultimativ wirkten; sie
hat schon einmal gesprochen, jetzt »greift sie wieder ein« und an,
. *weil sie genau d a s ergänzt, was soeben gesagt wurde:*
D a t ist die Spezialität der Wessis: verkoofen oder
verschenken, wat se u n s jeklaut hab'n:
hier — wie der Kanzler im Kreml
siebzehn Milliarden, da steht's, hat unser
verehrter Herr Bundeskanzler den Russen jestern erlassen!
HERR TRUMPF: Jestundet, bloß jestundet, heeßt et!
Jestundet, den Russen — det heißt natürlich:
kannste vajessen.
FRAU SCHLUCKER: Jedenfalls Jeld, dit Bonn so wenig jehört
wie unsre Mauerjrundstücke.
Jestern abend in der ersten — aber nur in der ersten —
Tagesschau, da ha'm se noch zujejeben,
diese siebzehn Milliarden DM seien Schulden,
die der Kreml bei der DDR jehabt hat.
Siebzehn Milliarden, also det waren ja wohl
ooch mal, vor der Wende,
vierunddreißig Milliarden Ostmark Außenstände:
Die verschenkt der so eenfach, als jehörten sie Bonn!
TRUMPF, *lacht:*
Wenn die Bonn jehörten
— hätte er sie ja wohl kaum verschenkt!
Wat für 'ne Summe, wat für 'ne k o l o s s a l e Summe det is,
wird unjefähr vorstellbar, wenn man sich ausmalt:
diese siebzehn Milliarden sind mehr als det Fünffache

– fast det Sechsfache ist et –,
wat a c h t u n d z w a n z i g Inter-Hotels jekostet haben;
achtundzwanzig von einunddreißig der wertvollsten Jebäude,
die üwahaupt die DDR jebaut hat, wurden von der Treuhand
für zweekommaacht Milliarden an e e n e
Westberliner Immobiliengruppe verscheuert.

FRAU SCHLUCKER: Die Schweden und die Japaner
ha'm die schönsten jebaut!

TRUMPF: So isses.
Unsere achtundzwanzig Super-Filet-Jrundstücke,
zum Beispiel zwee Ecken von vier Ecken Friedrichstraße/
Untern Linden!
Achtundzwanzig von einunddreißig Jrundstücke dieses
Kalibers samt unseren draufstehenden Grandhotels!

FRAU SCHLUCKER: »Unseren« is jut! »U n s e r e n« Hotels:
keen Backstein,
keen Quadratmeter, an dem irgendeen Ossi noch eenen,
noch eenen eenzjen Backstein Anteil hätte.

TRUMPF: . . . die jibt der Kohl so wech, wie andre 'nen Korb Äppel!

FRAU SCHLUCKER: Damit unsre Okkupanten auss'em Rheinland
weiterhin behaupten können, mehr als een Schrotthaufen
sei die janze DDR nie jewesen . . .
Die Russen als unsre ersten Besatzer
– die Bonnzen mit zwee n jeschrieben, sind die zweeten
Okkupanten –, die Russen
ha'm immerhin noch anerkannt, dat se
vierunddreißig Milliarden Schulden bei uns hatten.
Die Wessis eignen sich diese Außenstände an
und verzichten großzüjig auf dat,
wat sie uns mit der Wende jeklaut ha'm . . .

TRUMPF: Und übrigens beweisen diese
einst vierunddreißig Milliarden ooch,
dat wir Ossis alleene für a l l e Deutschen
Hitlers Rußlandfeldzug abbüßen mußten bis heute –
durch unsre Reparationen an Rußland
– wat der Kreml »Handelsbeziehungen« nannte – ruiniert!

FRAU SCHLUCKER: Da oben kommen schon die ersten Bonnzen!
Sieht hinauf, dann sagt sie beim Anblick der ersten drei Promi-
nenten, die da dem Buffet zugehen:
Die da oben – wir da unten: imma datselbe!
Ick spreche die unjeniert an:
Isse det nich, unsre Justizministerin?

TRUMPF, *mit dem spezifisch bundesdeutschen Widerwillen gegen*
unsere sich selber so nennenden »Spitzenpolitiker«: Demoskopie
hat im Herbst 1992 ermittelt, daß die Bonn-Verdrossenheit auch
der Wessis so ausgeprägt und aggressiv war, wie nie seit
Gründung der BRD:
Oh – weiß nich so jenau, keene Lust,
unser Tagesschau-Personal ooch noch auswendig zu lernen ...

FRAU SCHLUCKER, *hebt die Kordel einfach ab, die das Foyer von*
der Treppe trennen soll, am unteren Ende des Treppengeländers;
die zwei dort herumlungernden Polizisten – man spürt das, sieht
das sogar – haben Hemmungen, »einzugreifen«, waren sie doch
Zuhörer des Gesprächs.

FRAU SCHLUCKER, *ruft, nachdem sie fünf Stufen der Treppe*
hochging:
Frau Minister – hier eine Bittschrift: wir jehören
zu d e n Berlinern, denen Sie
die Jrundstücke nich zurückjeben,
obgleich Honecker auf denen seine Mauer errichtet hat!

TRUMPF, *laut, aber nur um sich Gehör zu schaffen, also keineswegs*
unhöflich:
... und obwohl doch noch
Ihr Herr Vorgänger im Justizministerium
und Parteifreund in der FDP ausdrücklich, im Frühjahr,
die Rückgabe der Mauergrundstücke
uns ebenso versprochen hat, wie die Bewohner
an der innerdeutschen Grenze in Thüringen oder Mecklenburg
ihre Gehöfte zurückbekommen, die ihnen die DDR
bei Errichtung des Eisernen Vorhangs geraubt hatte.

MINISTERIN, *eine auffallend junge:*
»Geraubt«? – ich denke, das ist nicht das exakte Wort:
die DDR hat Ihnen doch Entschädigungen gezahlt!

FRAU SCHLUCKER: »Entschädigung«
– ist wohl auch das exakte Wort nicht.
Kennen Sie, Frau Ministerin, Einzelheiten,
etwa die »Höhe« – in Anführungsstriche gesaacht –,
der sogenannten Entschädigungen ... sofern die
tatsächlich gezahlt und nicht auch noch einjefroren wurden?

Ministerin, nicht eigentlich geneigt, sich einzulassen in diesen Disput, aber doch demokratisch gehemmt, Frau Schlucker einfach zu übergehen. Alles, was sie fortan hier sagt, ist wortwörtlich ihrem Brief entnommen, den sie aus Bonn am 8. 10. 1992 der »Interessengemeinschaft ehemaliger Grundstücksbesitzer auf dem Mauerstreifen Berlin e. V.«, zu Händen Herrn Wolf-Dietrich Golz, Kinzerallee 3, O-1170 Berlin, geschrieben hat. Die Ministerin spricht bei weitem nicht so arrogant und herzlos, wie sie schrieb – der Anblick der Bittstellernden hat offenbar Mitgefühl in ihr erweckt, dessen sie am Schreibtisch ihres Ministeriums nicht fähig war. Wieso konnte sie als FDP-Repräsentantin so ungerührt ausgerechnet über Enteignungen reden – während ihre sozialdemokratische Berliner Kollegin, die Justiz-Senatorin, spontan die Rückgabe der Grundstücke für richtig hielt? Dieser Widerspruch, in einer Partei zu sein, die ihre ganze, ja einzige »Moral« aus der Beharrung auf der Unantastbarkeit des Privateigentums bezieht, dennoch aber das Gangsterstück der Wegnahme der Grundstücke zum Bau ausgerechnet der Mauer als – wörtlich: »korrekte Enteignung« zu sanktionieren – und folglich auch den Mauerbau noch dreißig Jahre nach seiner Durchführung zu sanktionieren –, wie ist er zu erklären? Hat diese Frau keinen Funken politischer Überzeugung? Ist sie aus reinem Karriere-Zynismus der FDP beigetreten, anstatt einer Partei, die Zwangsmaßnahmen wie den Mauerbau und seine Voraussetzung: die Wegnahme der Grundstücke politisch für vertretbar hielt? Da man in der BRD keine Partei findet, die das täte; und fände man sie, so wäre das jedenfalls keine Partei, von der man einen Ministersessel in Bonn erhalten könnte: so bleibt nur die Frage, ob diese Ministerin und ihr Amtsvorgänger politische Falschspieler sind, da ja ihr Tun in keinem einzigen Programmpunkt der freiwillig von ihnen gewählten und nun an so prominenter Stelle von ihnen repräsentierten Partei i r g e n d e i n e Rechtfertigung findet!

Sie ist elegant, eben zu dieser Party angezogen und zitiert das menschlich total barbarische und amtlich nahezu unverständliche Juristen-Rotwelsch ihres Briefes immerhin so herablassendfreundlich, daß es den weit unter ihr — im Wortsinne, nämlich auf halber Treppe — bittstellernden Betroffenen fast begreiflich wird; begreiflich, was den juristischen — freilich nicht, was den inhumanen Aspekt der ministeriellen Verlautbarung betrifft.

MINISTERIN, *während hinter ihr und um sie herum noch immer an dem Buffet aufgebaut wird, auch andere Bonner oder Berliner Politiker und Wirtschaftsmagnaten die Szene betreten, sich aber zurückhalten, da sie verständlicherweise keine Lust haben, hier in diesen Disput mit Ungewählten verwickelt zu werden — »Volk« wollen ja unsere Oberen nur in dem Maß, in dem es als Stimmvieh für sie, einmal alle vier Jahre, relevant ist. Sie sagt, im Ton so freundlich wie in der Sache unbeteiligt — »objektiv« wie eine Registrierkasse:*

Es ist davon auszugehen, daß die auf der Grundlage des Verteidigungsgesetzes der DDR ausgesprochenen Enteignungen zum Zwecke der Grenzsicherung (u. a. zum Bau der Berliner Mauer) auch nach dem Beitritt der DDR zur Bundesrepublik Deutschland rechtlich weiterhin wirksam sind. Das ergibt sich aus Art. 19 Einigungsvertrag, dem die Wertentscheidung zugrunde liegt, daß Verwaltungsakte, die in der DDR als wirksam behandelt wurden, auch nach der Wiedervereinigung als wirksam zu behandeln sind, und zwar auch dann, wenn sie — gemessen an der Rechtsordnung des Grundgesetzes — als rechtswidrig zu gelten hätten. Sie können, wenn sie mit rechtsstaatlichen Grundsätzen oder mit den Regelungen des Einigungsvertrages unvereinbar sind, jedoch aufgehoben werden.

FRAU SCHLUCKER: »Können«, sagen Sie: aufgehoben werden? Tröstlich. Und warum geschieht dat nicht?

TRUMPF, *ist nun, nachdem die Frau mutig voranging, auch die Gerichtstreppe bis fast zum ersten Stock hinaufgestiegen; wie alle Bittsteller charakterisiert ihn der Leitzordner mit Dokumenten, den er einer am Fuß der Treppe liegengelassenen Aktentasche entnahm. Die zwei schönen, freundlich zivil wirkenden Bullen*

der Ministerin, die sich bisher zurückhielten, machen nun
»Front«, d. h. bauen sich neben ihr auf, da Herr Trumpf der
ihnen Anvertrauten sehr »nahe tritt«. Bevor er noch »da oben«
auf der Treppe angekommen ist, ruft er hinauf:
Ich habe dem Minister Schäuble im Fernsehen zugeschaut,
wie er bei der Debatte, ob Bonn, oder Berlin
Hauptstadt werden solle:
für Berlin plädiert hat. Seither weiß ich, er ist ein Ehrenmann
– halten Sie, seine Kabinettskollegin, für denkbar,
Frau Ministerin, daß Herr Schäuble,
als er den Einigungsvertrag aushandelte,
a 1: auch nur g e d a c h t hat an eine Einzelheit
wie die Mauergrundstücke?
Und daß er a 2:
wenn er an sie gedacht h ä t t e ,
die soeben von ihnen genannte
»Unvereinbarkeit« einer ehemaligen DDR-Anordnung
mit unserem Grundgesetz –
als Voraussetzung, diese DDR-Anordnung a u f z u h e b e n :
nicht gerade im Hinblick
auf die Mauergrundstücke konstatiert haben würde?
Entscheiden nun a l l e i n Sie – oder nach Rücksprache
mit den Unterzeichnern des Einigungsvertrages
über die Eigentumsfrage anläßlich der Mauergrundstücke?
MINISTERIN, *weicht einer direkten Antwort aus, sie sagt – wie sie*
das schrieb am 8. 10. 92:
Art. 19 Einigungsvertrag geht davon aus, daß bei der
Beurteilung der Wirksamkeit und Beachtlichkeit früherer
Hoheitsakte im Beitrittsgebiet nicht die rechtstaatlichen
Grundsätze aus dem bisherigen Geltungsbereich des
Grundgesetzes, zu denen auch die Prinzipien des Völkerrechts
gehören, herangezogen werden können (Kammergericht,
Urteil vom 13. April 1992 – 24 W 555/92, ZOV 1992, 162 f.).
Ich teile deshalb nicht die gelegentlich geäußerte Auffassung,
wonach die Enteignung der Berliner Mauergrundstücke
mangels Rechtsgrundlage schon als solche unwirksam gewesen
seien, weil das Verteidigungsgesetz der DDR mit dem Vier-

mächte-Status Berlins nicht vereinbar gewesen sei.
Die Enteignungen waren nach dem Rechtsverständnis der
DDR wirksam, so daß sie es nach der Wertentscheidung des
Art. 19 Einigungsvertrag insoweit zunächst auch bleiben.
Die Enteignungen der Berliner Mauergrundstücke erfüllen
grundsätzlich auch keinen Restitutionstatbestand nach dem
Vermögensgesetz. Danach werden in der Regel nur solche
Enteignungen rückgängig gemacht, die entschädigungslos oder
gegen eine geringere als DDR-übliche Entschädigung erfolgt
sind. Das ist bei den Enteignungen der Mauergrundstücke
typischerweise nicht der Fall, weil es sich bei den Enteignungen
nach dem Verteidigungsgesetz nicht um diskriminierende
Enteignungen in diesem Sinne (Teilungsunrecht) gehandelt
hat; den Betroffenen standen Entschädigungsansprüche nach
dem Entschädigungsgesetz der DDR zu.

FRAU SCHLUCKER, *spuckt fast vor Verachtung:*
»Entschädigung«! – haben Sie, Frau Minister,
diese so von Ihnen genannte Entschädigung
einmal gemessen am heutigen Wert dieser Grundstücke,
die uns Bonn jetzt r u c h l o s e r klaut,
als einst die DDR sie uns genommen hat?
Die DDR, die immerhin für nötig hielt,
einen Rechtsstaat noch v o r z u t ä u s c h e n
durch diese Entschädigung,
während Bonn heute nicht einmal für nötig hält,
wenn es uns dieses Raubgut nicht zurückgibt,
wenigstens einen Ausgleich zu zahlen für den
M i l l i a r d e n w e r t dieser Grundstücke heute
und den wenigen lumpigen tausend Ostmark,
die unsere Eltern von Honecker dafür erhalten haben!

MINISTERIN, *unerschütterlich auf der SED-Linie:*
Verfassungsrechtlich besteht – auch unter dem Blickwinkel der
Wertentscheidung des Grundgesetzes zugunsten des
Eigentums – keine Restitutionsverpflichtung. Im
Enteignungszeitpunkt – in der Regel in den fünfziger und
sechziger Jahren – lag kein von Art. 14 GG geschütztes
Eigentum vor ...

Frau Schlucker, *fällt in den sehr ausgeprägten Dialekt zurück,*
den sie bisher aufgab, seit sie mit der Ministerin sprach:
Hab' ick Sie richtig verstanden, ick zitiere, ob Sie det eben hier
wirklich j e s a a c h t ha'm,
det kann ja wohl nich wahr sein:
Saachten Sie eben tatsächlich: »Im Enteignungszeitpunkt lag
kein geschütztes Eigentum vor«
– so saachten Sie, so saacht ja aber nich einmal Honecker,
Honecker hatte ja immerhin Entschädigungen anjeordnet
– ja, warum hätt' er sollen, wenn er seine Mauer uff –
wie Sie dat eben nannten
»nich jeschütztem Eijentum« errichtet hat?
Hat er nich unzählije Häuser wegjreißen lassen,
alleene schon deshalb,
um freies Schußfeld zu haben? Wie hat er jesaacht?
Honecker, *steht nun da! Licht hat aus der Personengruppe derer*
»da oben« ihn herangeholt, leuchtet ihn jetzt so aus dem Kreise der
anderen heraus, als sei er, wie noch vor drei Jahren als Staatsgast
der Bonner und Münchner und als jener, der Bonner zum
Staatsbesuch empfing, einer jener gewesen, der sich unauffällig
zwischen die sich versammelnden Partygäste als ihnen ebenbürtig
zugesellte; es dauert einen Moment, bis man spürt: Dieser korrekt
Gekleidete spricht nicht mehr als Staatschef, sondern zu denen,
die sich seine Richter nennen; er sagt hier, was er am 3. Dezember
1992 aus seiner sechsundzwanzigseitigen persönlichen Erklärung
vor dem Berliner Landgericht verlesen hat. Es wurde kein Wort
hinzugefügt oder verändert – doch bringen wir hier nur sehr
wenige Zeilen seiner Verteidigungs-Ansprache:
Jeder macht sich vor der Geschichte so lächerlich, wie er will und
kann. Wahr ist, daß der Bau der Mauer auf einer Sitzung der
Staaten des Warschauer Vertrages am 5. 8. 1961 in Moskau
beschlossen wurde. In diesem Bündnis sozialistischer Staaten
war die DDR ein wichtiges Glied,
aber nicht die Führungsmacht. . . .
Wir alle, die wir in den Staaten des Warschauer Vertrages damals
Verantwortung trugen, trafen diese politische Entscheidung
gemeinsam. Ich sage das nicht, um mich zu entlasten und die

Verantwortung auf andere abzuwälzen; ich sage es nur, weil es
so und nicht anders war, und ich stehe dazu, daß diese
Entscheidung damals, 1961, richtig war und richtig blieb, bis die
Konfrontation zwischen den USA und der UdSSR
beendet war . . .
. . . Wie und warum es zum Bau der Mauer gekommen ist,
interessiert die Staatsanwaltschaft nicht. Kein Wort steht
darüber in der Anklage. Die Ursachen und Bedingungen
werden unterschlagen, die Kette der historischen Ereignisse
wird willkürlich zerrissen. Erich Honecker hat die Mauer
gebaut und aufrechterhalten. Basta. So einfach vermag der
bundesdeutsche Jurist die Geschichte zu sehen und
darzustellen. Hauptsache, der Kommunist wird zum
Kriminellen gestempelt und als solcher verurteilt. Dabei kann
doch jeder Deutsche wissen, wie es zur Mauer kam und warum
dort geschossen wurde.

TRUMPF, *Zwischenruf:*
Entzieht ihm das Wort: wer regiert, ohne gewählt zu sein,
braucht eben eine Mauer,
damit ihm die Untertanen nicht
weglaufen. Das verstehen wir ja
– wir wollen aber nicht auch noch anhören,
daher sei die Mauer zu Recht gebaut worden!

FRAU SCHLUCKER: Warum soll Honecker dit nich sajen
– da doch die Bonner Bundesjustizministerin
ihm völlig zustimmt, indem sie
der Mauer bescheinigt – wörtlich – nach dem
»Verteidigungsgesetz« der DDR jebaut worden zu sein.
Und die Jrundstücke erjo dazu nicht uff
»diskriminierende« Weise enteignet wurden.

MINISTERIN, *wiederholt, als gebe sie Frau Schlucker recht:*
. . . in der Regel lag kein . . . geschütztes Eigentum vor,
dessen Restitution nun unter Berufung
auf den »Wegfall des Enteignungszwecks
gefordert werden könnte« . . .

TRUMPF, *bitterlich amüsiert:*
Also, nun wissen wir's: Honecker sagt, die Mauer war nötig,

die Bonner Ministerin folgert: Jawohl, zur Verteidigung.

Außerdem wurde zu ihrem Bau,

hören wir von ihr, »kein geschütztes Eigentum« enteignet.

Zweitens keines, dessen Rückgabe »durch Wegfall

des Enteignungszwecks gefordert werden könnte« ...

HONECKER, *da Schweigen eintrat, spricht weiter. Was er jetzt sagt, mag sogar stimmen, denn er baute die Mauer nur fünf Jahre nach dem Ungarn-Aufstand; und es ist t a t s ä c h l i c h nicht wahrscheinlich, daß der Kreml schon 1961 die Ausblutung seiner westlichen Ostzone durch Weglaufen ihrer Bürger hingenommen hätte, da er ja noch sieben Jahre später Dubčeks Prager Frühling ebenfalls totgepanzert hat. Honecker, jetzt unfanatisch, ja sachlich, wenn er auch totschweigt, daß sich die Westzonen nur deshalb zu einem Staat unter Ausgrenzung der Ostzonen zusammentaten, weil sie eine Demokratie wollten – statt eine von den Russen verordnete Diktatur:*

... Nachdem die BRD der NATO beigetreten war, schloß sich die DDR dem Warschauer Vertrag an. Damit standen sich beide deutschen Staaten als Mitglieder feindlicher Militärbündnisse feindlich gegenüber.

Die BRD war der DDR nach der Zahl ihrer Bevölkerung, nach ihrer Wirtschaftskraft und nach ihren politischen und ökonomischen Verbindungen in vielfacher Hinsicht überlegen. Die BRD hatte durch den Marshallplan und durch geringere Reparationsleistungen weniger an den Kriegsfolgen zu tragen. Sie hatte mehr Naturreichtum und ein größeres Territorium. Sie nutzte diese vielfache Überlegenheit gegenüber der DDR in jeder Hinsicht, besonders aber dadurch aus, daß sie DDR-Bürgern materielle Vorteile versprach, wenn sie ihr Land verließen. Viele DDR-Bürger erlagen dieser Versuchung und taten das, was die Politiker der BRD von ihnen erwarteten: Sie »stimmten mit den Füßen ab«. Der wirtschaftliche Erfolg verlockte die Deutschen nach 1945 nicht weniger, als er sie nach 1933 verlockt hatte.

Die DDR und die mit ihr verbündeten Staaten des Warschauer Vertrages gerieten in eine schwierige Situation. Die Politik des roll back schien in Deutschland zum Erfolg zu führen. Die

NATO schickte sich an, ihren Einflußbereich
bis an die Oder zu erweitern ...
Durch diese Politik entstand 1961 eine Spannungssituation in
Deutschland, die den Weltfrieden gefährdete. Die Menschheit
stand am Rande eines Atomkrieges. In dieser Situation also
beschlossen die Staaten des Warschauer Vertrages den Bau der
Mauer. Niemand faßte diesen Entschluß leichten Herzens. Er
trennte nicht nur Familien, sondern er war auch das Zeichen
einer politischen und wirtschaftlichen Schwäche des
Warschauer Vertrages gegenüber der NATO, die nur mit
militärischen Mitteln ausgeglichen werden konnte.
Bedeutende Politiker außerhalb Deutschlands, aber auch in der
BRD, erkannten nach 1961 an,
daß der Bau der Mauer die Weltlage entspannt hatte.
Franz Josef Strauß schrieb in seinen Erinnerungen: »Mit dem
Bau der Mauer war die Krise, wenn auch in einer für die
Deutschen unerfreulichen Weise, nicht nur aufgehoben,
sondern eigentlich auch abgeschlossen« (Seite 390). Vorher hat
er über den geplanten Atombombenabwurf im Gebiet der
DDR berichtet (Seite 388).

*Das Licht entfernt Honecker unauffällig, ihn langsam unter die
Partygäste einreihend, unter denen er sich dann wie einer der
ihren bewegt — scheinbar ihnen so zugehörend, wie er noch vor
kurzem tatsächlich von der regierenden Oberschicht als ihr zuge-
hörig zu Staatsbesuchen empfangen wurde.*

Trumpf, *sagt:*
Nicht einmal d e n zu richten haben die Wessis
uns Ossi jestattet: Woher ihre Anmaßung,
nicht einen einzijen Ossi am Richtertisch zuzulassen?
Weil Jerechtigkeit nur is — wat Bonn dafür hält?
Frau Schlucker: Wat soll man noch einwenden jejen die Mauer,
wenn sojar Strauß jeschrieben hat,
immerhin der Profilierteste neben Brandt,
dat dank der Mauer die Krise

zwischen Rußland und USA uffjehoben,
ja abjeschlossen sei?

TRUMPF: Eine Krise, die dat Jespenst eenes Atomkriegs,
wat wir nich wußten, aber eben hörten,
auf deutschem Boden an de Wand jemalt hat?
Er gibt sich gleichsam einen Ruck, wie einer in die Hände spuckt,
der eine Hacke ergreift, um erneut zu beginnen:
Aber, Frau Bundesministerin der Justiz: da nun
die Mauer ihren Zweck erfüllt hat, der Boden aber,
de Grundstücke auch, oder doch ihrer viele,
uff denen se jestanden hat,
inzwischen zu den wertvollsten jeworden sin, die Berlin hat –
alleene in Berlin, wie jesaacht –
üwa dreiundvierzig Kilometer lang,
diese Mauerjrundstücke, noch eenmal also,
Frau Minister, unsere Fraje,
wann foljen auch Sie der spontanen Einjebung Ihres
Herrn Amtsvorjängers und jeben den Beraubten
dieses Land zurück?

FRAU SCHLUCKER, *lachend – aber wie sie lacht:*
»Einjebung«, jut jesaacht, schauerlich exakt!
Denn solider als Einjebungen, heute mal so,
morjen mal anders, zuweilen wechselnd
in der gleichen Person, denn Minister Kinkel wa ja
spontan f ü r – dann ebenso »spontan«
j e j e n Rückjabe – Fundierteres als Einjebungen,
offensichtlich, also: W i l l k ü r ! – kann ja den
Entscheidungen nich zujrunde liegen!
Sajen Sie, Frau Ministerin, wie immunisiert sich
denn een Sterblicher jejen den Zweifel, ob det,
wat ihm so einfällt und wat er dann
– hat er det Amt dazu –
als Jesetz über Zahllose verhängt:
wie immunisiert er sich jejen die Jefahr,
det in seiner Berechtijung selbst eenmal anzuzweifeln?
Denn wenn die sozialdemokratische Senatorin für Justiz
nich anders als

der liberale Minister für Justiz: f ü r
Rückjabe der Mauer-Böden einjetreten sind –
denn muß doch det mindestens diskutabel
jewesen sein. Juristen, schließlich,
sind ooch die – wie Sie!

MINISTERIN, *wieder aus ihrem Brief, mit der durch nichts und
durch niemanden zu irritierenden maschinellen Sicherheit einer
Gebetsmühle – dahin hat offensichtlich nur die Jurisprudenz
eine Person verkümmern lassen können, die ihrem
Selbstverständnis zufolge doch als Liberale begonnen hat:*
Auch dem Wertgedanken des Art. 14 GG wird man keine
verfassungsrechtliche Verpflichtung entnehmen können, nun
nachträglich alle Maßnahmen der früheren Staatsgewalt der
DDR am Maßstab des Grundgesetzes zu messen. Folglich läßt
sich auch aus der Rechtsprechung des
Bundesverfassungsgerichts zur Frage der Rückenteignung kein
Rückübereignungsanspruch herleiten.

TRUMPF: Ich glaube – Verzeihung: Trumpf mein Name –,
ich denke,
Einzelheiten bereits vorzutragen, ist hier nicht der Ort!
Sondern zunächst die Frage zu stellen:
Wo sind die rechtlichen Voraussetzungen,
daß unser Staat zwar den jetzt Achtzigjährigen
einsperrt und vor Gericht stellt,
der die Mauer gebaut hat, die jedes Völkerrecht verletzte
– daß aber dieser selbe Staat sich zum
Erbe d e r Enteignungen macht,
die zum Zwecke allein dieses schändlichen Mauerbaus
veranlaßt wurden?
Milliarden sind diese Grundstücke heute wert:
43 der 155 Kilometer langen Mauer laufen durch B e r l i n !
Und da nachweislich nicht e i n e s davon,
nicht ein einziger Meter
a) freiwillig abgegeben wurde 1961
b) auch nur mit einem halben Promill seines Wertes
bezahlt worden ist von der DDR
c) sein Enteignungszweck weggefallen ist

durch Wegfall der Mauer:
– wie kann Bonn da begründen,
diese Grundstücke sich anzueignen?
Ein Verstaatlichungs-Akt, mit dem doch Bonn im nachhinein
jenen durch die Mauerbauer sanktioniert:
Stecke ich öffentlich vor aller Welt Gestohlenes ein
– und zwar nicht i r g e n d e t w a s Gestohlenes,
sondern eine Waffe;
die Mauer war d i e Waffe Honeckers,
»sein« Volk einzusperren,
ihm das Menschenrecht der Freizügigkeit zu rauben –,
stecke ich Gestohlenes ein,
diese Grundstücke als Voraussetzung,
die Mauer als Waffe zur Unterdrückung
eines ganzen Volkes zu bauen:
so unterstelle ich doch die Rechtmäßigkeit des Diebstahls,
den die DDR zwangsweise an uns vorgenommen hat!
Das verantworten Sie als Ministerin der J u s t i z
in einem sich seit vierzig Jahren pausenlos selber
so nennenden »freiheitlich-demokratischen Rechtsstaat«?
BETSY, *kommt nun einmal von unten, vom Fuß der Treppe –*
vielleicht findet sie das passender, als da oben der Ministerin zu
nahe zu sein; sie singt, ihre beiden Begleiter, verkabelt, bleiben
daher oben auf der Treppe, die sie hinaufgeht:

»Volks«-Vertreter

Statistik.
Für e i n Amt kriegen Landtagspräsidenten
weit über zwanzigtausend
im Monat hierzulande Renten.
»Sozialhilfe im Schnitt«:
da zahlt man Ehepaaren von 65 Jahren,
und zählt darin schon mit
den »Mehrbedarfs-Zuschlag«
sechshundertsiebzig Mark . . .

Wer zwingt herbei den Tag,
an dem das Volk in Sarg
und Urne schlägt und brennt,
was sich auf seine Kosten
– Mastvieh im Parlament –
erschwätzt hat Sitz und Posten
und »Volks«-Vertreter nennt?
O Bürger, Stimmen-Vieh,
was hast du dir erwählt!

Abwählbar sind die nie.
Hast du die je gezählt?
Dreitausend beinah kleben
in Land- und Bundestag ...
Was die sich selber geben
an Mehrbedarfs-Zuschlag,
die da die Zeit abhocken,
nur um sich alle Jahre
Diäten »aufzustocken«:

Für wie viele Rentner-Paare
scheint's denen »angemessen«?
Kaum, daß sie selbst vier Jahre
im Landtag abgesessen,
doch auch in Bonn, im Bund,
so haben sie schon Pension
»verdient« mit Arsch und Mund.
Und dies dem Volk zum Hohn:
korrupt muß keiner sein

Nein – nur gesetzestreu
die MDBs am Rhein ...
Doch was sich ohne Scheu
so von der Spree zur Saar
den Mehrbedarfs-Zuschlag
selbst steigert Jahr um Jahr
an Isar, Elbe, Main

im Land-, im Bundestag:
wie oft ist's nur ein — Schwein!

MINISTERIN, *vertieft sich in Einzelparagraphen, um die Kritik an den juristischen Grundlagen des Bonner Staates gar nicht erst aufkommen zu lassen. Wieder mit der Schnelligkeit eines Automaten und mit der inhumanen Teilnahmslosigkeit, mit der sie Berliner Bittsteller abwimmelte durch ihren Brief — offensichtlich überhaupt nicht fähig, die Frage auch nur sich selber noch zu stellen, ob schon Recht wird, was nur Gesetz ist. Und ob Menschen, nur weil sie die Macht haben, solche Gesetze zu erlassen — auch schon recht haben mit dem Gesetz oder auch nur damit, sich der Macht zu bedienen, diese Gesetze zu erlassen, wenn sie doch sehen, wie viele einzelne durch sie total entrechtet werden; sie sagt mit wachsender Ungeduld, offenbar entschlossen, endlich Schluß zu machen mit diesem Disput:*
Bei der Aushandlung der Eckwerte im Bereich der offenen Vermögensfragen, die zu der Gemeinsamen Erklärung der beiden deutschen Regierungen vom 15. Juni 1990 führte, die ihrerseits über Artikel 41 des Einigungsvertrages Vertragsbestandteil und damit geltendes Recht geworden ist, bestand die einvernehmliche Überzeugung, daß diejenigen Enteignungen, die auf der Grundlage des allgemein geltenden innerstaatlichen Rechts der DDR gegen Entschädigungen vorgenommen worden sind, weder in Richtung auf eine mögliche Restitution noch in Richtung auf eine Aufbesserung der aus westlichem Verständnis als sehr niedrig anzusehenden Entschädigungen in den Regelungsbereich der offenen Vermögensfragen einbezogen werden. Die amtlichen Erläuterungen zum Vermögensgesetz enthalten insoweit entsprechende Ausführungen, in denen als Beispiel für Enteignungen, die grundsätzlich nicht Gegenstand des Vermögensgesetzes sind, gerade Inanspruchnahmen nach dem Verteidigungsgesetz aufgeführt sind.
FRAU SCHLUCKER: »Verteidijung«? —
hab' ick Sie richtig verstanden:
Verteidijung — nennen Sie den Zweck der Mauer?

137

Die Inanspruchnahme, saachten Sie doch,
für die »Verteidijung«: der DDR?
Sie wollen also sajen, der Zwangsstaat DDR
habe die Mauer bauen m ü s s e n , sich zu verteidijen?
Damit verleumden Sie, Frau Minister, jeden Menschen,
der durch diese Mauer daran jehindert wurde,
sein Recht auf Freizüjigkeit auszuleben!
Dann war es ooch eine »Verteidijung«,
dat Honecker Menschen
an der Mauer totschießen ließ ... Unterstellen Sie der Mauer
Verteidijungsfunktion – sanktionieren Sie die Morde,
die deshalb bejangen wurden, weil Untertanen Honeckers
diese Mauer durchbrechen wollten ...
Sie machen sich damit zum Komplizen der
SED-Jewaltherrscher,
Sie halten denen zujute, ja rechtfertijen das nachträglich,
daß diese Mauer jebaut wurde, um sich zu »verteidijen«?
Denn sich verteidijen is een elementares Recht
jedes einzelnen, jedes Gemeinwesens –
konzedieren Sie der Mauer Verteidijungsfunktion,
so is sie jerechtfertigt ... und S i e bezeichnen
sich als L i b e r a l e !
Eene tiefjefrorene Zynikerin sind Sie, Frau Minister.
Denn wenn Sie der Mauer Verteidijungsfunktion zujestehen,
also dem Jewaltstaat Lejitimation
beim Raub der Jrundstücke,
der die Voraussetzung war, diese Mauer zu bauen:
so is damit die schaudererrejende B e l i e b i g k e i t
Ihrer FDP-Mitgliedschaft erwiesen.
Denn wie sollte es mit den Idealen einer liberalen Partei,
der Partei von Heuss, ja auch nur mit eenem einzijen ihrer
Programmpunkte vereinbar sein,
dat Sie an oberster Stelle im Staate,
als Bundesjustizministerin, die entschädijungslose Aneijnung
der Mauerjrundstücke durch Bonn jutheeßen?
Sie stehen für eene Partei,
deren janze Moral, ja ihre einzije:

138

auf der Verteidijung und Mehrung des Privatbesitzes beruht!
Heeßen aber jut, dat Bonn Milliarden
verdient auf Kosten derer,
denen Honecker die Mauerjrundstücke wegnahm?

TRUMPF: Wie können Sie dann zögern,
den achtzigjährigen Krebskranken
mit Haft zu verschonen in jenem Gefängnis,
in dem er schon bei den Nazis saß,
in Bonn gibt es seit Jahrzehnten keinen Politiker mehr,
der je unter den Nazis saß –
wenn Sie Bonn zum direkten Erbe der gemeinsten Untat
dieses Diktators machen, nämlich des Mauerbaus
– durch Aneignung der Mauergrundstücke?

FRAU SCHLUCKER: Wie, Frau Ministerin, bejründen Sie,
da doch Ihr Parteifreund und Amtsvorjänger,
der jetzige Außenminister, expressis verbis
uns öffentlich die Rückjabe der Jrundstücke versprach:
sich hinwegzusetzen über dieses Versprechen,
dit er noch als Justizminister jab?
Wie kann der Nachfoljer des Justizministers
eine Zusaje seines Vorjängers brechen?
Entscheidet ihr denn nach J u t d ü n k e n
Frajen dieser Tragweite?

TRUMPF: Womit wir auch wieder bei der Beliebigkeit sind,
die Ihnen hier meine Mitstreiterin vorwarf:
wir Normalverbrauchten, Ihr dummes Stimmvieh,
das alle vier Jahre für euch Spitzenpolitiker
den Wahlzettel genannten Blanko-Scheck ausfüllt,
weil ihr Volksabstimmungen
im Grundgesetz ausgeschlossen habt
– wir gingen doch immerhin aus von der lächerlichen
Auffassung, die Wahl einer Partei
sei nicht ganz und gar zufällig.
Was aber brachte denn S i e in die FDP, wenn Sie Honeckers
Wegnahme unsrer Grundstücke gutheißen,
während eine S o z i a l i s t i n :
die Justizsenatorin von Berlin

sofort und bis heute dafür eintrat,
uns den geraubten Privatbesitz zurückzugeben? ...

MINISTERIN: Das ist eine Unverschämtheit!

*Dies war − neben ihrem ersten − der einzige Satz, den sie hier
spricht, der nicht in ihrem Brief steht.*

FRAU SCHLUCKER: Dit finden wir ooch − eine Unverschämtheit,
dat ausjerechnet eene als liberal firmierende,
dit heeßt Liberalität v o r t ä u s c h e n d e
Bundesjustizministerin Ulbricht/Honeckers Mauerbau
sanktioniert durch Sanktionierung
des Raubs der Jrundstücke,
während Sie im gleichen Atemzug
die Rückjabe der Jehöfte anordnet,
aus denen damals die Bauern zwangsausjesiedelt wurden,
weil der Eiserne Vorhang
zwischen West- und Ostdeutschland
durch diese Höfe und Felder
entlang der Zonenjrenze verlief. Jeben Sie doch zu:
Bauernland ist heute fast nischt wert,
wer eene Bauernwirtschaft stillegt
− kriegt dank der Stillegung mehr Geld vom Staat,
als er mit seinem Hof verdienen kann:
Und weil die Höfe nischt wert sind
− jibt Bonn sie den Bauern zurück,
während die vielen Milliarden,
die in Berlin die Mauerjrundstücke wert sind,
Bundeseijentum werden ... Wat war die SED
− jemessen an d i e s e r Bundeszyniker-Rejierung?

BETSY, *meint das auch, man sieht's an der Verachtung, mit der sie
hier auf ganzen zwölf Zeilen zusammenfaßt, wie die BRD seit
ihrer Gründung die Underdogs eingeschätzt hat − also weitaus
die meisten ihrer Bürger h e u t e , während vor vierzig Jahren
bei weitem so viele noch nicht ins Proletariat abgesunken waren.
Epochenweit entfernt von jener e i n e n Zeile, in die Kant sämtliche Gesetze der Ethik hineingedacht hat: »Kein Mensch darf nur
als Mittel benutzt werden.« Die Menschen, die dieses Gedicht
zeigt, werden samt und sonders »nur als Mittel benutzt«.*

140

S e i n Grundbesitz

So wollten das die Schwarzen stets in Bonn;
die Roten dulden das dort auch – »Genossen«:
Wer schuftet, dem bleibt n i c h t s davon!
Gleich einem Gottesurteil ward beschlossen

Arbeit, die Hände und Gesicht beschmutzt,
bringt keinem Eigentum: Haus, Aktien, Boden!
Als Mittel nur im Berg, am Bau vernutzt,
am Fließband auch – wird in Regierungszoten

Der Proletarier verhöhnt: Daß ihm Konsum
– Kleid, Essen, Hausrat – »Werte« gab!
Gewiß, auch e r kriegt Land, posthum.
Auf zwanzig Jahre Grundbesitz: sein Grab.

MINISTERIN, *die sich – wer weiß, vielleicht Hilfe suchend – nach
ihren Kabinettskollegen umsah, die sich da oben, ebenso wie eine
Musik-Band, versammeln, ja schon versammelt haben:*
Die Enteignungen zum Zweck des Mauerbaus sind mit den
Enteignungen im Zusammenhang mit den
Zwangsumsiedlungen aus dem Grenzgebiet der ehemaligen
DDR in restitutionsrechtlicher Hinsicht nicht vergleichbar.
Entscheidendes Argument für eine Restitutionslösung
zugunsten der Zwangsausgesiedelten ist nicht, daß nach dem
Wegfall der innerdeutschen Grenze kein Bedürfnis für die
Aufrechterhaltung der Enteignungen mehr anzuerkennen sei.
Maßgeblich ist vielmehr, daß die Zwangsausgesiedelten die
einzige bekannte Gruppe – von den Republikfluchtfällen und
den 1945 bis 1949 Enteigneten abgesehen – bilden, bei denen
außerhalb von Strafverfahren Enteignungen im
Zusammenhang mit individueller politischer Verfolgung
vorgenommen wurden. Nur vor diesem Hintergrund ist es
gerechtfertigt, außerhalb des mit der Gemeinsamen Erklärung
und dem Vermögensgesetz geschaffenen Rahmens für einen
absoluten Sonderfall im Vermögensbereich einen

Restitutionstatbestand zu eröffnen. Dies kann für andere Enteignungsfälle keine Präjudizwirkung entfalten.

FRAU SCHLUCKER: Sie ha'm zwee Fragen
jeflissentlich n i c h beantwortet:
Erstens, warum Sie sich über die öffentliche Zusaje
Ihres Amtsvorgängers hinwegsetzen,
die Mauerjrundstücke würden zurückjejeben.
Zweitens über die − ick jloobe, in der WELT −
öffentliche Bekundung des ehemals Braunschweijer
Oberlandesjerichtspräsidenten Wassermann:
Enteijnungen müßten mindestens auch d e s h a l b
und dann rückjängig jemacht werden,
wenn der Enteijnungszweck e n t f a l l e n sei.
Also selbst, wenn wir heute von Ihnen jehört haben,
der DDR stehe zu,
dat sie die Mauer aus Verteidijungsjründen jebaut hat:
Dat sie heute, die Mauer, eijentlich ooch noch stehen sollte,
werden doch wahrscheinlich sojar Sie
mit Ihrem orijinellen Rechtsempfinden
nicht bejründen wollen. Da sie wegfiel
− warum fallen nich aus d i e s e m ,
w e n i g s t e n s aus diesem Jrunde,
die Ländereien an die damals Beraubten zurück?
Der Enteijnungszweck is doch nun wegjefallen!

MINISTERIN, *vorletzter Passus ihres vier Schreibmaschinenseiten umfassenden Briefes, den wir ungekürzt und wortwörtlich ohne eine Silbe zu verändern hier eingebaut haben, was wir festhalten, um dem Vorwurf zu entgehen, wir hätten die Verlautbarungen dieser Frau unsachlich verkürzt. Die hier nicht mitgedruckten sehr wenigen Zeilen, Eingangs- und Ausgangsfloskeln und insgesamt noch vier Zeilen über den Vier-Mächte-Status von Berlin werden als Fußnote folgen; sie sagt aus dem guten Gewissen des Paragraphen-Gläubigen heraus, weil ihr − berufsgeschädigt − überhaupt nicht der Gedanke kommt, Unrecht könne sein, was der Gesetzgeber sich einfallen ließ oder zwei oder fünf Politiker, die den Einigungsvertrag ausgehandelt haben:*

Eine Ausdehnung der Restitutionstatbestände des Vermögensgesetzes auf die Fälle des weggefallenen Enteignungszwecks kann ich ebenfalls nicht befürworten. Denn Fallgestaltungen, in denen der Enteignungszweck bis zum Beitritt der DDR nicht realisiert wurde oder im Zuge des deutschen Einigungsprozesses nachträglich entfallen ist, beschränken sich nicht auf Mauergrundstücke und Immobilien an der innerdeutschen Grenze. Als weitere Beispiele kämen vor allem die Immobilien in Betracht, die zum Beispiel nach dem Bauland- oder Berggesetz in korrekter Weise enteignet wurden, ohne daß der Enteignungszweck aufgrund der geänderten Verhältnisse noch realisiert werden konnte. Außerdem ist auch an ehemalige NVA-Plätze zu denken, die von der Bundeswehr nicht übernommen werden, an Kasernengelände, die nun frei werden, oder an Manövergebiete.

FRAU SCHLUCKER: Wie ha'm Sie das soeben jenannt?
»In korrekter Weise enteijnet wurden.«
Diese Formulierung, Frau Bundesjustizministerin,
beweist einmal mehr,
dat Ihnen — wenn er nur een Jurist war —
jeder Enteijner aus der DDR und SED nähersteht
als alle von ihm »in korrekter Weise Enteijneten«
... Ha'm Sie, da Sie von dem Bergjesetz
ja ausdrücklich hier eben sprachen, im direkten
Zusammenhang mit Ihrer Formulierung:
»auf korrekte Weise enteijnet« —
ha'm Sie eine T a t o r t b e s i c h t i j u n g vorjenommen?
Ha'm Sie in Braunkohle-Revieren um Leipzig
einmal Bewohner jefraacht, die ihr janzes Dorf
— wohljemerkt: nich einzelne Jehöfte,
sondern det janze Dorf,
sämtliche Höfe und Felder zusammen —
der SED noch wenije Monate vor der Wende
für eine Million abtreten mußten,
für e i n e M i l l i o n O s t m a r k een janzes Dorf
det mehrere hundert Bewohner umfaßte! Ich wiederhole: für

sämtliche Jehöfte eenes janzen Dorfes samt deren Ländereien
zahlte die DDR e e n e Million Ost, noch im Jahr 89, als die
Mauer fiel! Vier Bauern e i n e s Dorfes
haben sich deshalb erhängt!
Nun jeräumt von Menschen, ein Jeisterdorf,
schöne, jahrhundertealte Jehöfte — jeräumt,
und die Treuhand verkooft det nun Amerikanern,
dieses Dorf, das seinen sämtlichen Einwohnern
mit insjesamt — ick wiederhole, weil ick's ja sonst
selber nich gloobe —, mit insjesamt DM einer h a l b e n
Million bezahlt wurde?
Jeben Sie zu, das Jejenteil von Recht — ist Willkür.
War nun Willkür, daß der Justizminister, Ihr Vorjänger,
spontan die Rückjabe der Mauerjrundstücke proklamierte
— oder war Willkür, als er diese Einjebung vierzehn Tage
später widerrufen hat? Ick bringe dies Beispiel,
weil das, wat Sie in Ihren Minister-Etagen da oben
beschließen,
janz offensichtlich nich Ihrem Rechtsjefühl entstammt,
sondern dem Opportunismus. Doch ick vermute, es schmeichelt
eenem Politiker, wenn man ihn eenen Opportunisten nennt!
Juten Tag!

Sie macht kehrt und geht die Treppe hinunter und ab.
Trumpf, der alte, ungefähr fünfundsechzigjährige Mann, prescht
noch einmal treppauf und bittstellert.
TRUMPF: Frau Bundesjustizminister, ich bitte Sie sehr, diese . . .
hier eben . . . so ausfällig gewordene Frau . . . weiß gar nicht,
wie die heißt: die nicht anzuzeigen, aber sie gehört zu denen,
die buchstäblich Bettler wurden, Sozialhilfe-Empfänger,
meine ich, weil ihnen alles geraubt wurde, denn sie hatten nichts,
was nicht von Honecker zum Mauergrundstück erklärt
und d e s h a l b von Bonn jetzt endgültig einkassiert wird!
Verstehen Sie das doch bitte . . . und
MINISTERIN, *nickt und sagt, womit ihr Brief — ausgenommen die*
drei Worte: Mit freundlichen Grüßen — *und mit ihrem Vor- und*
Doppel-Nachnamen schließt:

All dies wäre mit unkalkulierbaren Risiken für die
Wirtschaftsentwicklung in den neuen Bundesländern und die
Finanzhaushalte der öffentlichen Hände verbunden.
Eine Totalrevision der vierzigjährigen wirtschafts- und
gesellschaftspolitischen Entwicklung in der DDR
ist schlechterdings nicht zu leisten.

TRUMPF, *noch ein letzter, schon atemloser Versuch, hoffnungslos:*
Es ist sicher, ja — gebe ich ja zu, ja: Ihre Aufgabe,
Frau Bundesjustizministerin, die Risiken
für die Wirtschaftsentwicklung und Finanzhaushalte
zu bedenken ... aber ist denn der einzelne
— angesichts der Abermilliarden Mark,
die in den Länderfinanzhaushalten entscheiden —,
ist er denn schon allein deshalb,
weil er nichts mehr ist als ein einzelner:
ganz und gar rechtlos?
Kann denn wirklich in diesem Staat der
Wirtschaftsaufschwung
nur finanziert werden,
indem man eine kleine Gruppe, eine doch vergleichsweise:
sehr, sehr kleine — deshalb endgültig zugrunde richtet,
weil schon — was für eine Begründung! — Herr Honecker
sie zugrundegerichtet hat?
Kann denn Gerechtigkeit überhaupt eine
Frage des Datums sein?
Und sind denn die Paragraphen, auf die Sie,
Frau Bundesjustizministerin,
diese neuerliche Enteignung gründen,
sind denn die für ewig n i c h t korrigierbar,
sind die vom lieben Gott?
Ich dachte, die wären nur von Herrn Schäuble?

Das Glück der Ministerin: Die Musiker im Hintergrund begin-
nen, aufzuspielen. Sehr laut. Kein Wort mehr »kommt über«.
Und nun tritt auch noch, an die Ministerin sozusagen herantan-
zend, die Sängerin hervor und singt, nach Bizets feurigster
Melodie aus ›Carmen‹: »Die Liebe vom Zigeuner stammt«.

Die Staatsgewalt hat immer recht.

Wer gibt den Job den Staatsanwälten?
Wes Brot ich ess' – des Lied ich singe:
soll das für die J u s t i z nicht gelten?

Es gilt! Daß sie dem Volk aufzwinge,
was nur dem Staat nutzt: Deshalb fällten
in Karlsruhe und Berlin

Die Richter wie zu Hitlers Zeiten
den Spruch: Vermögen einzuziehn,
ist Recht, um Kosten zu bestreiten

Der Nazis erst – und dann der DDR:
Wenn einem Staat s o n s t a l l e Bürger fliehn,
bleibt er im eignen Haus nicht Herr

Muß folglich eine Mauer ziehn!
Wer soll die Einheit denn bezahlen,
enteignet Bonn nicht, die da wohnten

– trotz Härtefällen im Sozialen,
bereits von Ulbricht Abgelohnten?
Sich schützen war das R e c h t der SED

Sagt Bonn – verschonten
die Ossis uns doch endlich mit dem Weh-
Geschrei, Enteignetes zurückzukriegen!

Wie unverschämt: Die Leute wohnten
dort gar nicht mehr seit dreißig Jahren,
ihr Land nun tausendfach im Wert gestiegen

Verfällt den Bonnern durch Gerichtsverfahren.
Was hätte B o n n von seinen Siegen,
wenn es jetzt zahlte – statt zu sparen?

Vorhang

P.S. Nur die folgenden Zeilen aus dem Brief der Bundesjustizministerin wurden nicht in diesen Dialog hineinorganisiert:

SABINE LEUTHEUSSER-SCHNARRENBERGER MdB

BUNDESMINISTERIN DER JUSTIZ   5300 BONN 2, DEN 08. 10. 1992

HEINEMANNSTRASSE 6

TELEFON (02 28) 58 40 00

58 40 01

TELEFAX (02 28) 58 46 64

Interessengemeinschaft
ehemaliger Grundstücksbesitzer
auf dem Mauerstreifen Berlin e. V.
z. H. Herrn Wolf-Dieter Golz
Kinzerallee 3

O-1170 Berlin

Sehr geehrter Herr Golz,

vielen Dank für Ihr Schreiben vom 24. September 1992, mit dem Sie mir die Denkschrift der Interessengemeinschaft ehemaliger Grundstücksbesitzer auf dem Mauerstreifen Berlin e. V. zum Problem Mauergrundstücke übersandten. Dazu kann ich Ihnen, unter Verweis auf das Ihnen bereits von meinem Amtsvorgänger übermittelte Schreiben vom 15. Mai 1992 zur Mauergrundstücksrückgabe, folgendes mitteilen:

Mit freundlichen Grüßen

Philemon und Baucis

BAUCIS: Gottlos ist er, ihn gelüstet
    Unsre Hütte, unser Hain;
    Wie er sich als Nachbar brüstet,
    Soll man untertänig sein.
PHILEMON: Hat er uns doch angeboten
    Schönes Gut im neuen Land!
BAUCIS: Traue nicht dem Wasserboden,
    Halt auf deiner Höhe stand!
    ...

MEPHISTO: Man fragt ums W a s und nicht ums W i e !
    Ich müßte keine Schiffahrt kennen:
    Krieg, Handel und Piraterie,
    Dreieinig sind sie, nicht zu trennen.
    ...

FAUST: Die Alten droben sollten weichen,
    Die Linden wünscht ich mir zum Sitz;
    Die wenig Bäume, nicht mein eigen,
    Verderben mir den Weltbesitz.
    ...

MEPHISTO: Was willst du dich denn hier genieren?
    Mußt du nicht längst kolonisieren?
FAUST: So geht und schafft sie mir zur Seite! –
    Das schöne Gütchen kennst du ja,
    Das ich den Alten aubersah.
MEPHISTO: Man trägt sie fort und setzt sie nieder,
    Eh man sich umsieht, stehn sie wieder;
    Nach überstandener Gewalt
    Versöhnt ein schöner Aufenthalt.
    ...

Da kommen wir mit vollem Trab;
Verzeih! Es ging nicht gütlich ab.
Wir klopften an, wir pochten an,
Und immer ward nicht aufgetan.
Wir rüttelten, wir pochten fort:
Da lag die morsche Türe dort.
Wir riefen laut und drohten schwer;
Allein, wir fanden kein Gehör,
Und wie's in solchem Fall geschieht:
Sie hörten nicht, sie wollten nicht!
Wir aber haben nicht gesäumt,
Behende dir sie weggeräumt.
Das Paar hat sich nicht viel gequält:
Vor Schrecken fielen sie entseelt.
...

FAUST: Wart ihr für meine Worte taub?
Tausch wollt ich, wollte keinen Raub.
...

CHORUS: Das alte Wort, das Wort erschallt:
Gehorche willig der Gewalt!
Und bist du kühn und hältst du Stich,
So wage Haus und Hof und — d i c h.

Goethe, Faust, Zweiter Teil, Fünfter Akt

»Die anderen Selbstmordfälle im Dorf:
Drei Monate nach dem Tod der Seydels erhängt sich in der selben
Straße der Fuhrwerksbesitzer Helmut Krock (65), während Frau
und Kinder am neuen Plattenbau-Heim in Eula schuften. Immer
wieder hat er gewarnt: ›Ich gehe hier nicht lebend weg.‹ Im
Sommer '92 folgt Bernd Lohmann (42) von gegenüber. Motiv des
Arbeitslosen: Drohende Zwangs-Delogierung.«
Super Illu, 3. 2. 1993

»Sachsen hält die Spitze unter den deutschen Bundesländern, mit
1 435 Selbstmorden im Jahre 1991.«
Kurier, 5. 2. 1993

Die Wohnstube im Obergeschoß eines Bauernhauses, das dem Ehepaar Käthe und Herbert Seydel in Dreiskau-Nukern gehört hat, einem einst schönen, seit sechshundertfünfzig Jahren existierenden Dorf, dreißig Auto-Minuten von Leipzig. Das Ehepaar ist – nach Auffassung bundesdeutscher Arbeitsämter – schon steinalt, sie sechsundsechzig, er fünfundsechzig. Ihr Hof war nicht so groß, daß er nach dem Kriege enteignet wurde, und nicht so klein, daß er, nur nebenberuflich genutzt, allein hätte weiterwirtschaften dürfen, als die LPGs gegründet wurden. Sondern er wurde in eine solche »Landwirtschaftliche Produktionsgenossenschaft« eingegliedert, unter Mitbeteiligung der Besitzer. Dort haben nun beide über dreißig Jahre gearbeitet, sie als Chefin der Kälberställe. Sie waren ganz zufrieden, hatten sie doch erstmals im Leben Urlaub, um gemeinsam, ja, um überhaupt verreisen zu können; und sie waren zwangsversichert für eine Altersrente, die noch ihre Eltern nie gekannt hatten. So wäre ihnen der Schrecken aller früheren Bauerngenerationen: rentelos ins »Austragstüberl« beseitigt zu werden, wie Bayern die Abschiebung aufs Altenteil genannt haben, um dort von der Gnade der Schwiegertöchter das Brot zugeteilt zu bekommen, erspart geblieben ... d a c h t e n sie. Zwar hatten sie nie nach Westen reisen dürfen, immerhin aber einmal bis auf die Krim, auch nach Sofia. Und sie hatten ein zureichendes Gehalt, denn sie wohnten frei in ihrem Hof, noch als sie Mitte der achtziger Jahre erfuhren, das ganze Dorf werde wie früher zwei Nachbardörfer – und wie in den fünfziger Jahren einige andere Dörfer – geschleift, weil es wie seine umliegenden Äcker auf Braunkohle gründet, die hier sehr billig und bequem – nämlich im Tagebau – zu gewinnen sei. Das Gerücht war fast schon wieder vergessen – als es anfing, sich zu bewahrheiten. Die Tragödie ereignete sich am 12. Juni 1991.

Allein die evangelische Kirche (hier das Gotteshaus in Feldsteinen vor zweihundertfünfzig Jahren erbaut) – leistete Widerstand, indem, erstens, der Dorfpfarrer, zweitens, seine in Leipzig ansässige Behörde erklärte, keine solche, sogenannte »Entschädigung« für ihre bevorstehende Vernichtung vom Staat anzunehmen: Jede Kirche ist nur so viel wert, wie der Widerstand bedeutend ist, den sie der Staatsmacht oder der Behördenwillkür entgegenstellt – überall.

So wurden Kirche, Friedhof, Pfarrhaus gerettet, dank der Vereini-
gung. Die Dörfler aber waren in Panik geraten und stimmten zu —
besser als gar nichts, dachten sie falsch —, für den Quadratmeter
Land s i e b z e h n P f e n n i g e (!) in Ostgeld anzunehmen, 1989
noch! Was dann die Bonner Regierung nur ein Jahr später in acht
Pfennige West umgewechselt hat, nach der Vereinigung Deutsch-
lands. Die Höfe wurden für ebenso »viel« enteignet. (Das Wort
»Enteignung« war in der DDR streng verboten, es war Pflicht aller
Enteigneten, statt dessen »Deprivatisierung« zu sagen!) Zum Bei-
spiel brachte ein 1936 erbauter Hof, dessen Wohnhaus, massiv
gemauert, zwei Stockwerke aufweist, samt tausend Quadratmeter
umzäunten Gartens und viertausend Quadratmetern nichteinge-
zäunten Landes dem Besitzer insgesamt zwanzigtausend Ostmark,
die Bonn — wie gesagt — in zehntausend Westmark umwechselte.
Und die Treuhand, die jetzt dieses von seinen Bewohnern schon
nahezu geräumte Dorf »besitzt«, das heißt: sich zugegaunert hat
aufgrund des Einigungsvertrages, weigert sich, den Enteigneten
auch nur ihre Häuser zurückzuverkaufen, geschweige denn
e i n e n Acker Land. »Begründung«: Sie müsse erst herausfinden,
ob ein potentieller Käufer des einst DDR-eigenen Kohlekombinats,
das seit der Vereinigung in »Mibrag« umgetauft worden ist — Mittel-
deutsche Braunkohle AG —, darauf verzichte, auch das ganze Dorf
samt seinen Äckern dazuzuerhalten … Die DDR hat für dieses
ganze Dorf seinen Bewohnern weniger als eine Million Ostmark
bezahlt; »folglich« die BRD diese Familien, die zum Teil seit Jahr-
hunderten dort wohnten, zum Teil auch als Flüchtlinge aus dem
Osten, erst seit 1945 sich dort ansässig gemacht haben, durch
Umtausch dieses Geldes insgesamt mit weniger als einer halben
Million DM »entschädigt«. Wohlgemerkt: eine halbe Million für
sämtliche Gehöfte z u s a m m e n , nicht etwa für e i n e n Bauern-
hof! Ein Raubzug, wie er sogar in Adolf Hitlers Krieg aus keinem
von Deutschland okkupierten Land in Europa bekanntgeworden
ist. Oder wer hat je von einem griechischen oder russischen oder
norwegischen oder französischen Dorf gehört, das Hitlers Banditen
sich auf jene Weise angeeignet hätten, die jetzt die Treuhand prakti-
ziert — unter Berufung auf den von Minister Schäuble mit Minister
Krause ausgehandelten Vertrag? (Wer Schäuble kennt, der weiß,

daß er nicht geahnt haben k a n n , welcher Diebstahl hier in seinem Namen verübt wird. Warum aber tritt er ihm nicht entgegen?) Allein mit Ausnahme des jüdischen Besitzes, denn wie alsbald ums Leben wurden die Juden ja schon zuvor um allen Besitz gebracht: Haben sogar Nazis sich nie derart an fremdem Eigentum vergriffen wie jetzt die Treuhand...

War es noch für Gerhart Hauptmann möglich – von wenigen seiner Stücke wie ›Die Weber‹ oder ›Rose Bernd‹ abgesehen –, das Schicksal seiner Underdogs statt aus der Politik und der Gesellschaft aus ihrem Charakter abzuleiten oder aus ihrer Krankheit – Frau John in ›Ratten‹ empfindet ihre Kinderlosigkeit als Krankheit – oder – in ›Fuhrmann Henschel‹ – aus dem Tod der ersten Frau, der ihn dazu bringt, ihr Kind der mörderischen Stiefmutter Schäl auszuliefern: so sind heute Politik und Gesellschaft dermaßen obenauf, daß nichts Privates mehr, sondern s i e – vielleicht weitergehend als früher jemals – das Schicksal der Underdogs bestimmen. Dieses Bauernpaar hier wurde von Politik und Gesellschaft ermordet, doch durch nichts, aber auch gar nichts, was in seinem Charakter angelegt ist: Zweihundert Kilometer nördlich, in Westberlin, oder südlich, in Nordbayern, ansässig gewesen – und beide lebten als wohlhabende, ja reiche Bauern noch immer! »Volksgenossen«, wie Hitler Landsleute genannt hat, in der Illusion, Genossen seien Menschen schon deshalb, weil sie dem gleichen Volk entstammten, Volksgenossen, die nicht begreifen, daß hier allein die Geographie, die SED und die Treuhand den Tod verhängten, sind keine. Hier tragen die Genossen aus der LPG – sicherlich nicht wenige einst stramme SED-Mitläufer – fast ebensoviel Schuld wie die Treuhand, daß diese zwei Unglücklichen den Tod suchten. Was wieder nur beweist, daß Proletarier und Milliardäre von Natur gleich inhuman sind, sobald sie die Macht dazu haben. Denn die LPG war so unmenschlich, den beiden Seydels nach Jahrzehnten deshalb 1991 zu kündigen, weil jene von dieser Familie in die LPG mitgebrachten Ländereien so gelegen sind, daß sie für das Braunkohlewerk enteignet wurden; während die Äcker der meisten anderen LPG-Mitglieder – allein aufgrund ihrer geographischen Lage zwei oder sechs Kilometer weiter – n i c h t mehr für den Braun-

kohle-Abbau bestimmt waren und deshalb nicht für siebzehn Ost-
pfennige abgegaunert worden sind ... diese Entrechtung erst durch
die SED, dann durch die Treuhand als »Begründung« anzugeben,
den alten Kollegen nach vierzig Jahren die Mitgliedschaft in der
LPG und damit die ganze Existenz aufzukündigen –, ist für das
verzweifelte Bauernehepaar Seydel der Beweis, daß LPG-Bauern,
charakterlich, wenn auch keineswegs von ihrer Machtfülle her, »die
gleichen Schweine sind wie Hochgestellte im Rohwedder-Haus an
der Leipziger Straße ...«

Die Wohnstube mit einem (samt Bank) sehr schönen großen grünen
Kachelofen, der links die Ecke beherrscht; vor ihm links – vom
Parkett aus – die Küchentüre. Das Wohnzimmer im Obergeschoß
hat zwei stattliche Fenster, zum Hof hin; man sieht gegenüber das
Dach der Scheune.

Sie haben aus den dreißiger Jahren zwei gemalte Porträts seiner
Eltern und oval gerahmte braune Großeltern-Fotos. Eine bunte
Glasvitrine im »Gelsenkirchner Barock« mit Meißner Porzellan;
auch geschmackvolle Stühle um den – natürlich nur sonntags
benutzten – Eßzimmertisch, aus der Mitgift ihrer Mutter, die aus
einer Kleinstadt stammte, also etwa aus dem Jahre 1920: frühes Art
déco. So auch die grün-weiß gescheckte Marmor-Uhr auf der Art
déco-Anrichte. Seit hier der Fernseher steht, hat sich bei Seydels wie
bei allen Bauernfamilien das abendliche Leben insofern geändert,
als sie – übrigens auch des Kachelofens wegen, sie bekamen Kohle
vom Kombinat fast geschenkt – nicht mehr wie früher in der Küche
sind, bevor sie schlafen gehen, sondern in der Wohnstube (jetzt
Fernsehzimmer), die noch die Eltern Seydels nur sonntags aufge-
schlossen haben.

Auch zwei große Stahlstiche in Eichenrahmen sind da: ›Auszug‹
der eine – ›Heimkehr‹, sein Pendant: Bild eines 1870 sich in den
Frankreich-Feldzug verabschiedenden Kriegers, daneben der
Stahlstich, der zeigt, wie er heimkehrt, Arm in der Binde, am
Stock ... und selbstverständlich mit Eisernem Kreuz. Eine schöne
Nähmaschine, wie sie heute schon von Antiquitätenhändlern
gesucht wird, vor einem der zwei Fenster; Blumenstöcke auf beiden
Fensterbänken. Am Ofen ein Wäschetrockner mit bunten Handtü-

*chern. Frau Seyd*ε*' am Bügelbrett. Sie trägt eine Brille, hat einen intelligenten Kopf – einer jener ungezählten Menschen, auf die Benns Zeile aus dem Gedicht ›Alter Kellner‹ zutrifft: »Ein andrer konnte er nicht werden!« Wenn sie aufgrund ihrer Herkunft das Leben jenseits ihrer Wochenbetten mit Kälberaufzucht in der LPG zugebracht hat – sie hätte ebenso, von ihrer Veranlagung her, Lehrerin werden oder etwas anderes studieren können.*

So wie für Herbert Seydel aber ein anderer Beruf als der seiner Väter gar nicht in Betracht kam, so wenig für seine Frau eine Ausbildung jenseits der Kleinstadt. Geld genug wäre dagewesen, sie zur Universität zu schicken, doch daran wurde überhaupt nicht gedacht.

Neben dem Wäschetrockner am Kachelofen noch nicht gestrichene Fensterrahmen und eine Glaser-Holztrage, die Fensterscheiben und Kitt enthält. Die Fensterrahmen sind nicht so groß, bei weitem nicht, wie die der Wohnstube, sondern bestimmt für einen anderen Teil des Hauses oder für einen der Ställe. Seydel trägt seine blaue Bauernkleidung, Frau Seydel eine Schürze. Farbe steht da, daneben liegen zwei Pinsel.

Sehr anti-naturalistisch sprechen hier die beiden Anwohner von Leipzig n i c h t sächsisch. Wir respektieren, daß auf Menschen, die nicht aus Sachsen stammen, Sächsisch komisch auch dann wirkt, gerade dann, wenn keineswegs komisch ist, was gesagt wird.

HERBERT, *mit einem leeren Eimer, den er dann nebenan in der Küche abstellt:*
Kein Wasser mehr im Brunnen – ich glaub'
seit dreihundertfünfzig Jahren, seit das Dorf steht,
passiert das heut zum erstenmal!
KÄTHE: »Einem das Wasser abgraben«
– sagt man nicht umsonst.
Den beiden Briefen da seh' ich von außen an,
daß sie nichts Gutes enthalten.
HERBERT: Mir fehlt jetzt auch der Mut, sie aufzumachen.
Hab' den Postboten gar nicht gehört?

155

KÄTHE: Ich nahm ihm Post und Zeitung auf der Straße ab.
Als du den Schornsteinfeger bezahlt hast.

HERBERT, *faßt in die Rocktasche und nimmt die Quittung heraus:*
Was meinst du, was der genommen hat,
der »Bezirksschornsteinfegermeister«,
Das ellenlange Wort liest er belustigt von der Rechnung ab
für seine drei Minuten Rußrauskratzen? Acht Mark!
Rechne mal acht Mark durch acht Pfennige.

KÄTHE: ... du mußt aufpassen,
daß diese verdammten acht Pfennige
nicht dein Tollpunkt werden,
du redest fünfmal am Tage von den acht Pfennigen.

HERBERT: Wovon sonst sollte ich noch reden?
Ich darf das nicht zu Ende denken, sonst hänge ich mich
doch noch auf: Acht Pfennige hat man uns
für den Quadratmeter bezahlt
– acht Mark kassiert der Schornsteinfeger!
Zu deutsch: Für einmal Kaminpflege habe ich
mit einhundert Quadratmetern Bauernland bezahlt,
das uns zweihundert Jahre gehört hat.
Das ist die Gerechtigkeit der Wessis!
Wieso, Käthe, muß man sich da eigentlich
n i c h t aufhängen?

KÄTHE: Weil das nicht das letzte Wort sein kann.
Unmöglich, Herbert!

HERBERT: 's wird kalt, bin froh, daß du's erlaubst,
daß ich die Fensterscheiben hier am Ofen einkitte.
Ich lege Zeitungen drunter.
*Das tut er nun: Entnimmt einem schönen Zeitungskorb drei
kleinformatige DDR-Zeitungen und breitet sie aus, vor der
Ofenbank, auf der er arbeiten will.*

KÄTHE: Ich weiß natürlich, daß unser Brunnen-Wasser
nicht das gleiche war, das aus den Leitungen kommt:
Aber wird denn nicht auch das Leitungswasser
demnächst ausbleiben, wenn die bis in Höhe der Kohle
schon alles Grundwasser absaugen?

HERBERT: Riecht jetzt schon ekelhaft aus unserm Brunnen,
wie der versiegte Dorfbach . . .
und war doch immer quellfrisch.
Verwesende, stell' ich mir vor,
riechen nach der ersten Woche im Grabe
so wie jetzt der Brunnen.
KÄTHE: Ein Thema hast du da immerzu!
HERBERT: Ich hab' das Thema gar nicht – das Thema hat mich.
Das Furchtbarste: Daß ich mir andauernd sagen muß,
ich hätte mich sollen querlegen, ebenso wie die Kirche!
Und mich weigern, zu unterschreiben.
Einfach nein sagen. Eingesperrt hätten die mich nicht mehr.
So hätte ich den Kindern oder mindestens den Enkeln
unsern Hof erhalten.
*Er beginnt die leeren Rahmen zu verglasen, später streicht er sie
weiß.*

KÄTHE: Quatsch, du b a d e s t dich schon fast in diesen
Selbstanklagen, Tag und Nacht. Hör uff damit, Herbert
– sonst werden wir noch beide verrückt!
HERBERT: Ja, weil ich recht habe, regst du dich mit auf.
Tät ich Unfug schwätzen, ließe 's dich kalt.
KÄTHE: Du sagst, die Kirche hat's richtig gemacht,
sich zu weigern.
Hat ihr aber nichts geholfen, der Pfarrer hat mir selber erzählt,
er hat schon das Verbot, hier noch zu beerdigen:
Wer stirbt, darf nur in der Umgebung auf einen der Friedhöfe,
die nicht ins Braunkohle-Revier fallen. Ein Verbot der Wessis.
HERBERT: Warum noch! Wenn d o c h die Kohle-Produktion
bald stillgelegt wird, zwei Drittel
der Kumpel sind schon entlassen.
KÄTHE: Wird nicht stillgelegt, die Treuhand sucht einen Käufer,
weil sie andere Arbeitsplätze
rings um Leipzig schon gar nicht hat.
Ein Amerikaner wird's kaufen.
HERBERT, *langsamer antwortend, da vertieft ins Verglasen; er hat
die Gewandtheit, auch mit dem Glasschneider umzugehen:*

Wenn man erst Landwirtschaft und Wald
vernichtet für den Tagebau – ja, dann hat man
keine Arbeit mehr für Waldarbeiter, für Landarbeiter.
Unsre Braunkohle hier, sagen sie jetzt,
ist viel zu fett, der Schwefelgehalt zwei Prozent höher
als bei Kohle in der Lausitz,
schon jetzt, in einer ganzen Anzahl Großstädte,
wird unsre Braunkohle verboten!
Nein, Käthe, du weißt wie ich, die Kirche hat recht gehabt . . .
mit ihrer Weigerung,
für siebzehn Pfennige Ost Land zu verkaufen!

KÄTHE: Die Kirche hat Zeit und hat Macht
– du konntest nicht wissen,
k e i n e r konnte wissen,
wie rasch unser Staat sich aufgeben würde.
Blödsinn, sich vorzuhalten, daß man sich nicht weigerte:
Wäre sie nicht eingegangen, die DDR, hättest du
bei Verweigerung der Unterschrift gar nichts gekriegt.

HERBERT: Und? – Besser gar nichts, als einen Hof samt Äckern
an Staatsgangster für zwanzigtausend verkaufen!

KÄTHE: Du konntest nicht wissen,
daß dir ein Jahr später diese zwanzigtausend
in zehntausend Wessi-Mark abgewertet würden.

HERBERT: Zwanzigtausend Ostmark waren auch nur
eine Sozialzote, wie unsere Söhne das nennen!

KÄTHE: Aber keine solche Zote wie jetzt:
Für einen ganzen Hof zehntausend Mark
– wenn man plötzlich die gleiche Währung hat
wie ein Land, wo zehntausend Mark
nur halb so viel sind, wie der billigste Volkswagen kostet!
Die Hälfte eines Volkswagens also für einen Bauernhof
samt Land und Wald . . . zehntausend Mark,
hat neulich der Schullehrer ausgerechnet, sind nicht mehr
als das Gehalt der Treuhandchefin
für zweieinhalb T a g e !

HERBERT: So! – das muß schon ein Schullehrer ausrechnen,
weiß Gott, daß in unserm freien Land

eine Frau in zweieinhalb Tagen d a s verdient, was sie
einer Familie für einen Hof samt Wald und Äckern zahlt.
Da k a n n man sich nicht nur noch aufhängen;
da s o l l man's!

*Er gehört zu jenen Menschen, die deshalb dauernd von Selbstmord
reden, weil sie das ernst meinen: Psychiater haben nachgewiesen,
daß es ein vulgäres Vorurteil ist, die Redensart: »Hunde, die bellen,
beißen nicht«, auf Suizidgefährdete zu übertragen. Nachweislich
kündigen im Gegenteil die meisten, die so enden, den Selbstmord
vorher an ... und oft.*

KÄTHE: Nein, nicht aufhängen − schämen sollst du dich!
  Hast Söhne und Enkel.
HERBERT: Ja, denen ich durch Feigheit vor den DDR-Schuften
  ihr Erbe verjuxt habe an den Staat.
KÄTHE: Vergiß nicht, daß du endlich unterschrieben hast,
  als die BRD durch ihren Strauß den Milliardenkredit
  nach Pankow brachte − und deshalb jeder hierzulande
  glauben m u ß t e , die DDR würde noch ewig existieren!
  Propheten waren wir zwar nicht, Idioten aber auch nicht:
  Es hätte können dahin kommen, daß dieser Staat
  noch wer weiß wie lange
  so vor sich hingewurstelt hätte;
  erst Rußland hat ihn in seine Agonie hineingezogen.
  Der Kredit vom Strauß hat uns doch allesamt hier
  irregeführt: Wie hätte einer denken können,
  die BRD investiere Milliarden in eine Leiche!
  Nein, Herbert, quäl dich nicht,
  du hast's nicht können w i s s e n ,
  als du endlich unterschriebst,
  daß die DDR schon pleite ist.
HERBERT, *nur scheinbar vertieft in seine Glaserei, die ihm aber so
  routiniert und reflexionslos von der Hand geht, daß er in Wahrheit ans Letzte denkt, wie seit acht Tagen:*
  Ja, hätte so kommen können,
  daß die DDR noch fortbestanden hätte,

ist was dran an dem, was du sagst.

Spricht ja auch keiner mehr von den russischen Generalen –
nur e i n m a l hat der Willy Brandt die erwähnt,
sonst nie einer –, daß es russische Generale waren,
die sich weigerten,
in Leipzig auf die Demonstranten zu schießen,
die ebenso niederzumachen wie in Peking die Demonstranten.
Wird überhaupt nicht erwähnt, daß Russen die retteten!

KÄTHE, *lacht:*
Natürlich nicht! Weil's doch selber, das Pack da,
als unser Befreier gelten will!

Nur als Leichenfledderer sind sie
bei uns eingedrungen – und jetzt, wo sie alles
'rausgerissen haben und geklaut und weiterverkauft,
was bei uns von Wert war,
zum Beispiel dreißig Interhotels an e i n e n Wessi,
da zetern sie, es würde zuviel kosten,
das Sterbezimmer,
das sie wie die Vandalen ausgeplündert haben,
neu anzustreichen!

HERBERT, *lacht:*
Merkst du, Käthe, wie wir zwei uns davor drücken,
von u n s zu sprechen. Und endlich
die verdammten zwei Briefe da aufzumachen?

KÄTHE: Drücken? – so nenn' ich das nicht:
Warum denn dauernd reden von dem,
was einem am meisten zusetzt,
wenn man's doch nicht mehr ändern kann!

HERBERT: Aber vorher hast du das Gegenteil gesagt:
acht Pfennige Westgeld für einen Quadratmeter
könnten das letzte Wort n i c h t sein, hast du gesagt.

KÄTHE: Ach, Mann – mich bedrückt nicht,
daß wir kein Geld kriegen.
Mich macht fertig, daß wir dort raussollen,
wo du vierundsechzig Jahre gelebt hast
und ich vierzig.

HERBERT: Und sollen übersiedeln in zwei Neubauzimmer,
die – verglichen mit unserm Hof – weniger sind
als Schweinekoben, gemessen am Pferdestall:
Da kannst du am Fensterkreuz dieses Neubaus,
nicht mal sicher sein, daß der dich hält,
wenn du deinen Strick dran machst ...
Plötzlich wirft er den soeben verglasten Fensterflügel hin, daß es
scheppert, ja, daß die neue Scheibe splittert, beendet also demon-
strativ seine Arbeit, ist aufgesprungen und sagt -- und Entsetzen
in ihrem Gesicht verrät, wie ernst sie das nimmt, sie kennt ihn:
Käthe – gib dir keine Mühe mehr mit mir:
Ich k a n n hier nicht anders fort als mit den Füßen voran.
Und w i l l auch anders hier nicht raus!
Für dich, Käthe, sind die vielleicht
– weiß nicht, grade noch groß genug,
diese zwei Pappmaché-Zimmerchen
am Stadtrand von Leipzig, aber mir ...
KÄTHE: Ein Quatschkopp bist du, Herbert,
ein ganz gemeiner, unverantwortlicher:
Denn du glaubst doch selber nicht,
ob eine Wohnung paßt,
hinge von den Quadratmetern ab!
Bringst du dich um – dann nimm mich mit.
Denn ich bezweifle, ob ich's allein kann.
Aber übrigbleiben ohne dich, kann ich nicht.
HERBERT: Sagen alle, die Witwen werden
– und können's doch! Wieviel lustiger
als m i t ihren Alten.
KÄTHE: Ich schlag' dich, wenn du so zu mir schwätzt.
Hab' ich mir auch nicht verdient in zweiundvierzig Ehejahren.
Ist schon was anderes:
wenn man s o Witwe wird,
wie du's mir seit Wochen androhst,
jede Nacht. Und gemein ist das auch;
Sie hat längst das Bügeleisen weggestellt, sich ihm ganz zuge-
wandt, umarmt ihn jetzt:
nicht allein deshalb, aber deshalb auch,

weil wir zwei es so schön haben noch immer
– manchmal – nachts!

HERBERT: Gut, daß du »manchmal« sagst!

KÄTHE: Undankbar bist du, Herbert – was man so hört,
wie oft, wie ... selten es andere noch machen,
nach so langer Ehe, sind wir noch immer
geradezu, wie soll ich sagen – ja: ein P a a r !

HERBERT, *fast geniert, weil er plötzlich spürt, er ist es dieser
Gefährtin schuldig, danke zu sagen, woran Ironie ihn stets
hinderte, solange es mit dem Abschied nie ernst war – denn er
hat sie erst n a c h dem Krieg kennengelernt und sich dann
niemals von ihr getrennt:*
Ja, weil du immer besser geworden bist
– und warst schon so gut,
mit erst tausend Wochen!
Und hast mich nie spüren lassen,
hast ja noch heute einen Hintern wie mit dreißig,
daß ich – wie lange schon – mit einer Großmutter
ins Bett gehe.

KÄTHE: D a bist ja auch du noch kein Opa!

HERBERT: Du warst eine wunderbare Frau, Käthe.

KÄTHE, *tonlos, entsetzt:*
»Warst«: warum w a r s t ?
– bist du irre, Alter!
*Sie hat ihn in seinen »Fernseh-Sessel« gedrängt und versucht, ihn
zu beruhigen, während ihre Angst panisch wird, unabweisbar.*

HERBERT: Sicherlich. Weiß nicht. Sicher muß man irre sein,
wenn man's macht. Komisch, wie ich das sage:
»wenn man's macht« – das heißt doch bei denen,
die sich schon lange kennen, immer nur das eine!
Aber nun heißt auch das noch so. Und zwar nur das
– heißt genauso.

KÄTHE: Ein Scheusal bist du an Undankbarkeit:
Gehörst zu den Jahrgängern, die fast alle umgekommen sind
im Kriege – hast dann gut gelebt, alles in allem,
gesunde tüchtige Kinder, Enkel, die lustig sind ...

HERBERT: Das spricht alles ebenso dafür
   – wie's dagegen spricht:
   Ich hab' alles gehabt, aber nun gar nichts mehr.
   Ich bin total a b g e h a u s t.
   Dies ist das für ihn entscheidende Wort.
   Genau in d e n Jahren, in denen
   einer nichts nötiger braucht als sein Haus,
   sich zur Ruhe zu setzen:
   wird's uns genommen!
   Abgehaust – und hat seit zweihundert Jahren uns gehört.
   Dir auch, Käthe, dir auch
   wird's jetzt abgenommen
   – und das nach einem wahrhaft
   fleißigen Leben ... Was soll aus dir
   am Stadtrand werden:
   Du ohne deinen Garten ...
   Lieber Gott: Käthe – hat ihren Garten nicht mehr!
KÄTHE: Ja, alles wahr, was du sagst.
   Aber den Kindern, den Enkeln zumuten:
   Selbstmörder die Eltern, die Großeltern?
HERBERT: Kommt doch aufs Motiv an:
   Du hast vorher selber gesagt, immer wieder,
   ich hätte keine Schuld, daß wir
   jetzt abgehaust sind!
   Bittend:
   Hast doch gesagt, Käthe,
   ehrlos wäre ich nicht. Sag's noch mal:
   Bin ich ehrlos, weil ich mich davonstehle?
KÄTHE: »Ehrlos«? – Was soll denn so ein Wort?
   Wie sollte das auf dich passen, Herbert?
HERBERT: Ja, weil doch du in einer Tour
   mir Tag und Nacht in den Ohren liegst,
   ich dürfte das nicht tun, der Kinder wegen.
KÄTHE: Ja, doch: weil's die Kinder umschmeißt,
   uns so zu finden ... aber mit Ehre,
   also ich glaube, wer seine Ehre h a t ,
   der weiß gar nicht, was das Gerede

über Ehre soll!
Nur frage ich mich pausenlos, seit ich spüre,
ich kann dich nicht zurückhalten:
Was wird mit den Kindern, wenn die uns
— soo f i n d e n !

HERBERT, *erstmals beklommen:*
»Uns«? — doch dich nicht. Mich!

KÄTHE, *lapidar:*
Wenn dich — u n s ! Ich habe keinen Bock,
wie unser Ulrich sprechen täte,
dich zu überleben; was sollte ich
— h i e r , darf ich ja nicht einmal sagen.
»Hier« darf ich ja schon gar nicht mehr sein
— nach zweiundvierzig Jahren!
Hätte der Krieg uns Hof und Land genommen wie Millionen:
man würde das ertragen. Aber in Frieden Bettler werden!

HERBERT: Nicht Friede haust uns ab, sondern
die »Gerechtigkeit« der Wessis, die sich vierzig Jahre lang
in jeder Tagesschau als »freiheitlich-demokratisch«
aufgespielt haben . . .
uns angepriesen: freiheitlich-demokratisch!

KÄTHE: Werden gewußt haben, was für ehrlose Strolche sie sind:
»freiheitlich-demokratisch«. Wer nennt sich denn
schon selber so, wenn er es ist!
Schlimmere Staaten als die BRD hatten wir schon zweie
auf deutschem Boden — aber einen so verächtlichen nie:
Tricksen mit juristischen »Begründungen«
einer Bauernfamilie Hof und Wald und Land ab
für zehntausend Mark, die der Abtrickser
in zweieinhalb T a g e n von diesem Staat kriegt!

HERBERT: Ja, mein letzter Ärger, so quälend, daß er mich fast
hier noch hält: Daß ich gar nicht rankäme an so einen,
der verfügt, daß ich als Selbstmörder aus der Welt muß!
Denn wenigstens einen von denen müßte ich doch mitnehmen
— dann wäre ich g e f a l l e n bei der Verteidigung
von Haus und Hof meiner Väter, nicht geflohen!

KÄTHE: Flucht? – weiß nicht, ob das so zu nennen ist,
wenn man nicht mehr mitmachen will in einer Welt,
in der eine Frau solche Männer-Schurkereien fortsetzt
und damit in zweieinhalb T a g e n so viel verdient,
wie wir für alles kriegen, was eine Familie
zweieinhalb J a h r h u n d e r t e gehabt hat!

Pause.

HERBERT: Quäl mich doch nicht länger, Käthe, erlaub's mir!
Ich hab' mein Lebtag mir nichts gefallen lassen,
ich ertrage das nicht, kampflos hier rauszumüssen.
Könnte ich noch kämpfen – bliebe ich leben. So nicht.
Der Brief da i s t das Ende.
Ich weiß nämlich, was drin steht. Denn die erste Hälfte
im Alphabet, Familien mit Namen von A bis L,
haben doch diesen Wisch am Freitag schon erhalten . . .
Es steht drin – ich hab's dir verschwiegen –, daß die Wessis
als rechtens – ich glaube, die sagen »rechtens« –
a n e r k e n n e n , daß uns die DDR siebzehn Pfennige
für den Quadratmeter gezahlt hat. Trotz neuer Währung,
neuer Wertmaßstäbe erkennen die das als rechtens an.
Und sind nicht bereit – endgültig: n i c h t ! –,
uns Boden und Bauten zurückzuverkaufen zu diesem Preis,
der nur ein halbes Jahr vor der Wende
uns aufgezwungen wurde.

KÄTHE – *aber er antwortet nicht mehr:*
Endgültig?
Nun mach den anderen Brief auf!
Er sitzt da wie gelähmt.
So macht sie den Brief auf.

HERBERT: Irgendwann, gar nicht so lange wird's dauern:
Da hat die Treuhand gemerkt,
wie viel sie kriegen kann für so einen stattlichen Hof,
nur dreißig Autominuten von Leipzig – und verhökert ihn
für einige Hunderttausend als Datscha an einen Leipziger
Handelskammer-Hai . . .! Der macht dann Wochenende

hier mit seinen Miezen oder Enkeln;
wo jetzt die Jauchegrube ist, hat er einen Swimmingpool...

KÄTHE, *die den Brief gelesen hat, setzt die Brille ab und murmelt:*
Der Bescheid, daß du die Garage kriegen kannst
da...neben unserem Zweizimmer-Loch
am Stadtrand... könntest sie kriegen, aber nicht mieten.
Müßtest sie kaufen.

HERBERT, *winkt das weg:*
Käthe – ich halte Wort, daß ich's nicht mache
ohne deine Erlaubnis. Aber quäl mich doch nicht so.

KÄTHE, *da er den Brief nicht einmal anfaßt; sie muß fast lachen:*
Und weißt du, was wir zahlen sollen für die Garage?
Zehntausend Mark. Alles, was du für Hof und Wald und Äcker
von den Schuften gekriegt hast – sollst du jetzt zahlen
für eine Garage! – Ja, du – diese Demütigung hat noch gefehlt.

HERBERT, *lacht auch, aber wie Lessing am Sarg seines Sohnes, den
er verwegenerweise noch Traugott hatte taufen lassen, doch nach
nur anderthalbtägiger Vaterschaft schon wieder hatte hergeben
müssen an den Tod, worüber er witzelte, so klug sei das Kind
gewesen, daß es sich habe »mit eisernen Zangen auf die Welt«
zerren lassen. Und als dann die Mutter vierzehn Tage später
nachstarb, da schrieb Lessing: »Ich freue mich, daß mir viel
dergleichen Erfahrungen nicht mehr übrig seyn können zu
machen; und bin ganz leicht.«
Diese Leichtigkeit ist seit vierzehn Tagen auch in Herbert Seydel.
Noch nicht ganz, nie ganz in seiner Frau – sie haftet, wie Frauen
immer, tiefer verwurzelt im Leben, schon deshalb, weil sie
Kindern und Enkeln noch verhafteter ist als sogar er. Er
murmelt:*
Wechselkurs für kleine Leute:
eine Garage für einen Bauernhof!
Ein feiner Staat, diese BRD.
Und feine Juristen hat sie... ich hab' zu wenig gegessen,
die ganzen Tage, als daß ich darauf noch kotzen könnte.

KÄTHE: Du sagst über die BRD, was wahr ist – aber verschonst
doch viel zu sehr uns Ossis: Ekelhafter als unsre Genossen
in der LPG uns mitgespielt haben,

kann das sogar die Treuhand nicht!
Vierzig Jahre Hand in Hand mit denen, Tag für Tag,
sogar Sonntag wie Sonntag mit denen gearbeitet,
und dann werfen die uns – als einzige: u n s –
raus aus der LPG, weil u n s das Unglück zustößt,
daß unter u n s e r e n Äckern Braunkohle liegt!
Und wir deshalb wertlos wurden sogar
als Arbeitskräfte für die LPG
– schmeißen uns raus! Nehmen uns,
weil wir schon Wald und Land und Hof genommen kriegen,
nehmen die uns auch die Arbeit noch!
Pfui, Alter – was ist schon ein Wessi,
gemessen an einem Ossi!
Landsleute – Todfeinde!

HERBERT: Wer die Menschen kennt, der geht leichter.
Wer sie s o kennt.
Wenn Dreck zu Pfeffer wird, dann beißt er:
LPG-Bonzen die gleichen Schweine wie Hochgestellte
im Rohwedder-Haus an der Leipziger Straße.
Schweigen, dann faßt er sie an, bedrängt sie:
Wo, Käthe – nun schon das zweitemal: hast du
den Strick versteckt? Erlaub's mir doch!
Gib's mir zurück, mein Versprechen, es nicht zu tun,
bevor du einwilligst.

KÄTHE: Ich hatte nie vor, einzuwilligen – bevor du versprichst,
mich nicht sitzen zu lassen, sondern mitzunehmen.
Aber ich muß dich sogar bitten:
mich vorgehen zu lassen, ich kann's doch nicht allein, Mann!
In der großen Suppenterrine ist dein Strick.
Ich wußte immer, ich kann ihn dir nicht verstecken,
du machst dir einen neuen ... ich tat deinen nicht weg,
weil ich mir eingebildet hätte, ich könnte dich hindern.
Sondern damit auch ich einen hätte,
wenn du's gemacht hast. Irgendwie ... weiß nicht, wieso:
hab' ich aber doch immer gewußt, seit Wochen, seit du
kein anderes Thema mehr hast ... du läßt mich n i c h t sitzen!
Nach zweiundvierzig Jahren läßt d u mich nicht sitzen.

Weißt du eigentlich, Alter, daß wir zweie
ziemlich s e l t e n e Exemplare sind von Eheleuten?
Wir hatten eine g u t e Ehe. Wer sonst, guck dich um!

Das war ihre letzte Liebeserklärung.

HERBERT, *strahlt sie an, soweit er noch lachen kann; es sieht
eigentlich seit Wochen nur noch wie ein Schnitt aus, eine Schnitt-
wunde, wenn er lacht:*
Ist wohl so. Ja, vielleicht vermessen, dann auch noch
zu verlangen, daß man die Goldne Hochzeit erlebt!
Trotzdem, Käthe: Willst du nicht doch zu den Kindern
oder da an den Stadtrand ziehen? Wie haben die sich bemüht,
uns diese Zimmerchen da zu besorgen!
Dann, tonlos:
Ja, und eine Garage − zum Einstandspreis,
was unser ganzer Hof den Gangstern wert ist!
KÄTHE, *erstmals in Angst:*
Von den Kindern mußt du aber nicht mehr reden:
Sonst können wir's nicht, Herbert!
Ich denk' schon dauernd an die Kinder − aber wie oft
hast du doch selber gesagt:
Du ohne deinen Garten!
Hast du oft gesagt. Und ohne Tiere auch,
eine Katze vielleicht, aber ich mag ja Katzen gar nicht,
die täten sie mir erlauben, aber Enten?
Vielleicht nicht einmal einen Hund
. . . ist ja auch gar kein Platz.
Und zu Kindern ziehen, du weißt doch selber,
keine Ehe hält − mit der Schwiegermutter
unterm gleichen Dache . . . noch dazu in einer
DDR-Neubauwohnung, wo zweie es nicht mal machen können,
hinter diesen dünnen Wänden,
ohne daß die Schwiegermutter mithört.
Sie lacht, steht auf, geht in die Küche:
Und hatten hier das ganze Haus − und die Kinder,
die hätten ja für mich nicht mal ein Zimmerchen:

Welches Enkelkind will ewig bei der Oma schlafen!
Nun kommt sie zurück, hat die Schlinge aus der Küche geholt,
auch den Stab mit der herumgewickelten Wäscheleine; als sie den
Strick mit der Schlinge hochhält, den Stab mit der Leine legt sie
aufs Bügelbrett, sagt sie so einfach technisch, als spräche sie über
einen Fahrplan:
Aber sehr lang hast du den gemacht, den Strick.

HERBERT, *ebenso:*
Damit's einen nicht würgt, sondern das Genick reißt,
muß man sehr hoch runterfallen. Und nach außen:
nicht ins Zimmer – sondern nach außen in den Hof.
Fällt man erstens tiefer, zweitens: die einen finden,
die stinkt man nicht auch noch an ... wird ja,
wenn du wirklich mitwillst, Käthe?

KÄTHE, *heftig:*
Natürlich will ich, nun los doch!

HERBERT: Dann wird's ja drei, vier Tage dauern,
bis in diesem menschenleeren Dorf jemandem auffällt,
daß wir keine Zeitungen mehr aus dem Briefkasten nehmen.
Und von der Straße sieht's ja keiner,
wenn wir uns in den Hof fallen lassen.
Geh du noch mal raus, Käthe!

KÄTHE: Warum?

HERBERT: Ich hab' mal gelesen, kann sein – oder bestimmt,
daß es einem beim Hängen nach unten abgeht.
Deshalb haben die Nazis die Offiziere, die da
gegen den Hitler waren, ohne Hosen aufgehängt.

Man sieht: D a s verunsichert sie mehr als alles sonst.
Kurzes Zögern, dann
KÄTHE: Ja – dann müssen wir wirklich in den Hof abstürzen.

Sie geht weg, er öffnet sein Taschenmesser und schneidet eine
sehr lange Leine von dem umwickelten Stab ab. Nachdem er den
Knoten geschnürt hat, prüft er dreimal, ob der Strick leicht durch
den Knoten hindurchrutscht, wenn sich die Schlinge zusammen-
zieht. Nun öffnet er das linke Fenster, zieht einen Stuhl heran und

befestigt den Strick am ziemlich hochgebauten Fensterkreuz; als
Käthe wieder eintritt, sagt er:

HERBERT: Bring doch ein Stück nasse Seife,
die rutscht dann besser,
die Schlinge, wenn ich sie glattmache.

Nun sind sie soweit, nicht mehr sprechen zu können. Erreicht die
Depression die endgültige, die Todestiefe, so kann der Mensch
nicht mehr weinen. D i e s —, nicht etwa, wie Schönredner so oft
fabeln, angebliches »Gefaßtsein«, ist der Grund, warum Men-
schen auf dem Sterbebett oder auf dem Weg zur Hinrichtung fast
niemals Tränen haben. Reden kann der Todgeweihte, der weiß,
daß er es ist, länger als weinen.
Während sie die Seife holt, wendet er sich dem rechten Fenster zu
und stellt die Blumenstöcke auf den Tisch. Nun bringt er dort den
Strick an. Sie ist wieder da, er nimmt die Seife und reibt Strick
und Schlinge ein, dann auch noch am linken Fenster.
Er nimmt Käthe in den Arm, sie lehnen aneinander — eher wie
Pferde bei Regen auf der Weide, sein Kinn an ihrem Hals, als
zwei, die ins Bett wollen.

KÄTHE: Kann's auch nicht passieren, daß einer übrigbleibt:
d a s wäre ...
HERBERT: Nein, ich würde es gern gleichzeitig tun,
aber damit d a s dir nicht passiert, spring' ich erst ab,
wenn du dich nicht mehr bewegst.
Versprochen, Käthe.
Es war so gut mit dir, mein Leben, unsres
— daß es besser gar nicht enden kann als gleichzeitig.
Täten wir's heute nicht — stürbe jeder einsam für sich
in irgendeinem fürchterlichen Krankenhausbett,
die Klinikwand vor Augen und ganz allein!
Setz dich einfach auf die Fensterbank und spring dann ab.
Ich stoß' dich noch, daß du mit Wucht fällst.

Sie sitzt auf der Fensterbank, den Rücken zum Zimmer, ihre Beine nach außen. Sie halten sich fest umklammert, sein Mund in ihrem Nacken, ihre rechte Hand auf seinem sie umfassenden linken Arm, auch mit dem rechten umfaßt er sie−, da sagt sie, abgewendet, was die Frau eines römischen Verschwörers, der unter Kaiser Claudius hingerichtet werden sollte, zu ihrem Mann sagte, als sie vor seinen Augen, im Gefängnis beim Abschied von ihm, sich selber − um mit ihm zu sterben − einen Dolch in die Brust gestoßen hatte: »Paetus, es schmerzt nicht!« *Plinius der Jüngere hat diesen Doppelselbstmord der Arria, der Frau des Konsuls Paetus, und ihres Mannes überliefert.*

KÄTHE: Daß du mich nicht allein gelassen hast: dank dir!

HERBERT, *weint, kann aber sagen:*
Macht's jetzt auch mir leichter, daß ich dich
... wie du das nennst: nicht sitzen ließ.

KÄTHE, *lächelt ihn an, tut seine Hände weg von sich, um ihre frei zu haben und sich vom Fensterbrett abstoßen zu können, er legt seine auf ihre Schultern, um sie herabzustoßen mit Wucht:*
Nicht mal Mut braucht's, Herbert
− es ist ganz leicht.

Sie ist abgesprungen, er torkelt vor Entsetzen weg vom Fenster, lehnt sich, Gesicht zum Zimmer, an die Wand zwischen den beiden Fenstern. Schluchzt auf, Gesicht verzerrt, Augen jetzt geschlossen.
Fast eine Minute, nun kann er ihr nachblicken.
Jetzt ganz schnell steht er − sitzt nicht: steht − auf der linken Fensterbank, legt sich den Strick um den Hals und springt ab.

Vorhang

Ein Bruderzwist in Deutschland

»Brennpunkt Hechingen. Ein Ex-Geheimdienstchef West will einen Ex-Geheimdienstchef Ost unbedingt hinter Gitter bringen. Der eine, Klaus Kinkel, ist heute Bundesjustizminister in Bonn und war von 1979 bis 1982 Leiter des Bundesnachrichtendienstes (BND) in Pullach bei München. Er jagt den anderen, Markus ›Mischa‹ Wolf, heute mit Haftbefehl belegt, nur gegen Kaution auf freiem Fuß und von 1958 bis 1987 Leiter der Hauptverwaltung Aufklärung (HVA) Berlin-Ost. Doch was hat dies Gezerre mit Hechingen zu tun? ...

Zumindest muß es wohl eine besondere Ironie des Schicksals sein, daß ausgerechnet diese beiden Männer aus eben dieser Kleinstadt stammen, die mit ihren 17 000 Einwohnern noch heute trotz anscheinend unvermeidlicher Nachkriegs-Bausünden, in schwäbischer Kleinbürgerbehaglichkeit am Nordrand der Schwäbischen Alb daliegt, als wäre die Zeit seit Erfindung des Fachwerkbaus stillgestanden.

... Eigentlich hätten sie Kollegen werden können, vielleicht sogar Freunde. Als berufliche Profis schätzen sie sich ja heute noch gegenseitig hoch ein. Und selbst in ihrer Biographie haben sie keineswegs nur den Heimatort Hechingen gemeinsam. Beider Väter waren Ärzte, die Heiligkreuzstraße, wo Vater Kinkel seine Praxis hatte (und wo er heute noch wohnt), und die Frauengartenstraße, wo das Haus mit der Wolf-Praxis neuerdings einem kleinen Parkplatz weichen mußte, münden im spitzen Winkel auf den Obertorplatz mitten in der Altstadt.«
Fritz Janda, AZ, München, 30. 11. 91

Der Zufall will, daß jene beiden Deutschen, die in Pankow und Pullach zeitweise als Geheimdienst-Chefs amtiert haben — während wir wieder einmal für eine Generation unser Vaterland getrennt hatten durch den Eisernen Vorhang und die Berliner Mauer —, im gleichen schwäbischen Marktflecken aufgewachsen sind: Arztsöhne aus Hechingen, unter der Burg Hohenzollern ... Beider Väter Grundstücke sind nur so wenige Meter eng benachbart, daß sie auf dem gleichen Foto zu »erfassen« waren, als ihr erster Chronist: Fritz Janda in der ›Münchner Abendzeitung‹ — geschrieben hat über diese — »Brudermord«-Komödie: braucht man glücklicherweise nicht zu sagen. Denn die an sich zur Todfeindschaft aufgeheizte Situation führte zwar zum Mord, nicht aber zum Mord des einen am anderen Geheimdienstchef. Ja, führte nicht einmal dazu, daß der einst westliche den einst östlichen Spionagechef einsperren konnte (so fanatisiert er das auch versucht hat!), seit der östlichdeutsche Staat 1989 vom westlichen beherrscht wird. Brudermord ist ja immer ein Lieblingsspiel der Deutschen — besonders dann, wenn wir es unbewußt spielen als nützliche Idioten Anderssprachiger, die stets ein Interesse daran gehabt haben, verständlicherweise. Haben doch wir Deutschen unsere Nachbarn fast ebensooft bedroht und bedrückt, wie wir uns untereinander, so daß ausnahmslos alle erleichtert aufatmen, sobald die Deutschen sich wieder einmal bis zur Trennung und endlich zur Teilung zerstritten haben. Denn wie wir dem Wahn huldigen, tüchtiger zu sein als Nachbarvölker — so auch dem, d i e seien die Aufteiler Deutschlands. Diese Nachbarn waren es tatsächlich — wo immer Deutsche ihnen dabei geholfen haben: sonst hätten sie es niemals vermocht; haben übrigens dieses Ziel, »aufs innigste zu wünschen« aus ihrer Sicht, nie auch nur annähernd so vehement zu erreichen versucht wie ihre deutschen Helfershelfer. Als nach Hitlers Tod, der zuletzt seine ganze Energie ebenfalls darein investiert hatte, daß Deutschland zwischen den Russen und den Westmächten zerrissen werde — denn ohne Hitlers letzte Offensive in den Ardennen unter Rundstedt wären Amerikaner und Briten viel früher als Stalin in Berlin und sogar in Prag einmarschiert —, als dann vier Jahre nach Hitler die Besatzungsmächte mit der Entwertung der Reichsmark die von ihnen besetzten Westzonen endgültig von der russischen Ostzone separierten, um einen westdeutschen Staat zu gründen, also die Teilung Deutschlands zu »verewigen«, kommentierte der berühmteste Journalist Amerikas in ›New York Times‹, kein Deutscher werde als Vollstrecker dieses Willens vom Weißen Haus und der Downingstreet sich hergeben. Doch Walther Lippman irrte: Rascher als man einen Pfannkuchen macht, waren, da sie längst darauf gewartet hatten, die Adenauer-Deutschen bereit, die achtzehn Millionen Mitteldeutschen der russischen Besatzungsmacht auszuliefern, indem sie eine denen nicht zugängliche neue westdeutsche Währung münzten; und ebenso im Handumdrehen ließen sich die kremlhörigen Ulbricht-Deutschen von Stalin als Traktor benutzen, der mit ihnen nun endgültig die Provinzen zwischen Werra und Oder unterpflügte, indem er »seinen« Kommunisten die Alleinherrschaft gab, wie schon in Polen, der ČSSR und auf dem Balkan.

Sogar Bismarck, laut Thomas Mann »das einzige politische Genie, das Deutschland hervorgebracht hat«, dachte als Gründer eines von der Isar bis zur Nordsee vereinten Reiches sehr gering über »den Traum von einer deutschen Einheit, den neben mir noch zwanzig andere Schwindler auch gehabt haben«. Und er vollzog sie − ohne Vertrauen, denn dieses »Nürnberger Spielzeug«, sagte er voraus, werde bald von seinen Deutschen wieder kaputtgemacht −, vollzog sie, ohne zu bedauern, daß er die böhmischen und österreichischen und viele schlesische Landsleute durch die Schlacht bei Königsgrätz ausgrenzen werde, um seine Konzeption zu realisieren: dem Kaisertum der Hohenzollern alle Deutschen, die dem Hause Habsburg untertan waren − immerhin waren sie das gern −, als Mitbürger, ja als Deutsche aufzuopfern ... Bismarck hat in seinen Gesprächen − diese drei Bände, von zahllosen Aufschreibern geschaffen, sind die gescheitesten deutschen Bücher überhaupt −, Bismarck hat so aufregend anzuhörende wie fadenscheinige »Begründungen« konstruiert, zum Beispiel im Gespräch mit dem österreichischen Historiker Friedjung (Friedrichsruh am 13. 6. 1890), um sich im Alter vorzumachen, eine Vereinigung der Deutschen auch unter Einschluß derer im Habsburg-Reich sei gar nicht wünschenswert. Bismarck hat sogar, tief auch im Analysieren unseres Volkscharakters, es fertiggebracht, als Kanzler öffentlich im Reichstag zu behaupten, allen Deutschen sei ihr Landsmann »im

Innern zuwider«! Ja, es sei charakterbedingt, daß wir die Einheit des Reiches nicht eigentlich wollten: »Wir hätten die Einheit sonst nicht verloren oder hätten sie bald wiedergewonnen« (4. März 1867); wir seien Gegner unsrer Landsleute allesamt und »viel zu nachgiebig gegen Fremde«. Ist das eine Denunziation?

Der Bruderkrieg, der Bürgerkrieg — Synonyme —, den wir Deutsche seit 1949 gegeneinander führen — bis zur staatlichen Einheit 1989 auch unter Beteiligung, ja sicherlich zur Wonne der einstigen Alliierten des Zweiten Weltkrieges und auch aller anderen Europäer —, dieser Krieg ist nicht zu Ende. Im Gegenteil: Für die Bewohner der einstigen DDR sind mit der Niederlage ihres SED-Zwangsstaates die Zwänge und Probleme, die nunmehr nicht mehr kommunistische Verstaatlicher schaffen, sondern Bonn durch seine ›Treuhand‹ ihnen bereitet, keineswegs leichter geworden. Schon seit Frühjahr 1992 wird — Zitat statt Parodie — kein Witz so trostlos herumerzählt wie die Verheißung des Bundeskanzlers während seiner euphorischen Einigungs-Reden: »Niemanden von Ihnen wird es schlechter, den meisten aber wird es viel besser ergehen.« Diese Rede unterschlägt, daß die zwei Segnungen der Befreiung vom SED-Staat: Reisefreiheit (wenn man das Geld dazu hat) und Erwerb eines Autos ohne mehrjährige Wartezeit (wenn man das Geld dazu hat) — nur den Gutweggekommenen die sozialen Sicherheiten ersetzen, die ihnen, wenn sie artig waren — und weitaus die meisten Menschen sind gern artig —, der SED-Staat gewährt, aber Bonn zumeist gestrichen hat ... Es ist ganz offenbar das Bedürfnis nach Freiheit leicht zuerst einzuschränken und alsbald kaum noch vorhanden. Anders ist ja die jeden Zuschauer beschämende Artigkeit der Ostblockeuropäer samt der Russen: jahrzehntelang fast ohne Massen-Aufruhr gegen ihre Staaten zu vegetieren — nicht zu erklären! Sollte dies das letzte Tabu sein, schon zwei Jahre nach der Befreiung der Ostblockler vom Kommunismus als Diktatur: nicht einmal den Verdacht mehr äußern zu dürfen, daß es für die Eingekäfigten zwischen Werra und Amur »so schlimm nicht gewesen ist«? Wenn es gewiß nur zynisch war, daß jemand feststellte, von Liebe hätten die meisten Menschen nie etwas gespürt, würden sie nichts über Liebe gelesen haben — mit der Freiheit könnte es am

Ende tatsächlich so sein. Die chinesische Erfahrung: »Lieber ein Hund sein in friedlichen Zeiten als ein Mensch in Zeiten des Aufruhrs« – ist nicht auf China begrenzt, sondern drückt den Wunsch der Mehrheit aus – immer, überall.

Ein Schauspieler in seinem Bad, neben sich auf einem Hocker mit seinen Kleidern, an langer Leine das Telefon. Er sitzt, in einem Drehbuch lesend, in seiner Einbau-Wanne, deren Fußende rampenwärts gerichtet ist. Er ist ein »großer Star«, wenn auch so »groß« denn doch nicht, wie er sich einbildet: »Wie klein ist das, was jeder ist, wenn man's an seinem Dünkel mißt!« Immerhin – lange Fernseh-Serien haben ihn so umworben gemacht, daß er nicht jedem Produzenten aus der Hand fressen muß. Sein Marktwert, momentan – alles ist nur momentan – ist hoch ...

Er stiert vor sich hin und beginnt seinen Monolog, sobald er das Drehbuch unwillig auf den Vorleger vor der Wanne geworfen hat, es aufhebt, noch einmal einen Satz liest, es wieder hinwirft:
Was riskiere ich schon, wenn ich verlange,
daß ich b e i d e spielen darf?
Ich – b e i d e : Ist sozusagen doch sogar symbolisch.
Daß Wolf Jahre älter ist als Kinkel: überspiele ich leicht!
Kein anderer Deutscher kann das,
– i s t das sozusagen: so wie ich!
Wann ruft der endlich an?

Er taucht, nimmt Shampoon, seift sein noch volles Haar ein und legt dann beide Hände auf die Wannenränder. Da die Wand links von ihm größer verspiegelt als verkachelt ist, kann er – eitel wie sieben Pfauen – sich seine Selbsteinschätzung im Spiegel wieder einmal bestätigen; das tut er so oft – nicht z u oft! –, wie er nicht über die zwei Geheimdienstchefs spricht, sondern anläßlich ihrer über sich selber.

Entscheidend ist: Die zwei Arztsöhne sind einander
persönlich doch niemals begegnet,
und in dem Drehbuch da

– ich hätte es viel besser geschrieben,
hatte aber halt nicht die Idee dazu –,
auch in dem Film ist ja gar nicht vorgesehen,
daß die zwei irgendwo persönlich zusammentreffen.
Blöd – wenn auch gut für mich, da
die e i n z i g e Chance, beide Rollen
zu ergattern ... blöd aber doch.
Wie kann ein Autor sich's entgehen lassen,
die beiden mindestens in e i n e m mörderischen
Rededuell, Rededuett nebeneinanderzustellen?
Beide miteinander auftreten zu lassen,
den Kinkel und den Wolf –
Aber beide miteinander im gleichen Raum zu zeigen – das hat
wahrscheinlich das Fernsehen, als die nun mal
feigste Anstalt, die Filme macht
– die feigste, weil finanziell abgesichertste –,
dem Autor sogar verboten! Aus Angst verboten: der Kinkel
könnte es für unter seiner Würde halten,
als amtierender Minister,
mit Markus Wolf im gleichen Bild gezeigt zu werden!
Denn Wolf müßte ja sitzen, wenn Kinkel könnte, was er wollte.
Ich hätte als Drehbuch-Autor riskiert, die zwei Hechinger
im gleichen Bild zu zeigen – so wie
die Elternhäuser von Wolf und Kinkel
durchaus auf dem gleichen Foto abzulichten wären
... hätte man das vom Wolf nicht
für einen Parkplatz abgerissen.
Allerdings würde das regierungsfromme deutsche Fernsehen
den Film dann nie gemacht haben.
Hunde sind geflügelfromm, Fernsehbonzen regierungsfromm:
parteigehorsam, bei uns um keinen Deut
mutiger als einst in der DDR.
Systemidentisch ... oder sagt man systemkongruent?
Angepaßt ans Kabinett wie Klobrillen an die Ärsche.

Er massiert noch einmal sein Haar mit Seifenschaum.

Sich das vorzustellen, daß die beiden Chefspione
von BRD und DDR wenige Meter entfernt voneinander
aufwuchsen, ins gleiche Gymnasium gingen –
wenn auch getrennt durch zwölf Jahre Alters-Unterschied!
Unglaublich – man muß im Film selber
(was bisher das unzulängliche Drehbuch auch nicht vorsieht)
d o k u m e n t i e r e n , daß dies eine wahre Geschichte ist,
weil sonst kein Vernünftiger diese Häufung
von Parallelen für glaubhaft hält.
Die Wirklichkeit darf sich mehr Unglaubhaftes,
nur Zufälliges leisten,
als die Kunst das dürfte . . .
Fehlte nur, die zwei hätten noch den gleichen Familiennamen.
Der ruft – wetten? – aus Angst nicht an, der Fernseh-Feigling!
Ich würde dem Autor raten – ich täte das sogar,
wär's nicht mein Wunsch, die b e i d e n zu spielen –,
sonst würde ich ihm raten, unter Berufung
auf dichterische Freiheit, Kinkel und Wolf doch
in wenigstens e i n e r Szene in ihrer Geburtsstadt
zusammen ins Bild zu bringen,
zum Beispiel beim Besuch ihrer Schule in Hechingen.
Und wie die zwei vor ihren Vaterhäusern stehen!
Obwohl das der Altersunterschied verbietet.
Oder ich schreibe eine Szene, wie Hechingen angeblich für
seinen einzigen Dichter: Friedrich Wolf –
eine Gedenktafel einweiht; wozu man den Sohn natürlich
sogar dann hätte einladen müssen, wäre er
als der oberste Spion der DDR in die BRD eingereist . . .
was er ja schwerlich getan haben würde.
So schwer sich die Gemeinde Hechingen
damit tut, ihrem Dramatiker Friedrich Wolf
eine Gedenkstätte zu errichten.
Nicht, weil Wolf Kommunist – sondern weil er Jude war,
vermute ich.

Er stemmt sich, nachdem er sich den Schaum durch Untertau-
chen oder mit der Dusche aus dem Haar gespült hat, hoch und
greift – sofern er aus Gründen der »Sitte« das nicht im Sitzen
getan hat – sein Badetuch. Und monologisiert weiter, während
er sich abtrocknet, kräftig frottiert, sich dann ein Tuch – ein
trockenes – um die Hüfte tut und sich rasiert. Er rasiert sich mit
Seife und Klinge, also lautlos ...

Nein, ich bestehe darauf, beide zu spielen – kommt mir zu.
Wem sonst!
Er blickt »bedeutend« auf den Mann, der ihm im Spiegel mit
Schaumbart gegenübersteht.
Was ich da eben gedacht habe, eine Szene, wie
die Gemeinde Hechingen ihrem Dramatiker Friedrich Wolf
eine Gedenktafel oder eine Straße widmet ... wäre ja übrigens
schon eine jener Beschönigungen, die Fälschungen sind:
Bis heute heißt noch keine Straße nach Wolf.
Stand neulich in der AZ:
ein Studienrat im Stadtparlament hat endlich durchgesetzt,
daß irgendwann in einem Neubau-Viertel eine
nach dem Dramatiker genannt wird, dessen sämtliche Werke er
– auch so eine typisch deutsche Szene –
vor den Stadtverordneten aufreihen mußte,
um die zu überzeugen,
so viele andere Dichter habe Hechingen
als Bürger nicht gehabt, deshalb dürfte,
obwohl der Autor Jude und Kommunist
und politischer Flüchtling war:
eine Vorort-Straße nach ihm heißen ... Wäre interessant,
– der Herr Justizminister hat einer Zeitung gesagt,
zwei Dramen von Wolf habe er sogar gelesen,
den › Armen Konrad‹ und ›Professor Mamlock‹ –,
wäre spannend, auch die Väter der jetzigen Kontrahenten
einmal zu observieren: D i e müssen ja nun im Gegensatz
zu ihren Söhnen einander dauernd,
täglich übern Weg gelaufen sein,
die beiden Ärzte in so einem Nest!

Wie stand Vater Kinkel zu den Juden,
die in Hechingen anscheinend nicht unbedeutend waren:
auch Einstein holte sich seine Frau dorther!
Und ein Onkel von Wolf
— nichts davon in diesem blöden Drehbuch,
ich weiß das alles nur
durch diesen ausgezeichneten Fritz-Janda-Artikel in der AZ —,
ein Onkel, Moritz Meyer, Landgerichtsrat,
war schon fast siebzig,
als sie ihn im Steinbruch von Mauthausen
zu Tode gemartert haben, was »natürlich«:
»auf der Flucht erschossen« — genannt wurde. Als könnte
ein Siebzigjähriger aus Mauthausen
einen Fluchtversuch gewagt haben!
Weniger das Sein bestimmt unser Bewußtsein,
wie Marx meinte, als viel mehr das Heim.
Interessant, was ich neulich las:
bei aller nur zu natürlichen Opposition gegens Elternhaus
wählen die meisten Jugendlichen, dürfen sie's erstmals,
doch d i e Partei,
die auch ihr Vater wählt ... insofern
ist es nicht nur infam, wie Napoleon meinte,
einen Menschen nach seinem Vater zu fragen,
sondern aufschlußreich: Was d e r politisch gesungen,
singen früh auch seine Jungen. Für Sippenhaft
bin ich nicht — aber für Sippen-Sichtung:
Wo einer herkommt — sagt meist mehr über ihn,
als wo er hingeht, sofern er nicht sogar
deshalb da hingeht, w e i l er dort herkommt!
Könnte die Kalte-Krieger-Lust, mit der jetzt
der jüngere — und so viel erfolglosere —
der zwei Geheimdienstchefs den älteren
hinter Gitter bringen will —
nicht auch das Produkt von Kirche und Vaterhaus sein?
Sieger sollten doch Großmut zeigen. Gesiegt hat Kinkel,
aber da er doch nun obenauf ist, warum noch immer
so viel Haß? Bruderhaß — das Lieblingsspiel

aller Deutschen seit Hermann dem Cherusker.
Worüber immerhin das Drehbuch mich belehrt:
Kaiser Tiberius bereits habe angeordnet,
Rom solle die Germanen nicht länger bekämpfen,
die würden sich, wie schon immer, untereinander vernichten!
»Und zur Augenweide der Römer«, wie Tacitus kommentiert,
schlachteten dann auch neunzig Jahre nach der Schlacht
im Teutoburger Wald die
deutschen Stämme sich gegenseitig ab ...
Aber macht nun, eine interessante Frage:
einfach sein Deutschtum den Kinkel
zu diesem Landsmann-Verfolger
– oder die gekränkte Eitelkeit, weil Wolf so viel tüchtiger
gewesen ist als er?
Denn einen Spion ins Bundeskanzleramt zu placieren,
an Willy Brandts Seite, Familienanschluß auf Ferienreisen:
was Wolfs Genie-Streich gewesen ist, das hat ja Kinkel
auch nicht annähernd fertiggebracht in Pankow.
Was es menschlich nur zu verständlich macht, daß der nun
so fanatisch verfolgungssüchtig ist.
Nein, nicht einfach sein Deutschtum, das jeden von uns
– so Bismarck, laut Drehbuch – mit Widerwillen
gegen den Landsmann auflädt, wird die Verfolgungslust
im Kinkel schüren – sondern auch Hechingen und Vaterhaus:
Katholisch, noch neun Jahre geworden in Nazi-Deutschland.
Dagegen der Ältere: Halbjude, Voll-Kommunist, als Kleinkind
schon Flüchtling aus Nazi-Deutschland, wo man seinen Alten
noch rascher totgemacht hätte als andere Juden,
da er zudem Kommunist und Dichter war, der Armenarzt Wolf:
so daß er sofort nach dem Reichstagsbrand abhauen mußte!
Denn was, wenn nicht Pubertät und Aufwuchs
während des Kalten Krieges, kann den Juristen Kinkel
dagegen blind gemacht haben,
daß den Ossi-Geheimdienstchef
nicht ausgerechnet e r einsperren darf,
der im Westen genau die gleiche Tätigkeit ausübte!
Und blind machte auch gegen die groteske A b s u r d i t ä t ,

ausgerechnet Spionage, die beide als Chefs betrieben,
auf »Rechtsstaatlichkeit« gründen zu wollen: Als sei
Spionage, die jeder als »Abwehr« tarnt und verharmlost,
nicht die Aufhebung aller Rechtsstaatlichkeit per definitionem!
E n t w e d e r einer ist Spion
– o d e r personifiziert Rechtsstaatlichkeit:
Tertium non datur!
Aber da er nun, dieser Kinkel, als Wessi,
so ohne jedes Verdienst,
wie wir Wessis allesamt, auf seiten der Sieger steht:
will er den Verlierer nicht nur entwaffnen,
das ist selbstverständlich
– sondern kriminalisieren, um ihn einzusperren!
Und nennt sich J u s t i z -Minister,
beruft sich auf »Rechtsstaatlichkeit«.
Wir Deutschen sind die Nation ohne Selbstironie:
– nicht zuletzt deshalb geborene Brudermörder allesamt!
Ganz aufregend, wie dieser feige Kacker,
der das Drehbuch schrieb,
da alles vorbringt, was Bismarck über unseren Trieb
zur Zerfleischung des Landsmannes gesagt, geschrieben hat.
Was heißt da: »Kacker« – der weiß natürlich,
daß er sein Drehbuch nur ans Fernsehen verkaufen kann,
wenn er alle deutschen Querelen
mit einem Präservativ vor dem Mund vorbringt,
und zitiert deshalb als Kronzeugen gleich den zuständigsten:
Bismarck, weil er sonst sein Stück niemals
an unsrer Zensur vorbeibugsieren kann
– die ja nur a n d e r s ebenso schlimm ist
wie als die im Osten war, da sie subkutan ausgeübt wird,
unter der falschen Flagge: Pressefreiheit! Die Zeitungen,
immerhin, wie sonst nur noch Buchverlage,
sind weitgehend frei,
jedenfalls schreiben sie fast alles,
was ihnen die Inserate der Wirtschaft nicht entzieht.
Abers Fernsehen? Gibt's e i n e Anstalt,
deren Gewalthaber nicht durch unsre P a r t e i e n ,

im Bunde mit Gewerkschaftsfürsten und Kirchenclowns,
inthronisiert worden sind? Wie sollten die jemals
einen Film erlauben, der zeigt, wie die sind,
die allein darüber entscheiden, ob der Intendant
seinen Vertrag verlängert kriegt? Vielleicht wird's nun besser:
dank des privaten Fernsehens.
Wie gerne nehme ich Reklame in Kauf,
wenn zwischendurch Wahrheit eingeschmuggelt wird.
Das private Fernsehen macht für Firmen,
das staatliche für Parteien Reklame.
Da ist doch das private ehrlicher, weil's nicht verschweigt,
daß es gekauft ist, daß s e i n e Reklame bar bezahlt wird,
während die Parteien nur indirekt bezahlen:
Durch Verteilung der besten Fernseh-Jobs an ihre Hörigen!
Und wie völlig skrupellos sich Wessi-Fernsehbonzen
als Vormünder über Ossi-Fernsehbonzen einsetzen lassen
und denen ebenso die Jobs klauen
wie Nazi-Gauleiter im besetzten Polen
den Woiwoden: nur viel ruchloser
– denn der Woiwode, den ein bundesdeutscher Fernsehbonze
um Arbeit und Brot geprellt hat:
ist immerhin auch ein Deutscher!
»Willst du Deutsche verderben, nimm Deutsche dazu«,
sagt ein englisches Sprichwort.
Ich will sie b e i d e spielen, den Wolf und den Kinkel.
Wer sonst!
Und am besten auch Bismarck – jaa, natürlich:
Der Bismarck könnte doch eingeblendet werden, statt so leblos
nur im Dialog als Zitierter aufzutauchen!

*Die Rasur ist beendet, auch die Bearbeitung mit Gesichtswasser
– und bevor nun der allzu langwierige Prozeß der Haarkunst-
werk-Bereitung ansetzt, bückt sich der nach eigenem Verständnis
auch als Bismarck geeignete Mime noch einmal nach dem Drehbuch und blättert. Hin und her »schreitend« liest er, wie er sich
Bismarck im Reichstag sprechend vorstellt: völlig falsch. Der
Koloß hatte eine grotesk hohe, dünne Stimme, zartfühlend – was*

fast niemand mehr weiß oder für möglich hält, während der
Schauspieler sich Bismarck vorstellt, wie Brecht ihn in ›Tage der
Kommune‹ sprechen und auftreten ließ: als »markig-schnodd-
rige« Schießbudenfigur, halbidiotisch.

»Es liegt ohne Zweifel, meine Herren, etwas in unserem
Nationalcharakter, was der Vereinigung Deutschlands
widerstrebt. Wir hätten die Einheit sonst nicht verloren
oder hätten sie bald wiedergewonnen«, so Bismarck 1867 . . .
Und wo ist das zitiert . . . verdammt, wo steht das,
Bismarck spricht da vom »Traum einer deutschen Einheit, den
neben mir noch zwanzig andere Schwindler auch« gehabt
haben?
Und die Ungeheuerlichkeit, daß ein amtierender
Reichskanzler öffentlich erklärt, jedem Deutschen sei
der »Landsmann im Innersten zuwider«? Und wie er geradezu
ein historisches Gesetz darin entdeckt − was dann durch
Luftbrücke, Volksaufstand und Mauerbau auch in unserem
Jahrhundert sich wieder erfüllt hat: Daß in der Mitte jedes
Jahrhunderts der Dualismus zwischen den Deutschen nur durch
Krieg ausgeglichen werden kann − diesmal war's der
Kalte, weil die Atombombe den heißen verhinderte −,
dagegen am Ausgang der Jahrhunderte stets der Ausgleich
zwischen den feindlichen Brüdern erfolge . . . schwerlich
Er schmeißt das Drehbuch wieder auf den Boden
aber ein Ausgleich, in dem wie jetzt mit Staatsgewalt und
Treuhand der Stärkere den Überwundenen um Rechte und
Besitz bringt . . . und ein Kinkel nur deshalb einen Wolf
einsperren will, weil er zu fanatisiert, daß heißt: ungebildet ist,
um zu wissen, daß sie doch alle beide gehandelt haben nach der
ekelhaften Maxime unserer religiösen deutschen Vorfahren,
die da lautet: »Cuius regio, eius religio«: Wessen Religion
ich anbete, dessen Staatsdiener ich bin
− Wolf hat halt die rote Kirche,
Kinkel das goldene Kalb angebetet.
Und offenbar haben sich
beide sogar eingebildet, die eine Ideologie,

die eigene natürlich,
habe der anderen die Wahrheit
voraus, die alleinseligmachende ... alberne Blutsbrüder!
Beide will ich sie spielen – aha, endlich!

Er ist nahezu perfekt angezogen, als jetzt das Telefon läutet. Er nimmt ab und erspart es sich, seinen Namen zu nennen, so wie er auch nicht im Telefonbuch steht. Man hat seine Stimme zu kennen, man hat ihn auch nicht anzurufen: gäbe er seine Adresse an – das sagt ihm nichts als sein Größenwahn –, würde er hundertmal am Tage belästigt... Nun, in den Hörer, ein sehr ausgedehntes:

Hallohh? Aha, Sie – ja, grüße Sie, ja.
Haben Sie eben schon einmal angerufen – nein? Aha.
Ja, ich hatte nämlich in den letzten zwanzig Minuten
ein Dauergespräch mit Hollywood, die finden ja nie ein Ende:
Muß mich erst wieder rein- und zurückfinden
in diese deutsche Kleinbürgerlichkeit, ich war vertieft,
ja, bin das seit Tagen, in das Angebot,
neben Dustin Hoffmann, der den Hitler spielen will,
den Heydrich zu spielen oder auch,
das soll ich mir aussuchen, den britischen Geheimdienstchef
im Kriege – wie? Ja, Namen hat der ja keinen:
seit Generationen, ich dachte, das wüßten Sie,
hat der britische Geheimdienstchef stets nur
den Buchstaben C ... Nie dürfte eine Zeitung
seinen wahren Familiennamen nennen: Die sind
nicht so naiv wie wir Deutsche, bei uns wußte jeder,
Kinkel heißt der eine – Wolf der andere Oberbulle.
Wer? – Na, in wessen Hitler-Film wird wohl
Dustin Hoffmann auftreten? ... Soeben. Ja, vor drei Minuten
habe ich den Hörer aufgelegt – na, w e r wohl!
Er nennt den Vornamen, als sei das selbstverständlich, daß er ihn duzt:
Oliver –
Sie wissen nicht, wer Oliver ist? Stone, natürlich.
der das Attentat auf Kennedy verfilmt hat,

ja, vor zwei Minuten bedrängte er mich,
ihm endlich zuzusagen, den Heydrich zu spielen.
Aber zur Sache. Was nun › Wessis in Weimar‹ betrifft:
ich spiele den Kinkel u n d Wolf − wenn schon der Autor
so ein Esel war, die Möglichkeit zu verschenken,
die zwei in der gleichen Szene zu zeigen,
dann will ich sie b e i d e spielen: Sozusagen die
deutschen Zwillinge aus Hechingen samt den
aufregenden Parallelen in ihrer Biographie. W a s
gestrichen? − wie. Warum denn − n e i n !
Hat Schwächen, zugegeben, hat Schwächen − aber w a s ,
verdammt, bieten Sie mir als Entschädigung?
Hört einen Moment zu, dann sehr heftig:
Gibt keinen! Nein, dreimal nein: gibt keinen Tschechow,
den ich nicht längst gespielt habe − s i e b e n m a l
war ich in › Drei Schwestern‹ und in › Kirschgarten‹:
warum soll ich mich dauernd selber zitieren?
Seit zwanzig Jahren ist Tschechow der in Deutschland
meistgespielte Autor . . . was? Will ich ja glauben,
daß der nicht so viel Ärger macht wie › Wessis in Weimar‹:
aber das deshalb abzusetzen, weil es − w i e !
Zugegeben − ja. Aber da gibt es ja nun einiges,
einiges andere a u c h : was dem Tschechow
nicht das Wasser reichen kann.
Wer hat denn verfügt, › Wessis in Weimar‹ zu streichen?
Sie sagen, juristisch keine Bedenken? − aber warum
dann gestrichen? Verleumdung? − wer!
Wen verleumdet denn › Wessis in Weimar‹ − wie:
»alle Bürger unserer neuen Bundesländer«?
Wenn Sie mich fragen: »Unserer«, wie Sie eben sagten,
»u n s e r e r« neuen Bundesländer . . . d a s scheint mir,
das Wörtchen: unserer − eine Verleumdung.
Wie − ja, welchen Tschechow als Ersatz?
Gibt keinen, sage ich doch, den ich nicht längst
und oft mehrfach gespielt habe . . . g l e i c h e ?
Ist ja selbstverständlich: g l e i c h e Gage . . . also, ja:
einverstanden! Ja, Wiedersehen, danke . . .

Er legt auf, stiert vor sich hin:
»Wollen's nun lieber doch nicht machen«: o ja,
unsere Intendanten, die dafür gesorgt haben,
daß Arschloch keine Beschimpfung mehr ist,
sondern nur noch ein Sachwort – ein unentbehrliches.
Doch »a l l e Arschlöcher«, wie neulich der Günter sagte,
das ist eine Übertreibung – ebenso übertrieben
wie Heinrich Manns Definition: »Kritik ist die Zuflucht
der Nichtskönner« –
trifft nur auf neunundneunzig Prozent
der Kritiker zu.

Vorhang

»Abgewickelt«

»Es ist aber mit ganz Deutschland nicht zu spaßen, und kein
Mensch kann sagen, wie bald man auf die Bahn von Revisionen
nicht nur der Verfassungen, sondern auch des ganzen bürgerlichen Zustandes geraten wird ... All Ihre und unsere jungen Leute
müssen nun in dieses mare magnum hinein und darin irgendwie
schwimmen lernen. Einmal werden der entsetzliche Kapitalismus
von oben und das begehrliche Treiben von unten wie zwei Schnell-
züge auf denselben Geleisen gegeneinander prallen ...«
Jacob Burckhardt, 27. 12. 1890 an Friedrich von Preen

»›Mehr als eine Million Männer und Frauen sind vorzeitig in
Rente‹ geschickt worden oder in den Vorruhestand oder in
›Altersübergangsgeld‹; auch dies gehört zu den neudeutschen
Wortschöpfungen, die harmlos klingen. In der Alltagswirklichkeit
zwischen Elbe und Oder bedeutet es aber: Praktisch sind Männer
und Frauen über 55 Jahren (und weit darunter) auf dem arbeits-
marktpolitischen Abstellgleis. Die mehr als 580 000 Menschen mit
›Altersübergangsgeld‹ zählen nicht als Arbeitslose. So registriert
es der September-Bericht der Bundesanstalt für Arbeit in Nürn-
berg in einer Fußnote. Das heißt, sie stehen dem Arbeitsmarkt
nicht zur Verfügung und erhalten damit keine Vermittlungsange-
bote mehr.

Auch in den Beschäftigungsgesellschaften haben sich unschein-
bare Fußnoten in die Richtlinien eingeschlichen. Überall in den
neuen Bundesländern sind diese ABS-Gesellschaften aus dem
Boden gestampft worden, um all die Menschen aufzufangen, die
die Treuhand nicht mitverkaufen konnte. Es sind vor allem
Frauen, oft Anfang Fünfzig. Doch Bildungs- und Qualifikations-
angebote werden für die Jüngeren reserviert. Die Rechnung, die
die Arbeitsämter bei der Verteilung des ohnehin knappen Gutes

aufmachen, ist einfach: Warum soll eine 53jährige Frau sich noch weiterbilden oder für teures Geld gar umschulen lassen, wenn es doch nur um eine Überbrückung bis zum frühen Vorruhestand geht?«

Jutta Roitsch, Frankfurter Rundschau, 14. 10. 1992

G. G.: Die objektive Seite: Können Sie, so, daß der sozialpolitische Laie es versteht, ein Beispiel oder zwei Beispiele geben für sozialpolitische Einrichtungen der DDR, die Sie für besser ansehen als die vergleichbaren altbundesrepublikanischen Einrichtungen?

R. H.: Ach ja, da kann ich Ihnen allerdings mehr als zwei nennen, aber ich beschränke mich auf zwei, eins aus dem Sozialbereich. Das ist die Frage der Mindestsicherung der Renten. Es ist so, daß bei uns die Löhne gering waren, die Renten gering waren, aber es war so, daß jeder Anspruch hatte auf eine Mindestrente. Die war 330 Mark seinerzeit, und damit konnte man leben, weil alles andere subventioniert war. Das heißt also, es gab im Osten keine Einrichtung wie die Sozialhilfe, bei der man eine Bedürftigkeit nachweisen mußte – nachweisen mußte, daß man selbst kein Geld auf dem Konto hat und daß auch die Kinder nicht in der Lage sind, einen zu unterstützen –, ehe der Staat dann als soziales Netz, als soziale Sicherung, zahlt. Wir hatten hier die Mindestsicherung, die man obligatorisch bekam. Und damit war man unabhängig. Unabhängig von Überprüfungen – viel Geld war sowieso nicht da, viel Vermögen auch nicht –, aber auch unabhängig davon, daß die Kinder dafür einstehen. Und das ist also eine Frage der Würde.

Günter Gaus im Gespräch mit Regine Hildebrandt, 16. 9. 1991

Jedefrau, Jedermann von heute sind die Arbeitslosen — beschöni-
gend in zynischem Neudeutsch »Abgewickelte« genannt. Denn
arbeitslos sind in Wahrheit die Frührentner und »Umgeschulten«
ebenfalls, auch wenn sie von denen, die in der Kunst, Statistiken zu
frisieren, längst Meister wurden, vorsätzlich den Arbeitslosen nicht
zugezählt werden! Wie, Motto zu dieser Szene, Jutta Roitsch in der
›Frankfurter Rundschau‹ im Oktober 1992 prägnant zusammen-
faßte, so ist es in der Tat: Staat und Gesellschaft, speziell die
Propagandisten der Arbeitgeberverbände, sind spitzfindig, wenn es
gilt, den Arbeitslosen nicht einmal mehr das Recht einzuräumen,
durch ihre Anwesenheit in den Statistiken das optimistische Plakat
zu beflecken, das die sich selber so anpreisende »Freie Marktwirt-
schaft« — wie frei ist ein Arbeitsloser? — vor sich herträgt wie einst
die Stalinisten ihre Propaganda-Parolen ...

Wasch-»Salon« in modernster Wessi-Technik an der Revaler Straße
in Ostberlin, unweit des Hauptbahnhofs und jener Glühlampen-
Fabrik Narva, die bald nach Beginn des Waltens der Treuhand
wochenlang Schlagzeilen gemacht hat, weil offenkundig geworden
war, daß es einigen Bewerbern um dieses riesige, so zentral gelegene
Grundstück keineswegs auch um die Erhaltung der Fabrik oder gar
der Arbeitsplätze ging, sondern um Grund- und Bau-Spekula-
tionen.

Der Besitzer dieser modernsten Wasch-Automaten — sie bilden
die rechte Rückwand der Bühne — kam auf den so menschen-
freundlichen wie geschäftstüchtigen Einfall, direkt im Nebenraum,
also in der linken Hälfte der Bühne, eine Cafeteria einzurichten,
eine Bar mit Hockern, auch wenigen Tischen, weil er schnell her-
ausgefunden hat, daß hier die Ostberliner — die Wäsche bringen
und warten, bis sie gewaschen ist, wobei sie ja selber die Automaten
bedienen — arbeitslos sind; nicht alle. Aber doch vorwiegend jene
Mitglieder der Familien, die zu Hause oft schon deshalb nicht
anwesend sein wollen, wenn ihre Kinder aus der Schule kommen,
weil sie deren Frage fürchten: »Papa, wat willste eijentlich mal
werden?«

Diese Frage, ob ausgesprochen oder unausgesprochen, fürchten
die Arbeitslosen oder — noch deprimierender — die als »Vorruhe-

ständler Eingestuften« mittags; im Morgengrauen fürchten sie, wenn der Ehepartner um 5 Uhr 30 das Bett verlassen muß, um »malochen zu jehen«, sie selber aber »weiterpennen können bis in die Puppen«, den gleichen, meist stummen Vorwurf. Wobei natürlich jene Paare schon privilegiert sind; ungleich schlimmer sind ja jene geschlagen, die beide arbeitslos sind oder Empfänger von »Altersübergangsgeld«, also etwa Fünfundfünfzigjährige, die noch umzuschulen dem Staat nicht mehr lohnenswert scheint ... Was geht vor in einem tüchtigen Menschen – die Tüchtigen sind meist jene, die viel unfähiger sind als Faule, mit »Hobbys« weiterzuwursteln; die Tüchtigen hatten gar keine Zeit, sich ausfüllende Nebenbeschäftigungen auszudenken, der Beruf beanspruchte sie total –, was geht vor in einer solchen Frau, einem solchen Mann, wenn man ihnen schon Jahre, bevor sie auch nur sechzig werden, bescheinigt, daß sie als Unnütze der Gesellschaft oder »ihrer« Firma billiger kommen, als wenn sie noch mitarbeiten? Auch wo die Todesstrafe, wie momentan in Deutschland, gesetzlich abgeschafft ist, wird sie auf d i e s e Weise in unzähligen Fällen weiterverhängt.

»Eigentlich« können hier die meisten es sich gar nicht leisten, in den Wasch-Salon zu gehen; zu Hause waschen wäre billiger. Doch wollen sie unter Leidensgenossen, sie können nicht den ganzen Tag mit keinem reden; und wenn sie Geld in der Revaler Straße ausgeben, dort sogar an der Bar, nicht nur fürs Wäschewaschen, dann finden sie für diesen »verschwenderischen« Lebensstil die Ausrede, daß der Wäscherei-Inhaber auch einige Zeitungen hinlegt, mancher seiner Kunden dorthin auch eine mitbringt, in denen sie Stellenangebote durchsehen können – gratis. Müßten sie alle diese Zeitungen kaufen, käme das auch kaum billiger als hier ein Espresso ... oder gar ein Martini oder Bier, die sich Arbeitslose – verständlicherweise –, je länger sie es sind, je öfter bereits am frühen Vormittag »genehmigen« ...

Die Frau, Mitte Fünfzig, die hier auf einer Bank wartet, bis ihre Wäsche fertig ist, hat den Mantel neben sich gelegt und liest und raucht. Sie liest in einem Buch, nicht Zeitung! Das charakterisiert sie. Buchleser werden ja mehr und mehr zu den eigentlichen Aristo-

kraten − im gleichen Maß, in dem aus den Hauptgeschäftsstraßen unserer Großstädte die Buchhandlungen verschwinden in Nebengassen, weil sie die Mieten nicht mehr aufbringen. Nennt man Buch-Leser die neuen Aristokraten, so natürlich mit der Einschränkung, daß gerade Leser, weil die in unserer Gesellschaft nichts zu sagen haben, nur die erste Hälfte des Begriffs erfüllen: nämlich die Besten zu sein − aber doch nicht jene sind, die herrschen. Während in Athen offenbar die Meinung war, die da h e r r s c h e n , s e i e n auch die Besten! Das werden bei uns nicht einmal mehr Kabarettisten behaupten . . .

Unsere Zeit wird in ihrer totalen Abstinenz gegenüber dem Buch vielleicht am exaktesten charakterisiert: noch nie sah ein Untertan der Bonner einen sogenannten »Spitzen-Politiker« (so nennen die sich ja selbst!) mit einem Buch fotografiert. Es sei denn mit seinem eigenen, seinen Memoiren. Nie sah in den aberhundert Dallas-Sendungen des Fernsehens jemand einen Raum oder Menschen mit einem Buch . . .

Diese Frau steht für viele DDR-Bürger a u c h dadurch, daß sie stets viel gelesen hat, nicht erst, seit sie zur »Abgewickelten« degradiert worden ist. In der BRD entspricht die Zahl der Nichtleser proportional ziemlich genau der Überzahl von Autobesitzern, während vor der Wende in der DDR nur relativ wenige privat ein Auto fuhren . . . und sehr viele gelesen haben.

Das sanfte »Mahlen« der Waschautomaten − noch sind ja so früh am Vormittag nur wenige schon in Betrieb.

Ein Reporter oder Werkstudent, etwa dreißig, tritt ein, mit den üblichen Ausstattungsstücken: Tonbandgerät, Mikrofon.

REPORTER, *mit Rostocker Sprachklang, der sich erst einen Moment ortskundig macht, die Automaten ansieht, dann in die noch leere Bar guckt, in der auch noch niemand bedient. Er legt seinen Mantel ab, wendet sich dann der Leserin zu:*
Morgen!
Entschuldigen Sie − ich bin vom Rias, ich heiße
Manfred Müller. Ich habe mir den Auftrag besorgt,
drüben aus der Narva-Glühlampenfabrik
sogenannte Abgewickelte zu Interviews einzuladen;

ich will mich natürlich bemühen, den Befragten
zu einem kleinen Honorar zu verhelfen.
Abgesehen davon, daß Abgewickelte im Betrieb selber
gar nicht den Mund aufmachten
— fände ich sie ja auch dort, logisch, nicht mehr,
wo sie entlassen wurden ... Ich sichere Ihnen
absolute Diskretion zu, wenn Sie bereit sein sollten ...

ABGEWICKELTE, *sie berlinert nicht sehr, es sei denn, sie gerät in
Zorn. Doch wie sie berlinert, das belegt, daß sie in »feiner
Jejend« aufwuchs, im Grunewald; lacht, aber herzlich:*
Ich denke, Sie wollen ein Honorar ergattern
für die Interviewten? — das können Sie uns ja
schwerlich anweisen, ohne unsre Adressen
dem Rias zu melden!
Setzen Sie sich doch. Ist mir aber völlig schnuppe,
ob Sie meinen Namen nennen oder nicht ...

REPORTER: Da sind Sie eine Ausnahme: mir wurde eingeschärft,
keinesfalls drüben bei Narva selber zu erscheinen,
sondern eben hier in diese benachbarte
Selbstbedienungs-Wäscherei zu gehen, weil das Warten
auf die fertige Wäsche und auch da hinten
bei der Heißmangel die Abgewickelten
ziemlich redefreudig mache, garantiert man ihnen
Diskretion ...

ABGEWICKELTE: Um auf die Wert zu legen, müßte man ja
noch Hoffnung haben, wieder eingestellt zu werden:
die hab' ich nicht mehr als ein steinaltes Weib,
von fast Mitte Fünfzig ...

REPORTER: Ist ja einfallsreich hier von dem Wessi,
der diesen tollen Automatensalon gebaut hat ...

ABGEWICKELTE: Is keen Wessi, einer von uns, ja —
hat die Idee jehabt, den vielen, denen's graust, daheim
arbeitslos ihre Wände anzustarren, mit der Bar
gleich sozusagen beim Wäschewaschen Jeselligkeit
mitzuliefern, denn hierher kommen ja die meisten
nicht in erster Linie, weil se wat zu waschen haben,
sondern weil se Angst haben, daheim verrückt zu werden.

194

REPORTER: Ist es Ihnen recht, daß ich mit Tonband komme?

ABGEWICKELTE: Sicherer jedenfalls ist es.

REPORTER: Ich dachte, es sei voller hier!

ABGEWICKELTE: So früh nicht — später wird's voll.
   Aber zuerst jehen die Jeschaßten
   natürlich zu den Schaukästen der Redaktionen,
   in der Hoffnung, ein Inserat da zu finden,
   wat sie betreffen könnte ...
   Wann wollen Se dat denn senden?
   Und woher kommen Sie? Ich denke Ihr Sender
   wird auch abgewickelt ... war denn nicht neulich zu sehen,
   wie die westdeutschen Intendanten einen neuen mitbringen,
   natürlich auch einen Wessi, für Brandenburg oder Ostberlin?

REPORTER: Ich mache das ja schon für einen Westsender,
   für den Rias,
   weil ich längst abgewickelt bin!
   Im Berliner Rundfunk hat sich
   allein die Kulturabteilung noch halten können.
   Die ist so ausgewiesen harmlos, daß sie sogar den
   Wessi-Kommissar Mühlfenzel überstanden hat,
   der uns andere allesamt »einsparte«
   zugunsten der Wessis von Rias und SFB.

ABGEWICKELTE: Wer ist denn — wie sagten Sie: Mühlfenzel?

REPORTER: Den hat der Kanzler
   aus der Pension auferstehen lassen,
   Bayerischer Fernseh-Papst:
   schwarz wie ein Betschemel! Gab sich dann aber hier,
   als Besatzer, erstaunlich liberal:
   Jedenfalls hat er einiges getan,
   zwar nicht den Deutschlandsender,
   aber den Kulturbereich vor denen zu retten,
   die auch den liquidieren wollten.

ABGEWICKELTE: Und Sie haben keine Angst,
   Ihren Wessi-Job zu verlieren,
   wenn Sie jetzt Reklame für liquidierte Ossis machen?

REPORTER: Überhaupt nicht, wissen Sie,
   sogar wo der Staat selber,

Länder und Parteien, die Medien besitzen:
finden's die Bosse chic, kritisiert zu werden,
weil sie erstens geschmeichelt sind,
wenn man sie für liberal hält;
und zweitens wissen,
es ist schnuppe, was über sie geschrieben oder gefunkt wird;
nur vor dem Fernsehen, immerhin,
haben sie ein bißchen Angst.
Gratis-Liberalität!
Hitler war sehr altmodisch, als er Zeitungen verboten hat,
statt die Parlamentarier zu zwingen, sie zu lesen!

ABGEWICKELTE, *hat ihm aus der Bar im Nebenraum einen Kaffee geholt, denn dort an der Bar hat sich soeben ein Italiener als Bedienung eingefunden. Nun fragt sie den Reporter:*
Sind denn Journalisten so regierungsfromm?

REPORTER, *nickt:*
Die meisten — wie das Volk: Macht imponiert — unbewußt.
Dies der Grund, warum noch nie Bonner Kanzler
durch Bundestagswahl ausgewechselt wurden,
sondern stets durch Koalitionsintrigen.
Und da allein Macht imponiert, sprich: erotisiert
— interessieren sich so wenige fürs Elend:
Ihre ebenfalls liquidierten Arbeitskollegen sagten,
außer mir habe noch k e i n Journalist sie befragt:
Elend ist nicht i n — wo's elend zugeht.
Auch was wir jetzt hier erörtern:
wird mir keine Zeitung abkaufen, aber doch der Rundfunk,
denn der stört Politiker nicht, weil den niemand hört,
außer Hausfrauen! Arbeitslosen Hausfrauen!

ABGEWICKELTE: Aber warum arbeiten Sie dann
für diesen Sender?
Entschuldigen Sie, das war eine dumme,
ja eine dumm d r e i s t e Frage!

REPORTER, *Schulterzucken, bedrückt, während er die Kaffeetasse in der Hand hat:*
Vielen Dank für den Kaffee — zahle ich natürlich!
Hörten Sie e i n e n Medien-Boß sagen, man solle nicht

a l l e wesentlichen Ostzeitungen nur so wenigen
ausschließlich s c h w a r z e n Wessi-Konzernen verkaufen?

ABGEWICKELTE: Hat denn die SPD das hingenommen?

Ich las, die Sozialdemokraten
hätten 1945 eine ganze Menge ihrer Zeitungen wiedergekriegt,
die erst Hitler entwendet hat,
dann die SED ihnen nochmals klaute.
Jetzt endlich haben sie die doch wieder!

REPORTER: Die Sozis haben sie für fünfundsiebzig Millionen Mark
der Treuhand zur Weitergabe an die Schwarzen verkauft.

Man sagt, die SPD hätte jetzt auch
die Gräber von Marx und Bebel
verhökern wollen, dann aber erfahren,
daß der Grundstücksboom
auf Friedhöfe doch nicht übergreift ...
Kennen Sie den Unterschied zwischen einem Sozialisten
und einem Griechen? Beide verkaufen ihren Großvater
− aber der Grieche liefert ihn nicht!

ABGEWICKELTE: Und den Unterschied zwischen einem Sozialisten
und einem Bankier − kennen Sie d e n ?

REPORTER: Nein.

ABGEWICKELTE: Eben − keiner kennt mehr einen Unterschied.

Aber die Linken haben natürlich immer e i n e Ausrede,
die sogar plausibel ist:
Sie kriegen keine Inserate, also keine Finanz-Grundlage.

REPORTER: Nichts dagegen, daß ich ein Tonband anmache?

*Nun kommt Kundschaft − immer derselbe, hier nicht jedesmal
erneut angemerkte Vorgang: Eine Frau oder ein Mann, die
waschen wollen, sagen guten Morgen oder guten Tag, zahlen
wortlos in dafür vorgesehene Automaten − ähnlich groß und
tastenreich und kompliziert wie Fahrkartenautomaten auf
S-Bahnhöfen; sie erwerben dort die Jetons für die Waschmaschi-
nen, wohl auch für die Heißmangel, erwerben dort auch Wasch-
pulver, kleine abgepackte Mengen für je eine Wäsche. Gehen sie
nebenan zur Bar −, wie gesagt: keine Türe zwischen beiden
Räumen, doch eine Wand mit einem schmalen Durchgang −, so*

hört man nicht, was sie sagen, wenn sie dort bei dem schönen
Italiener etwas zu trinken kaufen, um sich meist mit einem Bier
(die Männer) oder einer Cola oder Kaffee an ein Tischchen zu
setzen und eine mitgebrachte oder hier ausliegende Zeitung zu
lesen — manche starren auch nur vor sich hin, doch die Mehrzahl
liest Zeitungen, möglichst mehrere ... und wie sie kommen,
haben sie hier nicht jemanden zum Reden gefunden, so gehen sie
auch wieder.

Die Bar und die ihr zugehörende Gaststube sind im Bühnenbild
so angelegt, daß die Gespräche nicht von dort, sondern nur jene
aus der eigentlichen Wäscherei Teil des hörbaren Dialogs sind...

ABGEWICKELTE: Nein, womit sollte ich mir noch schaden?
Obwohl klar ersichtlich ist, daß die Aufsässigen
zuerst aus den Betrieben gefeuert werden — genau wie früher;
am schnellsten jene, die dagegen gesprochen hatten,
daß die Treuhand die SED-Bonzen in der Führung läßt:
Wer d a g e g e n sprach — war sofort »rausrationalisiert«!

REPORTER: So war das stets in Deutschland: wer hätte in der BRD
im Auswärtigen Amt, der Justiz oder Wirtschaft
etwas werden können — der nach 1948 gegen die
Wiederverwendung gemeingefährlicher Nazis
gesprochen hätte? Keiner!
Ich schlage doch vor, — denn Sie werden ja irgendwo
wieder hineinmüssen —, Ihren Namen wegzulassen, immerhin.

ABGEWICKELTE, *lacht gequält:*
Ja, vielleicht besser — wenn ich auch
jetzt nicht für möglich halte, daß mich noch jemand nimmt.
Nennen Sie mich in der Sendung doch einfach:
Frau Abgewickelte!

REPORTER, *lacht:*
Hört sich ja an wie Frau Abgeordnete.

ABGEWICKELTE, *lacht auch:*
Ja — ist aber nicht ganz so fein!
Wäre ich wenigstens bei der Stasi gewesen ... hätte ich doch
einer G r u p p e angehört, allein stehen ist tödlich ...
in dem ›Spiegel‹,

der neulich auf dem Titel das Ende der Sowjetunion
blöderweise mit einem »Atom-Chaos« kausal verbinden wollte:
wurde geschildert, daß die Polizei
auch jetzt wieder ihre Verbindungsleute zur Stasi
derart bevorzugt, daß sie ihnen schon Beamtenstatus gibt.
Die Kommunisten hatten immerhin noch keine Beamten
aus diesen Kreaturen gemacht ...
Sie setzen sich.
REPORTER: Klar: Corpsgeist! Einem Staatsdiener
heute steht ein Stasi-Spitzel
immer noch näher als ein nur Arbeitsloser!
ABGEWICKELTE: Und gar wie ich: Eine »nichtorganisierte«.
REPORTER: Ist nun eingeschaltet – wieso sind denn Sie
im SED-Staat nichts geworden, obwohl sie wirtschaftlich
ja nicht ganz unten waren als Abteilungsleiterin?
ABGEWICKELTE: Weil ich mit neunzehn einmal öffentlich
in der FDJ gesagt habe: ein Klassenstaat mit Sippenhaft
seien auch wir, nur mit umgekehrtem Vorzeichen,
da man mir deshalb das Leben versaut hat, das heißt:
den Besuch der Oberschule und damit die Möglichkeit
zum Studium verboten,
weil mein Vater Arzt war wie schon mein Großvater.
REPORTER: Ich hatte Schulkameraden, zwei, deren Väter
Ärzte – und grade deshalb hoch Bevorzugte waren!
ABGEWICKELTE: Das hing davon ab,
welchen Berufszweig die SED
gerade benötigte und daher bevorzugte.
Wissen Sie, zum Beispiel, wie viele Ärzte vor der Mauer
abgehauen sind? Und wenn die Bonzen
Schwierigkeiten hatten,
so nach dem 17. Juni – wurden sie vorübergehend liberaler.
Außerdem war mein Vater Mitläufer in Hitlers Partei.
D e s h a l b weigerte er sich, der SED beizutreten –
und d e s h a l b
durfte ich nicht zur höheren Schule.
Er sagte aus Eitelkeit: Einmal verfolgt gewesen genügt,
aber niemand hatte ihn verfolgt, weil er bei den Nazis

mitgelaufen war. Und wäre er in die SED gegangen,
er wäre Medizinalrat geworden!
Ich bitte Sie:
Partei z w a n g spricht doch jeden Bürger frei!
Die Geste vor Geßlers Hut: Warum denn nicht?
Aber seinen Kindern die Zukunft versauen, nur um sich elitär
den Schweinehunden nicht einzureihen, die den Staat
an sich gerissen haben – d a s ist unanständig!

REPORTER: Nun machen Sie Ihren Alten nicht so schlecht:
würden Sie ihm heute nicht grade vorwerfen,
wenn er in die Partei gegangen wäre?
Denken Sie an die Bürgerrechtler, die nein gesagt haben.

ABGEWICKELTE: Den Märtyrer spielen darf man nur auf eigene
– nicht auf Kosten der Familie.

REPORTER: Warum ist denn dann Ihr Vater
nicht mit euch abgehauen?

ABGEWICKELTE: Auch aus Eitelkeit:
er dürfe seine Patienten nicht
im Stich lassen – seine Kollegen hätten die ebenso verarztet!

REPORTER: Seine Kollegen hatten auch Familie.
Und warum sind denn
nicht S i e getürmt?

ABGEWICKELTE: Was hätte ich werden dürfen im Westen
ohne höhere Schule?
Hier war ich immerhin zuletzt Chefin einer Abteilung
von sechzig Leuten – Voraussetzung natürlich,
daß ich in die SED ging ... ach, grüß Gott, Frau Mehlis!
Auch eine Leidensgenossin aus der Narva ...

FRAU MEHLIS, *eine Achtunddreißigjährige, die ihre Wäsche bringt:*
Das freut mich aber, Frau Schmidt – n i c h t mehr krank?

ABGEWICKELTE: Ich stelle Ihnen Manfred Müller vor, Herr Müller
macht für den Rias eine Arbeitslosen-Reportage:
verspricht sogar ein Honorar – also, ich schicke ihn
auch zu Ihnen!

FRAU MEHLIS, *gibt ihm die Hand:*
Tag, ja — wenn wir sagen dürfen, wat wir wollen,
sage ich auch gern wat zur Sache.
REPORTER: Danke, ja — komme dann auch zu Ihnen!
FRAU MEHLIS: Hier werden Sie viele finden von uns . . .
Sie wendet sich den Automaten zu.
REPORTER, *zu Frau Schmidt:*
Macht Ihnen heute Ihre Mitgliedschaft in der SED
. . . irgendwie zu schaffen, materiell oder seelisch?
ABGEWICKELTE: Wieso? — nicht die Spur, hadere im Gegenteil
noch immer mit meinem Vater, daß er durch seine Weigerung
seine drei Kinder von der Oberschule ausschloß!
Konnte ihm das sogar noch einige Male vorkotzen,
bevor er starb.
REPORTER: Waren Sie immer so bitter?
ABGEWICKELTE, *lacht:*
Nein — nie! Erst seit ich keine Zukunft mehr habe,
weder auf dem Arbeitsmarkt noch gesundheitlich.
Ich gehe so weit,
mein Kranksein — ganz neu: ich trieb bisher viel Sport —,
diesem verkorksten, weil arbeitslosen
Lebensende zuzuschreiben . . .
REPORTER: Lebens-»E n d e«! Ich bitte Sie — Sie sind doch
gerade mal Mitte Fünfzig
oder so . . .
ABGEWICKELTE, *rasch ablenkend:*
Ja, oder so . . . oder so! Psychosomatisch sei mein Krebs,
sagen Ärzte. Jedenfalls kam er mit meinem Jobverlust.
Sie wissen so gut wie ich: eine Mittfünfzigjährige, arbeitslos,
i s t am Ende: ob krank, ob gesund!
REPORTER: Manche sagen, daß die
Verhökerung der Glühbirnenfabrik
an die Grundstücks-Spekulanten
rückgängig gemacht worden sei,
aufgrund öffentlicher Proteste — mache für die,
die erst einmal wie Sie den Job dort verloren haben,
das Ende noch trauriger . . .

ABGEWICKELTE: Natürlich: jetzt,
  da die Fabrikation doch weiterläuft,
  hinausgeworfen zu sein – ist noch bitterer,
  als könnte man sich sagen:
  Es traf nicht nur dich, der ganze Betrieb ist stillgelegt.
  Ich hatte bis zur Vereinigung einen todsicheren Arbeitsplatz,
  denn unsre Glühbirnen haben
  die ganze DDR beleuchtet und brachten
  als Export-Artikel dem Staat eine Menge Geld ... Inzwischen
  belehren uns ja die Wessis,
  mehr als ein Trümmerhaufen seien wir
  alle nicht gewesen, auch persönlich nicht mehr wert gewesen;
  als ein Trümmerhaufen; sogar unsere Arbeit nicht,
  obgleich wir doch
  Exportland gewesen sind.
REPORTER: Nur nach dem Osten, werfen Wessis uns vor,
  hätten wir exportieren können – vergessen aber, daß s i e
  wegen ihrer hohen Preise fast n i e nach Osten
  exportieren konnten!
ABGEWICKELTE: Wir kamen nicht auf die Beine,
  weil die Russen dreißig Milliarden
  Schulden bei uns hatten – die sie nie bezahlen wollten,
  sie fanden, das seien Kriegs-Reparationen,
  während die SED doch verkünden mußte, die Sowjets
  seien unsere Handels-»Partner«!
REPORTER, *nickt:*
  Stimmt es, daß Investoren aufgetreten sind, ein Japaner
  mit einem Schweizer und einem Israeli:
  ich glaube, auch ein Wessi,
  die sich verpflichtet hatten, Ihre Glühlampenproduktion
  sicherzustellen – was bestimmt zu finanzieren gewesen wäre,
  hätte nicht die Treuhand diese neunzigtausend Quadratmeter
  Innenstadt-Grundstück, nahe dem Hauptbahnhof,
  sozusagen g e t r e n n t von der Produktionsstätte?
ABGEWICKELTE: Ja, so war es:
  Die Bau- und Bodenspekulanten,
  denen die Treuhand unter Ignorierung

der japanischen und schweizerisch-israelischen
Angebote, die unsre Fabrikation sicherstellen wollten,
dieses Filet-Stück zuschob,
gaben sich zunächst den Anschein, auch investieren zu wollen,
und zwar in die Produktion.
Dann stellte sich aber heraus:
Sie wollten das herrliche Grundstück bebauen,
nicht unsre nur noch tausendvierhundert − von
einst fünftausend − Arbeitsplätze sichern.
Je wertvoller das Grundstück, auf dem eine Fabrik steht −
so sollte man denken −, je sicherer die Überlebenschancen
für die Fabrik. Aber das ist eine Täuschung.
Die Wahrheit ist: Je kostbarer das Grundstück:
je brutaler die Aneignungslust der Treuhand.
Rücksichtslos vernichtet sie einen Betrieb dann,
wenn ihr das Grundstück allein, auf dem er steht,
mehr Profit einbringt als m i t dem Betrieb.
So nazihaft haben bei Kriegsende 1945
nicht einmal die Russen und ihre deutschen Hörigen,
die Kommunisten, die Betriebe dadurch ruiniert,
daß sie die getrennt hätten von ihren Basen:
eben den Grundstücken, auf denen sie standen.
Sie nahmen die Betriebe den alten Besitzern weg,
aber nicht auch noch der Belegschaft
das Fabrikgebäude, wie heute die Treuhand das tut.
Dann vor allem, wenn eine Firma nahe
am Brandenburger Tor gelegen ist;
dann kennt die Habgier der Bonner
keine Grenze, dann sprechen sie den Betrieben
das Todesurteil:
Wegnahme des Grundstücks, des Gebäudes,
was sie »Bundesvorbehalt« nennen:
das imperiale Haus, das vor 1950 die Kommunisten
der Münchner Allianzversicherung geklaut haben,
hat Zugänge von drei Straßen − doch der Verlag muß raus,
der seit seiner Gründung dort residiert,
weil Waigels Finanzministerium

nicht dulden kann, daß eine Bonner Behörde,
die dort hineinwill,
sich mit zwei Eingängen begnügt und mit einem Verlag
unter dem gleichen Dach haust ... wer Literatur macht, der ist
den Bonner Bonzen offenbar noch verdächtiger,
als in der DDR die Literaten dem ZK verdächtig waren.

REPORTER: Sie sind gut informiert − haben Sie Beispiele?

ABGEWICKELTE: Na, haben Sie gemeint,
so etwas hätte ich aus der Zeitung?

Nein, meinen Schwager hat genau diese Kriminalität,
nach vierzig Jahren im selben Betrieb,
schon arbeitslos gemacht.

Der war im Verlag Volk und Welt mit hundertvierzig anderen.

Der hatte, wie der Aufbau-Verlag, zu seinem Unglück,
seinen Sitz nur fünfhundert Meter
Luftlinie vom Brandenburger Tor.

Aus Bonner Aspekt, dem die Treuhand pariert:
grade gut genug
als Dependance des Finanzministeriums.

Also enteignet man ihm das Haus,
womit man ihn um jede Kreditfähigkeit bringt −
denn seit die jüdischen Bankiers vergast wurden,
gibt's keine mehr in Germany,
die Buchprogramme kreditieren:
Druckereien, Grundstücke − d i e machen
einen Verlag kreditwürdig,
nicht aber sein Buchprogramm.

Mein Schwager sagte, auch in der BRD habe
kaum ein Verlag damals
Adenauers Währungsreform überlebt,
wenn er nicht Grundstücke
oder eine Druckerei gehabt habe.

REPORTER: Damit bringen Sie mich auf die Idee,
der Frage nachzugehen ...

ABGEWICKELTE, *steht auf und wendet sich der übernächsten
Waschmaschine zu; es sind inzwischen drei in Betrieb, soeben
kommen wieder zwei Leute, die waschen wollen, sagt:*

Moment — lassen Sie mich meine Wäsche holen . . . ist fertig,
sprechen Sie ruhig weiter . . .

*Sie macht sich zu schaffen an dem Automaten und holt ihre
Wäsche heraus.*

REPORTER: Haben Sie einen Wagen?
— sonst fahre ich Sie nachher heim!

ABGEWICKELTE: Danke — hab' noch immer mein altes
DDR-Gefährt, macht's noch ganz gut.
Eine Weltreise hab' ich ja mit ihm nicht mehr vor.

REPORTER: Ja, Sie haben mich auf die Frage gebracht:
arbeitet wohl überhaupt einer in der Treuhand,
der Kenntnisse aus dem Kulturbereich mitbringt?
Vermutlich vermissen die sogenannten Treuhändler
in ihren Reihen ebensowenig
einen Kenner der Kultur-Wirtschaft
wie die Bonner . . . In allen Bonner Regierungen hat ja,
seit vor dreißig Jahren der erste Präsident:
Heuss, pensioniert wurde,
noch niemals einer Mitsprache-Recht gehabt,
den je ein Fotograf mit einem Buch erwischt hätte . . .
Und da außer K r i e g sregierungen
noch niemals eine Nachwelt gehabt hat, die nicht Kultur
in ihrer Residenz kreierte — so würde BRD,
übersetzt von der Nachwelt,
mit Banausenrepublik Deutschland.
Wird aber nicht so übersetzt,
weil sie gar keine Nachwelt hat: niemals hat irgendwo
ein Historiker einem Staat ein Buch gewidmet,
der weder Krieg gemacht noch Kultur hervorgebracht hat;
so wird von Bonn bleiben, was durch Bonn hindurchfließt:
der Rhein — rein gar nichts sonst.
Was Sie mir da von dem Verlag erzählten, dem die Treuhand
das Haus nimmt . . .

ABGEWICKELTE, *lacht:*
Wie erhebend, daß es d o c h einen Unterschied gibt
zwischen Kommunisten und Kapitalisten:
Die Treuhand klaut das Grundstück immerhin

für ihren Bonner Staat;
die abscheuliche SED hat es einst der Allianz
nur für einen Buchverlag geklaut:
Ich vermute, wir alle bauen die Treuhand zu sehr
als Buhmann auf – denn die handelt ja schließlich
auf Kabinettsbefehl:
sie vollstreckt, was Bonn verlangt!
Nur wundert man sich, daß eine kluge Frau
sich dazu mißbrauchen läßt.
REPORTER: Befehlsnotstand?
– ist das nach dem Zweiten Weltkrieg
noch ein Argument? Wirtschaftsvergehen sind in Zeiten,
in denen nicht scharf geschossen wird,
d i e Verbrechen, die den meisten zugefügt werden.
Natürlich b l e i b t
ein bedeutender Unterschied zwischen denen,
die eine Million Städter obdachlos bomben, und denen,
die Millionen Städter um ihre Arbeitsplätze prellen,
nur weil sie der Ideologie erlegen sind,
ein uneffektives Wirtschafts-System müsse à tout prix
durch ein amoralisches ersetzt werden ...
ABGEWICKELTE: Uneffektiv – amoralisch:
wo holen Sie da die Kriterien?
REPORTER: Wenn die uneffektive DDR sechs Chauffeuren dort
Arbeit und Lohn gab,
wo die lukrative BRD fünf arbeitslos macht,
weil sie's mit e i n e m auch schafft, dann ist die BRD
– wirtschaftlich gesehen – viermal
amoralischer als das verrottete System,
weil sie vier Familien weniger Arbeit gibt,
um so effektiv zu sein. Effektivität ist nicht vertretbar,
wenn auf Kosten der Mitmenschen.
Der Nutzen für die Gesamtbilanz hat zurückzustehen
vor dem Nutzen der Vollbeschäftigung.
Die Wirtschaft ist für die Arbeitnehmer und Unternehmer da,
nicht diese für die Wirtschaft.
In der BRD ist Wirtschaft Selbstzweck, der G o t t !

So wie bei Kommunisten Sozialismus Selbstzweck war,
der G o t t.

Daß Ihr erwähnter Verlag mit seinen fünfhundert Familien
weiter existiert ist moralischer und müßte daher, auch
volkswirtschaftlich das Ziel sein − als ihn zu vernichten,
weil die Treuhand das Grundstück dieses Verlags
jenen drei Prozent Wessis verhökern will, die schon heute
über siebzig Prozent des BRD-Vermögens besitzen.
Oder weil die Treuhand dieses Grundstück
gar nicht verhökern,
sondern einem Bonner Ministerium ausliefern will.
Was denkt wohl einer von denen, die sich selber
Spitzenpolitiker nennen, wenn die über ein Volk,
von dem sie vierzig Jahre getrennt waren,
dem sie aber eigentlich auch angehören ...

ABGEWICKELTE: Quatsch! − Verzeihung. Keiner, der Minister ist,
gehört noch dem Volk an, ob er nun vierzig
oder zwei Jahre von ihm getrennt ist.
Denn m e i n G e h a l t b e s t i m m t
m e i n e Z u g e h ö r i g k e i t !
So gehöre ich mit meiner Scheißrente
nicht einmal mehr zu meiner Schwester,
die als Arztwitwe in Essen-Bredeney
in einer Villa thront ... bin ich da Gast,
muß ich mir sagen, obgleich sie die letzte wäre,
mich das spüren zu lassen:
Daß ich mir ja schons Fahrgeld
von ihr schenken lassen mußte,
sie zu besuchen. Aber ich hab' Sie,
Verzeihung, unterbrochen.

REPORTER: − fragte nur, was denkt so ein Bonner,
wenn er hier das Kriegsrecht ausübt?

ABGEWICKELTE: »Kriegsrecht«? − was nennen Sie so?

REPORTER: Ich bin noch kein Jurist − ich studiere noch Jura,
aber ich denke: Kriegsrecht sind Verordnungen,
gegen die den Einheimischen kein Einspruch zusteht!
Und die von Landfremden über ein Volk verhängt wurden.

Kriegsrecht, würde ich sagen, ist,
wenn gegen herbeigeführte Arbeitslosigkeit –
die Treuhand nimmt Vernichtung von Arbeitsplätzen in Kauf,
um den neuen Bundesländern das Wirtschaftssystem
der alten aufzuoktroyieren –,
wo gegen solche Amtsanmaßung, das Kriegsrecht,
kein Widerspruch vor Gerichten
oder im Parlament Gehör findet.
Wer dieses Kriegsrecht praktiziert, sich aber eingeschlichen hat
in ein Land, das nicht seines war,
unter der täuschenden Flagge, gerade wirtschaftlich
der dortigen Bevölkerung Gutes zu tun
– kein Mensch tut mir Gutes,
der mich erwerbslos macht –, ein solcher Machthaber,
nicht bereit, demokratisch über diese Macht
mit sich reden zu lassen:
praktiziert Besatzungsrecht, denke ich . . .
Und das fordert den Widerstand heraus!
Oder s o l l t e ihn doch herausfordern, wenigstens
jeden Deutschen, der verfassungstreu ist:
Denn das Grundgesetz räumt uns Untertanen
das Recht zum Widerstand ein!
ABGEWICKELTE: Wie sollte das aussehen?
REPORTER: Gewalttätig – sonst ist es nur Quatscherei:
Gewalt gegen die Gewalttätigkeit
der Besatzungsmacht.
ABGEWICKELTE: Sie meinen Mord?
– denn was sonst wäre Gewalt gegen den Staat?
REPORTER: Im Gegenteil:
Mord ist nie gegen den Staat, sondern immer nur
gegen Personen – also idiotisch,
weil die ausgewechselt werden.
Gewaltanwendung gegen den Staat ist aber zum Beispiel
der Generalstreik! Streik ist die Gewalt
der sonst Ohnmächtigen, die einzig mögliche Form
des Widerstands
der durch Gesetzgeber Vergewaltigten.

ABGEWICKELTE: Streik setzte Solidarität voraus
— hier ist aber nur jeder der Teufel seines Nachbarn.
Sie verabschiedet ihn, offensichtlich leidend:
Rufen Sie an, solange ich
mir ein Telefon noch leisten kann;
ich muß Sie verabschieden, weil meine Schmerzen
... rufen Sie an, wenn Sie wissen,
ob und wann unser Gespräch gesendet wird.
Hier meine Telefonnummer. Danke. Wiedersehen.
REPORTER: Danke, rufe Sie bestimmt an, nächste Woche!
Er hilft ihr in den Mantel, sagt erschrocken, denn sie sieht nun elend aus:
Entschuldigen Sie: ich hab's ganz vergessen,
daß Sie krank sind, weil Sie so gesund reden!
ABGEWICKELTE, *herzlich:*
Ich hatte Freude an unserem Disput.
Denn Sie wissen noch nicht, Gott sei Dank,
wie Arbeitslose denen, die sitzen, auch
darin gleichen, daß sie die Zeit fürchten,
die nicht vergeht. Einfach nicht vergeht.
Kommen Sie mal zu mir!
Mein Name ist ein bißchen origineller als ihrer:
ich heiße nicht Müller, sondern Schmidt.
REPORTER, *dem sie die Hand gab:*
Gute Besserung!
ABGEWICKELTE, *schon in der Türe; man sieht, sie hat Schmerzen, endlich sagt sie:*
So ist das nun immer: Allein, wie eine,
die sitzt. Und gegen Abend dann, wenn man's
Portemonnaie umgestülpt hat,
was man sich noch leisten kann,
der sorgsam rausgezögerte Weg zum Konsum,
um einzukaufen, was man gestern oder vorige Woche
auch schon hätte einkaufen können ...
Und dann die tagtägliche Huldigung an unsre Bonzen:
das dreimalige Bestaunen dieser Leute

in der Tagesschau . . . ach, ist das Leben schön,
wenn man's hinter sich hat . . . hätte.

*Sie geht hastig ab, er schließt hinter ihr die Türe. Der Reporter
wendet sich sofort Frau Mehlis zu, die einige Schritte weiter
neben ihrem Waschautomat mit einem Riesen redet, der zweiundvierzig ist, aber in seiner Haltung, auch der Zurückhaltung,
die er gegen den Reporter spüren läßt, geprägt wurde – seit
einem halben Jahr schon – durch den Satz, den er dann tatsächlich ausspricht:* »Eijentlich is man für die uff'em Arbeitsamt mit
zweeunvierzig schon dot!«

REPORTER: Wenn Sie so freundlich sind,
Ihre Anschrift, Ihren Namen
mitzusprechen aufs Band – sorge ich für Honorar:
viel ist es nicht, aber besser als nichts.

FRAU MEHLIS: Gaby – mit y – Gaby Mehlis, Marzahn,
Amanlisweg 10.
Hier der Herr – ooch een Leidensjenosse: Günter Brünner.
Willste dein' Namen anjeben?

BRÜNNER: Warum nich – aber der Herr hat noch jar nich jefraacht,
ob er wat hören will von mir, hab' ja ooch nur det Alltägliche
zu sajen, det ick eben n i s c h t mehr zu sajen habe,
weil ick ja nüscht mehr bin –
war Kraftfahrer, ohnehin nich ville.
Eijentlich is man für die uff'em Arbeitsamt
mit zweeunvierzig schon dot!

REPORTER: Manfred Müller, mein Name
– für Rias, wenn die's mir hoffentlich
auch senden: Herr Brünner,
wie lange waren Sie in Ihrem Betrieb?

BRÜNNER: Sechsundzwanzig Jahre, seit meiner Jugend,
mit sechzehn.
Aber der is nun plattjemacht.

REPORTER: Und sieht finanziell – wie aus bei Ihnen?

BRÜNNER: Nich so völlig miserabel, weil meine Frau noch
umjeschult wird,
also mein Arbeitslosenjeld
von wöchentlich zweihundertsiebenunddreißig

nich allet is, wat wir ha'm. Jinge ooch jar nich, weil de Miete
von hundertvierundsechzig uff achthundertdreißig
jesteigert wurde.
Für sechsundachtzig Quadratmeter,
wir brauchen zwee Kinderzimmer.

FRAU MEHLIS: Ja, aber von Miete darf man ja nischt erwähnen --
wurde uns jestern in ›Talk im Turm‹
janz schön hart klarjemacht,
von diesem elejanten SPD-Bonzen da — Name vajessen,
aber Nadelstreifen bis ins Hirn, der hat eene zurechtjewiesen,
die sich da am Tisch beklagt hat, det so nur vierhundertachtzig
als Sozialhilfe-Empfängerin kriegt
— da hat dieser feine Hamburger
aber sehr enerjisch protestiert: worüber se dann jammert,
da se doch Kohlenjeld, Mietzuschuß kriecht . . .
der war richtich beleidicht, für seine feine BRD,
der Herr Erste Bürjermeester a. D. der Freien und Hansestadt
. . . wie kann sich ooch eene beklagen
über vierhunnertachtzig — wo se obendruff
ooch noch Wohnjeld kassiert!
Natürlich een Sozi jewesen, der Herr!

BRÜNNER: Aber wat Se wirklich mal vorbringen sollten,
also det wär' jut für uns alle,
wenn Se det mal sajen könnten: in welche Zwickmühle
een Arbeitsloser nämlich denn kommt, also wenner
— ick hab' det am eijenen Leib erfahren —,
wenner sich d o c h noch een Job besorcht,
der aber viel weniger einbringt als der, den er verloren hat.
Denn läuft det nämlich völlig vakehrt: ick kam unter
in eene Auto-Schilder-Präjerei, also Rückschilder jestanzt.
Aber nur für vierzehnhundert brutto, unjefähr tausend netto.
Und hatten mir gleich jesaacht, nich für ewich.
Denn sieht det so aus, dat se det nächste Arbeitslosenjeld
einem berechnen nach dem miesen Lohn,
den man zuletzt hatte,
dreiundsechzig oder achtundsechzig Prozent vom Netto:
konnt' ick mir jar nich druff einlassen,

denn dann hätte ick de Woche nur hundertdreißig,
wo ick doch jetzt uffjrund meiner a l t e n Stelle immerhin
mehr als det Doppelte krieje ... sehr jefährlich also,
i r j e n d w a t — wenn's nur Arbeit is — anzunehm,
denn kommt man überhaupt nie wieder an wat Anständijet!

FRAU MEHLIS: Jing mir jenauso: immerhin
Maschineneinrichterin war ick mal drüb'n bei Narva
— plötzlich sollt' ick »Mädchen für allet« unter
eenem der Wessi-Neuchefs werden,
aber nur für zwanzig Stunden, halbtags, Lohngruppe 1.
Ick bin doch nich bekloppt, eh, ick seh nur so aus,
hab ick jesaacht.

Genier' mich ooch nich, andern Leuten
det Klo zu putzen,
aber wenn dann mein Arbeitslosenjeld prozentual
d a v o n demnächst berechnet werden soll ...
hatte doch prima Arbeit in eenem Betrieb, der mich
zweeunzwanzich Jahre
tadellos ernährt hat, mit Alters-Versorjung!

Und jing man abends raus,
da waren wir jradezu stolz uff de Narva,
denn sämtliche Lampen in de Straßen
— von wem war'n denn die, wenn nich von u n s :
aber sie taugen nischt, sajen die Wessis, die Lampen,
die noch in Peking de Straßen und Wohnungen
helljemacht haben
— die taugen nischt.

Weil se durch det Westjeld zu teuer wurden,
um noch für'n janzen Osten erschwinglich zu sein
— taugen se nischt.

BRÜNNER — *und damit tropfelt diese Szene so ohne jeden Knalleffekt aus, wie es für die Ereignislosigkeit im Leben Arbeitsloser typisch ist; vermutlich ist diese Ereignislosigkeit bei dauerndem Zeithaben — dem einzigen, was in ihrem Dasein noch in Fülle vorhanden ist: Zeit, mit der man nichts anfangen, weil man nichts mehr mit ihr verdienen kann —, die unausgesprochene Qual ihres Dauerzustandes:*

Wessi-Logik: Eure Narva-Lampen taugen nischt,
weil zu teuer. Doch unsre Ossi-Arbeitskräfte
taugen nischt — weil zu billig!
Wie soll ooch een Ossi
— eenen Wessi-Laster fahren können!
Jeht nämlich unsereener zum Beispiel rüba
zum Wedding-Arbeitsamt, wird er wegjeschickt,
weil die ihn jar nich vermitteln:
Berlin is zwar
anjeblich jetzt e e n e Stadt, aber ick darf nich
hinjehn, wo ick 'ne Chance hätte — sondern muß,
weil ick da wohne: nur nach Marzahn uffs Arbeitsamt.
Aber wozu dorthin loofen, wenn da schon sowieso
hunderttausend uff Arbeet warten.
Ach, ville mehr.
Lohnt de S-Bahnfahrt nich!

Vorhang

Ossis: Diebe, Wessis: Hehler

»Auch in der DDR hatte die Industrieforschung ein umfangreiches Volumen. Von ihren ehemals 87 000 Mitarbeitern ist nach der Wende kaum mehr als ein Fünftel übriggeblieben. Sich selbst und dem Geschick der ›Treuhand‹ sowie den Gesetzen des Marktes überlassen, haben sie sich in alle Winde verflüchtigt. Bis es wieder zu einer nennenswerten Industrieforschung in den neuen Ländern kommt, werden nach Ansicht von Forschungsminister Riesenhuber noch Jahre vergehen.«
Frankfurter Allgemeine Zeitung, 6. 1. 93

»**Geraubtes in Museen.** Im Schloßmuseum Wernigerode − ehemals ›Feudalmuseum‹ − gibt es zig Räume, sogenannte Magazine, in denen die in der kommunistischen Ära zusammengeraubten oder angesammelten Mobilien vieler Familien lagern, deren Erben möglicherweise nicht wissen, daß der oft jahrhundertealte Besitz ihrer Familien dort verstaubt und zerfällt. Dies ist beileibe nicht Schuld der Museen, sondern einzig Schuld der Regierenden, die keine klaren Verhältnisse schaffen mögen. Klare Verhältnisse kann nur bedeuten, die Möbel, Fotoalben, Bilder, Bücher, Porzellane und so weiter schnellstens den Eigentümern zurückzugeben. Diese werden zweifellos die Restaurierung ihrer Mobilien auf eigene Kosten durchführen lassen oder sie an Interessenten weiterleiten, die sich verpflichtet fühlen, dieses Kulturgut zu erhalten. Auch sei die Frage erlaubt, mit welchem Recht zusammengestohlene Dinge museal verwaltet werden dürfen?
Boris Jelzin hat den Mut, die Kommunistische Partei und ihre Tätigkeiten per Dekret zu verbieten, sollte es da nicht unserer Regierung möglich sein, einen Beschluß zu fassen, der den Bestohlenen ihr Eigentum zurückgibt? Oder will der Staat sich daran bereichern?«
Christian-Henrich Fürst zu Stolberg-Wernigerode, Hirzenhain
Leserbrief an die Frankfurter Allgemeine Zeitung am 23. 11. 1991

Am 31. Dezember 1991 haben zehntausend von fünfzehntausend Mitarbeiterinnen und Mitarbeitern des Deutschen Fernsehfunks ihren Weg in die Arbeitslosigkeit angetreten: Ergebnis des Einigungsvertrages zwischen Bonn und Pankow, der vorsah, das überregionale Fernsehen und den überregionalen Hörfunk der DDR zu liquidieren, um sie den Fernseh- und Hörfunk-Anstalten der neuen Bundesländer oder dem Ersten und Zweiten westdeutschen Fernseh- und Rundfunk-Programm zu integrieren, in Wahrheit: zu unterwerfen ...

Was damit an kulturellen Möglichkeiten und Leistungen vorsätzlich zerschlagen wurde, das könnte in Jahren nicht wieder aufgebaut werden, gesetzt, daß man das nicht geradezu verhindern wollte – um zuerst vom Technisch-Wirtschaftlichen zu sprechen. Was man aber den M e n s c h e n angetan hat, die ihre Arbeitsplätze eingebüßt haben, ohne jedes politische Verschulden in weitaus den meisten Fällen, das ist summarisch überhaupt nicht zu erfassen oder gar darzustellen. Darzustellen sind immer nur Einzelne, Einzelfälle – »Einzel-Abfälle« des Wirtschaftsbooms, genauer gesagt ... Nach ausgezeichneter Berufsarbeit erwerbslos geworden: zum gleichen Zeitpunkt, zu dem die Warenhäuser Deutschlands weihnachtliche Rekord-Umsätze wie noch nie seit dem Hitlerkrieg, ja wie überhaupt noch nie in der Geschichte zu vermelden hatten – ebenso wie die Börsen!

Am gleichen Abend, eben zu Silvester, sagte der Bundeskanzler in seiner Ansprache nach der Tagesschau, seit 1983 habe man in Deutschland Dreimillionenachthunderttausend neue Arbeitsplätze geschaffen – sicher ist das wahr, hätte aber dennoch der ergänzenden Zahl bedurft, wie viele Arbeitsplätze seit der Vereinigung in der DDR vernichtet wurden. Im Frühjahr 1992 waren es sechzehn (!) Prozent! Mehr als zwei Millionen Arbeitsstellen in der ehemaligen DDR, die – wie mies auch immer – bis zur Vereinigung den Bewohnern dort Brot und Versorgung gewährt hatten, jetzt aber unter dem Vorwand, allein das westliche Wirtschaftssystem sei alleinseligmachend und müsse herrschen und dort eingeführt werden, weggeebnet wurden. Es gibt nur noch e i n e n Fall in der deutschen Nachkriegsgeschichte, daß ebenso umfassend staatlich gesteuertes Unrecht für Millionen durch Bonn sanktioniert wurde: Der 1949 »Währungsreform« genannte Gründungsschwindel der rheinischen Republik, als – zum Beispiel – den Kriegervollwaisen der Rest ihres weggebombten oder im Osten verlorenen Elternhauses: das ererbte Sparbuch ebenso auf siebenkommafünf Prozent abgewertet wurde wie etwa die Sparbücher der Familie Thyssen, die neben ihren Sparbüchern – sollte diese Familie so dumm gewesen sein, 1949 noch Sparbücher zu besitzen, anstatt alles Geld in ihren Fabriken oder Kunstwerken wertbeständig angelegt zu haben – noch ihr Industrie-Imperium besaß! Verächtlicher als der Zynismus dieser Erhardschen Währungsreform war nur die schafblöde Ergebenheit, mit der die Untertanen hingenommen haben, daß ein Staat seine »Realitäten-Besitzer« – also Inhaber von Häusern, Land, Sachwerten – einseitig zu Herren über jene machte, die – oft durch Kriegsfolgen – nur noch Geld, sonst aber gar nichts mehr besessen haben: Geld, das gesetzlich jetzt für ungültig erklärt wurde.

Übrigens hat 1949 diese Währungsreform in Westdeutschland mit einem Federstrich auch sämtliche deutsche Untertanen der russischen Zone restlos zu Parias, zu – im Wortsinne: Outcasts gemacht, weil nun die bisher einheitliche alte Reichsmark-Währung überhaupt keinen Pfennig im Westen mehr wert gewesen ist: Wer die gemeinsame Währung einer Nation für sechzehn Millionen Mitbürger, ohne die am neuen Gelde mit einem einzigen Pfennig teilhaben zu lassen, als wertlos erklärt, d e r trägt die Hauptschuld an der Teilung seines Vaterlandes.

Der Kanzler hat in seiner sonst überzeugenden Silvester-Ansprache 1991 von einer Siebzigjährigen berichtet, die ihn anläßlich einer Reise in die neuen Bundesländer angesprochen habe: Sie war froh, erzählte der Kanzler, die Vereinigung noch zu erleben, weil die das Ende der kommunistischen Diktatur sei – doch für sie, die alte Frau, komme das nun, nach vier Jahrzehnten, in denen ihr das Leben wie allen Mitbürgern durch die SED versaut worden sei, zu spät. Versaut war nicht das Wort, das der Kanzler gebrauchte – doch war sein Sinn. Die Zuschauer mußten glauben, der Kanzler teile den Kummer der alten DDR-Unterdrückten. Um so quälender die Frage: warum trotzdem Bonn nichts unternimmt, wenigstens jetzt – wenn auch zu spät –, den DDR-Menschen a l l e s an Boden und Bauten und sonstigen Sachwerten zu übereignen, was die soge- nannte »Treuhand« doch im Wortsinne nur treuhänderisch verwal- ten dürfte für das Volk, dem es einst von den Kommunisten geraubt wurde! Statt es uns Ausländern, Wessis aus der BRD, aus der Schweiz, aus Japan, England, den USA und Frankreich und Italien zu verkaufen, ohne vom Verkaufs-Erlös e i n e Mark denen wieder- zugeben, denen es gehörte, bevor die Kommunisten – allein gestützt durch die Panzer und Bajonette der Roten Armee – es ihren 1945 Unterworfenen gestohlen haben …

Die 1990 angezettelte restlose Ausplünderung der DDR-Bevölke- rung durch jene zweieinhalb Prozent der Wessis, denen in der Bundesrepublik bereits seit einem Jahrzehnt mehr als siebzig Pro- zent des sogenannten »Volks«-Vermögens gehören, und durch andere Ausländer – wird von Bonn nicht nur sanktioniert, sondern auf Bonns Geheiß von der Treuhand durchgeführt. »Ausplündern« nennen wir den Verkauf des Vermögens eines Volkes, das selber aufgrund einer vierzigjährigen Ausbeutung durch russische und deutsche Kommunisten nicht mehr mitbieten kann bei der Verstei- gerung des ihm seit 1945 Geraubten.

Zwar ist der Autor an jenem Grenzflüßchen Werra geboren und aufgewachsen, das dann seit 1947 die russische von den amerikani- schen, britischen und französischen Besatzungszonen in Deutsch- land getrennt hat – doch besaß weder er noch irgendeiner seiner Verwandten, auch kein angeheirateter, einen Quadratmeter Land östlich der Werra. Daher seinem Leitartikel in ›Die Welt‹ am 27. Oktober 1990 Objektivität vielleicht nicht abgesprochen werden kann. Das Karlsruher Verfassungsgericht ist aber ein halbes Jahr später, Ende April 1991, sozusagen auch hohnlachend: nämlich keines dieser Argumente berücksichtigend, vor allem über die noch von vielen betroffenen Klägern auch persönlich in Karlsruhe vorge- brachten Argumente »hinweggeschritten«, als hätten seine Richter Hitlers oder Stalins Stiefel angehabt. Und hat für »rechtens« erklärt, was die deutschen Kommunisten als Vollstrecker des russischen Besatzungsrechts gewaltsam und ohne jede menschliche Schonung der damit Entrechteten – oft auch noch Totgeschlagenen oder in ein

218

KZ zum Töten Deportierten — angerichtet haben. Wir vergessen nicht, daß auch die westlichen Alliierten und Russen: Amerikaner, Briten, Franzosen auf der Potsdamer Konferenz eine teilweise Enteignung und Entflechtung des Großgrundbesitzes und der Schwerindustrie in Deutschland beschlossen hatten. Ich ließ am 27. Oktober 1990 drucken:

Der staatliche Zugriff

»Gerechtigkeit erhöhet ein Volk« hieß der Bibelsatz, mit dem Theodor Heuss als erster Präsident der Bundesrepublik seine Rede zur Gründung des neuen Staates eröffnet hat. Das war im September 1949, als östlich der Werra in der russischen Besatzungszone die sogenannten »Neubauern«, die aus den 1945/46 enteigneten Gütern — rund fünfunddreißig Prozent der landwirtschaftlichen Nutzfläche der späteren DDR — etwa acht Hektar Land als Eigentum überschrieben bekommen hatten, wegen der Unrentabilität ihrer Höfe die Zone bereits in so unerträgliche Ernährungsschwierigkeiten hineingewirtschaftet hatten, daß ihre Kollektivierung −LPG genannt − als einzige Rettung vor Hungersnot ins Auge gefaßt wurde ... Gerechtigkeit erhöhet ein Volk, sollte aber auch die Maxime sein, mit der Deutschland an die Regelung der Besitzverhältnisse zwischen Oder und Werra herantritt.

Dies eigens fordern zu müssen ist nahezu komisch − und dennoch so nötig, wie es unglaublich ist, daß im Einigungsvertrag die vor 1949 erfolgten Enteignungen festgeschrieben wurden. Der Bundesrichter Falk v. Maltzahn hat bereits dagegen protestiert, daß »der Einigungsvertrag eine Änderung des Grundgesetzes vorsieht, die einer bestimmten Gruppe von Bürgern durch das Grundgesetz garantierter Rechtsgewährleistungen berauben und einen Rechtsschutz durch das Bundesverfassungsgericht aushebeln soll«. Maltzahn weist auch auf das jüdische Eigentum hin, das die ach so antifaschistische DDR, die niemals eine Mitverantwortung für den Holocaust durch Zahlungen an Israel anerkannt hat, nach 1945 einfach behielt, indem sie mit einer von den Nazis erfundenen perfiden »Verfallserklärung« argumentierte.

Die Nazis hatten für »rechtens« erklärt, Eigentum eines Juden einzuziehen, wenn der sich »dauernd außerhalb des Reichsgebietes aufhielt«. (Hielt er sich aber nicht außerhalb auf, so wurde er nach »draußen«, sprich: in die Gaskammer, deportiert!) Nicht in die Gaskammer – wohin aber sonst hätten Ulbricht und seine Vollstrecker einen Mitteldeutschen und seine Familie gebracht, der riskiert hätte, 1945/46 dagegen zu protestieren, daß man ihn mit einem Handkoffer wegtrieb vom Land seiner Väter? (Die Enteigneten, sofern sie nicht auch noch eingesperrt wurden, durften ihrem ehemaligen Besitz nie mehr näher kommen als auf dreißig Kilometer!) Eine Gesellschaft, die ihre ganze Moral seit 1945 bezieht aus der Denkweise der kapitalistischen Welt, erklärt plötzlich eine Minderheit, durch deren brutale, entschädigungslose Enteignung Ulbrichts Staatsgründung überhaupt erst »fundiert« wurde, für vogelfrei, was Eigentum und Erbe dieser Minderheit betrifft?

Tochter oder Enkel des Erfurter Apothekers, des Eichsfelder Kleinbauern Soundso kriegen das Eigentum ihres Vaters oder Großvaters zurück, weil die Apotheke »erst« nach dem 1. Januar 1950 verstaatlicht, weil der Eichsfelder Kleinbauernhof erst 1951 in eine LPG überführt wurden. Doch der Urenkel von Bethmann-Hollweg soll sich auch künftig gefälligst auf Hohenfinow bei Berlin nicht wieder blicken lassen, ebenso wie die Kinder der nach dem 20. Juli 44 strangulierten Kleist und Witzleben auf deren Güter verzichten sollen; einmal, weil sie einer Minderheit angehören, die als Wählerpotential so unerheblich ist wie Heideschäfer oder Schriftsteller, und zweitens, weil die Entschädigung zu groß wäre für ein geraubtes Rittergut – oder auch jene Summe, die man denen schuldig wäre, die auf diesen Äckern vierzig Jahre geschuftet haben?

So gewiß es keine neuen Vertreibungen, keine neuen Enteignungen geben darf, so gewiß die Häuser der ehemaligen Landarbeiter – sofern sie Häuser dort bauen durften – ihnen natürlich weiterhin gehören müssen, so gewiß ist die Schwierigkeit, hier altes Unrecht gutzumachen, ohne neues zu verursachen, kein Grund, keine rechtliche Handhabe, die vor 1950 Enteigneten anders zu behandeln als jene, die »erst« später um Haus und Recht geprellt wurden. Man muß sich das immer wieder vor Augen führen: Es hat tatsächlich in diesem Sommer 1990 deutsche Politiker gegeben, die besten Wissens und Gewissens – wer könnte sie ihnen absprechen! – einen Vertrag feierlich unterzeichnet haben, der expressis verbis jene noch einmal entrechtet, die Ulbricht entrechtet hat, und zwar mit der »Begründung«, daß Ulbricht sie als erste seiner Untertanen total rechtlos gemacht hat!

Wie oft müssen wir »Wessis« uns eigentlich noch sagen, bis wir das auch fühlen: daß wir vielleicht zwar keine Kriegsgewinnler – aber doch samt und sonders Nachkriegsgewinnler sind als Nutznießer, als unendlich Begünstigte des Marshallplans? Wer von uns westlich der Werra hätte nicht ein Stück Land, ein Haus, ein Bild, eine Firma gekauft oder geerbt, die nicht – und zwar ohne unser Verdienst – das Zigfache dessen wert sind, was sie 1949 wert waren? Doch wir, ausgerechnet, wagen zu dekretieren, daß jene Landsleute, die mit den Ostvertriebenen den Rußlandkrieg abbezahlt haben, die zuerst und so restlos wie keine andere Minderheit enteignet wurden: daß sie enteignet bleiben sollen.

Wenn das Recht würde – aber das kann nicht sein! –, dann wäre Ulbricht noch ein ehrlicher Mann gewesen, nämlich mindestens kein Heuchler. Wir jedoch, die im Gegensatz zu ihm unsere ganze politische Moral auf die Garantie des Privateigentums gründen – und jeder von uns hat den Nutzen davon –, was wären wir für verächtliche Lebewesen, stimmten wir der Enteignung einer Minderheit nur deshalb zu, weil diese Minderheit zuerst enteignet wurde.

Die im Weimarer Goethe-Hotel Aufgetretene »schöne Beschließerin« spielt jetzt die Enkeltochter eines ziemlich abgewrackten Greises, dessen Darsteller noch rüstig im Prolog den erst ungefähr sechzigjährigen, doch alsbald totgeschossenen Treuhand-Präsidenten verkörpert hat ... Hier ist sie Mitte Vierzig.

»Großpapa«, wie die Warmherzige den seelisch Kaputten anredet, ist schon neunzig, wurde aber schlagartig erst seinen Jahren entsprechend so alt, als vor einem Jahr die Nachricht kam, das Karlsruher Verfassungsgericht habe 1991 die Enteignungen in der sowjetischen

Besatzungszone, vierzig bis fünfundvierzig Jahre zuvor, sanktioniert ... und damit auch diesem Mann die Heimkehr in sein Vaterhaus verwehrt ...

Ruth ist um Großvaters Wohl leiblich wie geistig besorgt, sie schält ihm einen Apfel, einen Pfirsich, weiß genau: jetzt ist die Tageszeit, da sollte Großvater ein wenig Obst essen, da er sonst schon fast nichts mehr ißt. Und geistig umtochtert sie ihn auch, weil er keine Tochter mehr hat und weil sie spürt: Es war nur sehr, sehr gutgemeint von ihr — doch in Wahrheit für den Uralten ein schlimmes Unglück, ihn noch einmal hierher, an die Stätte seiner Jugend zu bringen, die ihm enteignet wurde ... erst von den Russen und ihren deutschen Hörigen, dann 1991 von Bonn. Was er wiedersieht, ohne es wiederzubekommen: regt ihn beängstigend auf ... Dieser unübersehbare Eindruck quält die Enkelin, sie spürt mit wachsendem Erschrecken, der alte Mann ist aufs höchste in diesem ihm entwendeten Haus seiner und ihrer Väter gefährdet ...

Im ersten Stock des zweigeschossigen Gutshauses, das bald nach dem Dreißigjährigen Krieg errichtet worden ist. Drei große, fast raumhohe Fenster (schwere, verstaubte Vorhänge, die zurückgezogen sind) zeigen außen, daß dieser Raum im rechten Flügel des Landschlosses ist. Denn die Hauptfront des karg und sparsam errichteten Barock-Hauses, das — gemessen an einer heutigen Industriellen-Villa — eher spartanisch komfortlos war, aber doch die Ausmaße eines »Herrenhauses« mit Räumlichkeiten auch für die Angestellten, Mägde, Kutscher, Diener, aufwies, diese Fassade des Haupthauses ist rechts durch diese Fenster gut sichtbar: weiß, vergammelt, stark renovationsbedürftig. Das Obergeschoß, wie oft bei hessischen und thüringischen Gutshäusern, ist ebenso wie die Häuser der Bauern und Städter dortzulande, in Fachwerk errichtet, brennt also wie Pappe, ebenso wie das hohe, einst gotische, dann, nach seiner Verbrennung im Dreißigjährigen Krieg, neu im Stile Mansarts errichtete schönproportionierte Dachgeschoß, über dem ersten Stockwerk.

Dies Haus war nach der Enteignung 1946 Bürgermeisteramt, bis drei Gemeinden zu einer zusammengelegt wurden und der kommunistische Dorfschulze im Nachbardorf residierte. Dann war das

Haus Ferienheim und Tagungsort für SED-Jugendgruppen, zeit-
weise auch Schwesternschule, bis diese Ausbildungsstätte von hier
(aus Mangel an medizinischen Einrichtungen) in die Nähe des
Kreiskrankenhauses, also in die Stadt, verlegt wurde. Dann wurde
es bis zur Wende eine weniger und weniger beschickte Parteischule
der SED. Heute steht das Haus fast leer. Erst seit die Bundesregie-
rung es sich angeeignet hat, was Ende April durch Abweisung der
Klage der 1945 bestohlenen Familien durch das Karlsruher Verfas-
sungsgericht sanktioniert wurde, baut der Bund — der sich hier
ebenso als Hehler betätigt wie einst Pankow als Dieb — das Haus als
Gäste- und Jagdhaus für Regierung und diplomatisches Corps um
— für viele Millionen; also mit dem an sich lobenswerten Ehrgeiz,
auch die Barock-Stukkaturen an Decken und Wänden wiederher-
zustellen ... auch Bäder in alle jene Zimmer einzubauen, die für
Jagdgäste der Regierung vorgesehen sind. Hier, im finstersten
Gebiet des Thüringer Waldes, gibt es noch Hirsche und die von
Hitlers»Reichsjägermeister« Göring wieder ausgesetzten Waschbä-
ren, Luchse und Auerhähne in stattlicher Anzahl zu schießen. Das
Waldschloß, wie man es nennen könnte, will Bonn, um Miete zu
kassieren, an eine Hotelketten AG weitervermieten, aber behalten.

Was an schönen Möbeln — Barock der Bauzeit 1710: bescheide-
nes Bauern-Barock, Eiche, also unpoliert, keine Schloßmöbel im
Süddeutschen Stil — noch vorhanden war, ist in diesem Raum, in
dem auch die Täfelung und Stukkaturen an der Decke und schöne
Türen aus den Baujahren erhalten blieben, zusammengestellt wor-
den. Links und übereck eine Bücherwand, die wie im Museum mit
Maschendraht (wie ein Gartenzaun) gegen Diebe gesichert ist: Man
sieht altlederne, goldbeschriftete Bücherrücken, auch einige bunte
moderne Romane. Über dieser Täfelung oder Bücherwand sogar
noch neun Ahnenbilder, Frauen und Männer, auch dunkelbraune
— vergrößert auf das Format der Gemälde — große Porträt-Fotos
des 19. Jahrhunderts; auch ein flott impressionistisch gemalter Sol-
dat des Jahres 1914, ein damals gefallener roter, also Kasseler
Husar. Kein Teppich, breite Dielen, blank gescheuert.

Der eigentliche Schmuck, genauer: das nichtvergammelte Zubehör
dieses großen schönen, ovalen Raumes sind die sauber abgebeizten,

noch mit den Barock-Beschlägen verzierten zwei Flügeltüren links und rechts, schwere, massive Eiche, sehr hoch ...

Herbstgrauer Frühabend.

Wie der Bundespräsident anläßlich eines seiner ersten Besuche in den neuen Bundesländern als Ehrengäste die Königin von Holland und ihren deutschen Prinzgemahl mitnahm — so ist heute hier mit dem Kanzler der italienische Staatspräsident als Jagdgast angesagt, mit weit mehr Ministern und aus- und inländischen Diplomaten, als im Schlößchen selbst wohnen können... Es ist natürlich geheim, wer von denen hier — und welcher dieser Sonntagsjäger in Erfurt oder Weimar oder sonstwo Quartier bekommen wird.

Man hört schwere Bonner Bonzen-Wagen vorfahren, auch abfahren, auch Begleitmotorräder, Hupen, Türenschlagen, Ab- und Anfahren, »Herren«-Gelächter, dann sieben Waldhornbläser, die einen jetzt offenbar vorgefahrenen oder zur »Pirsch« abfahrenden Ehrengast mit einem Waidmannsheil-Ständchen sehr empfindungsvoll empfangen... oder ihm das Geleit geben.

Ein Kamerateam — die Bühnentechniker des Theaters — legt letzte Hand beim Aufbau zu einem Interview an: sie stellen so langweilig wie üblich die zwei Prachtstücke unter den Sitzmöbeln — zwei in der Tat erlesen schöne schlichte Barocksessel, die an der Wand standen — so gegenüber wie das eben bei Talkshows mit Prominenten gemacht wird. Lampen, Leitungen usw. noch im Aufbau. Da tritt die Redakteurin ein, die gleiche Schauspielerin wie in Weimar die Beschließerin im Goethe-Hotel. Hinter ihr einer der Bewacher — nicht ein gewöhnlicher Bulle, sondern der oberste der Chefs der Leibwächter, ein Ministerialdirigent in gepflegtem Zivil, aus dem Justizministerium. Er »schäublet« stark, ein Schwabe vom Dorfe.
Hinter ihm, mit Stahlhelm, silbernen Schnüren, grauen Handschuhen, Ärmelstreifen, Sportabzeichen: ein junger Bundeswehroffizier, Paradeuniform, mit dem roten Barett der Panzergrenadiere — sehr schön, sehr lang, stumm, doch schmückend

*wie ein Schellenbaum, die teure zwecklose Dekoration des
Ober-Aufpassers, dessen Imponiergetue beträchtlich durch
seine »suite«, den schmucken Bundeswehr-Jungbullen gesteigert
wird.*

RUTH: Hier wollte ich das oder die Interviews machen,
   denn dies ist der einzige Raum, der noch die Barockmöbel
   der Bauzeit des Schlößchens hat ... alle anderen Räume
   waren ja Parteischule und Büros bis zur Wende ...
   Danke, danke!
   Wie schön jetzt das Ständchen!
   Wird da jetzt der italienische Staatspräsident empfangen?
   *Sie dankt den Technikern, die sich, jetzt abgehend, der linken
   Tür zu bewegen, während nur ein Kameramann, seine Kamera
   hochgeschultert, noch stehenbleibt.*

AUFPASSER, *nickt andächtig und zeigt mißtrauisch auf die Techni-
   ker; tritt dann in »artigem« Abstand mit seiner uniformierten
   Ordonnanz ans Fenster:*
   Ja, der Ehrengast des Herrn Bundeskanzlers!
   O ja, eine gute Atmosphäre, der Raum — aber sagen Sie:
   sind diese Männer und Sie selber bei uns
   überhaupt a k k r e d i t i e r t ?
RUTH, *zu den Abgehenden:*
   Wartet bitte — Sie müssen, glaube ich, die Pässe zeigen.
   Zu dem Aufpasser:
   Ich arbeite doch mit meinem Team schon zehn Tage
   an einem Film: »Schlösser rund um die Wartburg«.
   In diesem Haus, weil es zentral gelegen ist
   und keine Touristen anlockt, so tief im Walde,
   es war zuletzt ja Parteischule, haben wir unser Standquartier.
AUFPASSER, *nennt dann mit Stolz Namen und Titel:*
   Aber um Gottes willen doch j e t z t nicht mehr!
   Schließlich wird hier seit einer Woche
   für die Jagd des Diplomatischen Corps Quartier gemacht!
   Ich bin Ministerialdirigent Dr. Schulze-Pforzheim
   und leite die Begleitkommandos aus Bonn

... wird Ihnen ja verständlich sein, da wir heute
den italienischen Ministerpräsidenten als Gast herbringen ...
Sind Sie – darf ich Ihren Presse-Ausweis sehen? –
von ZDF oder ARD?
Er gibt ihn ohne weiteres dem Offizier, der nach Hackenschlag
und Gruß mit dem Paß abgeht, nachdem er noch die Pässe des
Kamerateams, das anschließend abging, wortlos eingesammelt
hatte.

RUTH: Weder – noch: Deutscher Fernsehfunk Adlershof,
 – eine Abgewickelte, allerdings mit Schonfrist
bis 30. 6. Dies ist mein vorvorletzter Film.
AUFPASSER: Über die Schlösser Thüringens?
RUTH: Genauer: »Was wird aus den Schlössern
seit der Vereinigung?«
Wir haben natürlich auch die Renovierung dieses Hauses
Sie »schnüffelt« auffällig.
 – riecht ja überall noch nach Terpentin und Lack
und Farben – gefilmt und sehr lustig auch die Szene,
wie Ihre Bonner Herren die Abhörgeräte des Stasi
hier gesucht und das Haus entwanzt haben:
einundvierzig Wanzen wurden im Schloß gefunden!
AUFPASSER: Aber wer gab Ihnen die Genehmigung,
diesen Film ... ich meine: auch dieses Schloß zu betreten?
RUTH: Das Erfurter Kulturministerium!
AUFPASSER, *entsetzt, fast ein Aufschrei; er hat das schwankende,*
daher aggressive Selbstwertgefühl des ganz von unten Hochge-
dienerten; er hat von seinem Vater die terroristisch ausgeartete
Ordnungssucht des Hausmeisters einer schwäbischen Dorf-
schule geerbt:
Aber dazu sind die n i c h t befugt! Dieses Schloß
ist bundeseigen. Ist wie Schloß Niederschönhausen
übergegangen in Bundeseigentum;
untersteht allein – ich betone: allein –
der Bonner staatlichen Verwaltung
Schlösser, Gärten und Museen der Bundesrepublik,
ergo: des Bonner Innenministeriums.

Es ist ganz unerhört, einem bei uns nicht akkreditierten Team
Zugang zu diesem Gästehaus
der Bundesregierung zu gewähren!
Sie verstehen, daß wir nach dem Attentat
auf den Innenminister
die gleichen Sicherheitsmaßnahmen ergreifen müssen,
wie vor dem Betreten von Flugzeugen ...

RUTH, *anfangs noch ohne Ironie, dann amüsiert:*
– Ja, verstehen wir um so mehr,
als ich vermutlich überhaupt die erste
vom Ost-Fernsehfunk bin,
der die hohe Ehre zuteil wird,
den italienischen Staatspräsidenten zu interviewen.
Vor allem auch meinen verehrten Herrn Bundeskanzler ...

AUFPASSER, *deutlich reservierter; er bedient ein bisher unsichtbar
gewesenes Sprechgerät, das er plötzlich aus seiner Rocktasche
zog:*
Bin leider nicht befugt, Ihnen schon jetzt zuzusagen,
daß Sie auch den Herrn Bundeskanzler filmen dürfen, denn ...

RUTH, *frech, ihr Hohn jetzt ungetarnt; er hat sich abgewendet, ein
wenig, und flüstert in sein Sprechfunkgerät:*
Mir ist jeder andere ebenso recht – Hauptsache:
er verfügt über den gleichen Sprachzauber und Charme und
eine wenigstens annähernd ebenso sympathische Ausstrahlung
wie unser verehrter Herr Bundeskanzler ... nicht austauschbar,
allerdings, ist sein Gast, der italienische Staatspräsident,
da der noch nie von einem Ossi-Filmteam
über das neue, nun vereinte Deutschland
befragt werden konnte.

AUFPASSER, *jetzt sehr gereizt, ja aggressiv:*
Auch d a s kann ich Ihnen nicht ohne weiteres erlauben:
den Herrn Italienischen Staatspräsidenten zu filmen!

RUTH: Das sollen ja auch nicht S i e mir erlauben, sondern e r !
Ich spreche italienisch. Und vermute,
der Staatspräsident Italiens
kann selber entscheiden,
ob er in Deutschland ein Interview gibt.

AUFPASSER, *bedrohlich jetzt:*
I c h bin haftbar für die Sicherheit der Gäste.
RUTH: Und ich als Ossi, als Type des stillgelegten
Deutschen Fernsehfunks:
also ein Sicherheitsrisiko?
AUFPASSER: Allerdings — da ich und meine Männer
Sie und Ihr Team
ja überhaupt nicht kennen: Sie sind nun mal in Bonn
nicht akkreditiert! Und wiederhole:
Die Landesregierung Thüringen war gänzlich unbefugt
— ist ja noch schöner! Ihnen Zugang in dieses Jagdschloß
als bundeseigenem Vermögen zu gestatten.
Völlig unstatthaft!
Wie kommen Sie überhaupt auf dieses Schloß?
Wieso in dieses Haus, woher kennen Sie das?
RUTH, *lapidar:*
Woher ich mein Elternhaus kenne?
AUFPASSER: Ja, wie kommen Sie in dieses Haus — w i e ?
Amüsiert, so boshaft wie inquisitorisch, ja hohnlachend bei sei-
nem letzten Wort:
Sagten Sie — »Eltern«-Haus?
W i e ? — w a s : Ihr E l t e r n -Haus, aha: Stasi-Spitzel!
RUTH: S p i t z e l ? Sagten Sie — Spitzel?

Und schon stürzt er hin, ärschlings, die Füße gen Himmel, denn
bereits bei »W i e« und »W a s« und vor allem wegen der Art,
w i e er diese Fragen stellte, hat die ihn körperlich um Hauptes-
länge überragende Frau sich vorbereitet, ihm überraschend eine
Ohrfeige zu klatschen — bei lang ausholendem Arm —, die eine
Dogge umgeschmissen hätte. So trifft nur, wer den Schlag
geplant hat. Das Sprechgerät, das er in der Hand hielt, auch die
Brille, fliegen weit ins Zimmer. Sie zitiert murmelnd, was sie viel
mehr empört hat als die Denunziation: »Spitzel«.

RUTH: Wie ich in mein Elternhaus komme!
Sie hebt seine Brille auf, der Kameramann stützt ihn, denn erst
jetzt hat der lang Hingeschlagene sich mühsam aufgerichtet;

zuerst, da am Boden, mußte er sein Taschentuch ziehen, weil ihm
Nase und Mund heftig bluten.

Aufpasser, *schreit, bevor er noch versucht, aufzustehen; er liegt,*
auf seine Ellenbogen gestützt:
  D a s werden Sie büßen!
Ruth, *lustig:*
  Wieso? − Sie haben doch was gelernt: Daß nämlich auch Bullen
  Leibbullen benötigen, wenn sie solche Unverschämtheiten
  zu einer Frau sagen . . . wie ich »in mein Elternhaus komme«!
  Habe ich S i e gefragt, wie Sie hier hereinkamen:
  als Hehler, ja!
  Kommunisten: Diebe, die CDU − Hehler!
  Sie hat aus ihrer Handtasche ein Taschentuch gezogen, dazu ein
  Päckchen Tempotaschentücher, reicht die dem einen der Team-
  Kollegen, der noch mit der Kamera auf der Schulter dasteht − er
  legt die Kamera rasch ab − und sagt:
  Mach die doch − da ist ein Wasserhahn − mal naß
  und bring's ihm.
  Zum Aufpasser, der jetzt auf den Beinen ist:
  Setzen Sie sich da und legen Sie den Kopf zurück.

  Das muß er tun, weil so viel Blut aus seiner Nase läuft. Der
  Kameramann rennt zur Türe hinaus und kommt alsbald zurück
  mit den nassen Taschentüchern; sie nimmt ihm das aus Stoff ab
  und legt es auf die blutende Nase.

Aufpasser, *Kopf im Nacken, im Sessel schreit:*
  Dieser Schlag beendet Ihre Karriere!
Ruth, *lapidar, ja lustig:*
  Längst beendet: Schon Silvester −
  wie die der anderen zehntausend
  von fünfzehntausend Funk- und Fernsehleuten,
  wenn die Ossis waren. Zehntausend entlassen,
  weil Bonn unseren Sender liquidiert hat.
Aufpasser, *wieder sehr laut:*
  Ehrenwort: ich bringe Sie vor Gericht.

Ruth, *einfach:*
Schön wär's – dann käm' mal an die Öffentlichkeit,
ob hierzulande Unbescholtene als Spitzel
beschimpft werden dürfen!
Aufpasser: So haben Sie sich selbst genannt!
Ruth: Ich?
Aufpasser: Ja, oder haben gelogen, als Sie sagten,
dies sei Ihr Elternhaus!
Denn i c h habe die Bewohner hier observiert und . . .
Ruth: Dann sind S i e ein Spitzel: wer fremder Leute
Häuser observiert – ist ein Spitzel.
Aufpasser: »Fremder Leute«? – das Schloß gehört dem Bund!
Bevor meine Männer die SED-Abhörgeräte entfernten,
guckte ich mir die einzige Familie an, die hier
Wohnung hatte: die Hausmeister-, die Spitzel-Familie!
Ein f e i n e s Elternhaus, gratuliere!
Entweder Sie waren ein Spitzel oder haben nie hier gewohnt!
Diese Erklärungen kann er nur stockend abgeben, denn der
Schlag hat ihm auch die Lippe eingerissen.
Ruth: Sie müssen zum Arzt . . . wie Sie bluten.
Die Bonzen werden ja einen Arzt dabei haben, für den Fall,
daß die sich ins Knie schießen als Sonntagsjäger:
hol den Arzt her . . . bitte.
Das sagt sie zu dem Kameramann.

Aufpasser *schreit ihm nach, doch der ist schon hinaus:*
Hierbleiben! – entscheide ich, i c h entscheide hier
– ich werfe Sie sowieso jetzt hinaus samt Ihrem Team,
Sie haben sich ungesetzlich hier eingeschlichen.
Und haben ja auch noch die Schlüssel, offensichtlich,
zu Ihrem feinen »Elternhaus« . . .
Ruth, *sehr bedrohlich – so bedrohlich sie sich vor ihm aufgebaut*
hat. Da sie ohnehin diese Szene mit einem Gewaltakt beenden
will, so ist vielleicht in ihrem Unterbewußtsein jetzt auch der
Gedanke, den Beleidiger totzumachen. Jedenfalls spricht sie jetzt
so zu ihm, daß er das ebenfalls für möglich hält:
Vorsicht, Herr Müller-Pforzheim . . .

AUFPASSER: Schulze-Pforzheim, bitte. D o k t o r
Schulze-Pforzheim, Ministerialdirigent.

RUTH: Vorsicht — zwei Ihrer Vokabeln vertrage
ich ungewöhnlich schlecht:
einschleichen und ungesetzlich.
Hüten Sie sich, m i r das vorzuhalten,
ausgerechnet in d i e s e m Hause!

AUFPASSER: Aha, ja: Ihr »Elternhaus«!
Dummdreist höhnisches Lachen.

RUTH, *gefährlich:*
Da Sie die Hausmeister- und Spitzelfamilie
selber observiert haben
— w i s s e n Sie, daß ich zu alt bin, deren Tochter
sein zu k ö n n e n ... die waren jünger als ich,
die Sie neulich als Pankower Spitzel
rausgesetzt haben, um Bonner Spitzel einzuquartieren ...

AUFPASSER: Aha, das geben Sie also zu, die gekannt zu haben!

RUTH: Unterstellen Sie also nicht noch einmal,
diese Spitzel seien meine Eltern
— sonst t ö t e i c h S i e !
Dieser Schlagring, den ich bei mir trage, weil ich
am Wald wohne und zweimal belästigt wurde auf Heimwegen,
macht das konsequenter als eben nur meine Hand ...
ich bekäme, da Sie mich vor Zeugen
gegen besseres Wissen Spitzel schimpften,
drei Jahre auf Bewährung, verteidigte ich meine Ehre.

AUFPASSER, *schon während sie ihm noch beträchtlich einschüch-
ternd den Schlagring, den sie ihrer Manteltasche entnommen
hatte — sie trägt einen leichten Staubmantel —, über den noch
zurückgelehnten Kopf hielt — er muß ja Blut stillen —, antwortet
nun kläglich:*
Aber S i e sagten, dies sei Ihr Elternhaus;
andere als Spitzel wohnten tatsächlich nicht hier!

RUTH, *zeigt auf den Porträtbilder-Fries über der hellbraunen
Täfelung:*
Dort einige Vorfahren ... vierzig Jahre,
bevor die Spitzel hier Wohnung nahmen,

wurden meine Mutter, meine Großmutter, ich von der SED
zwangsentfernt, mit der Drohung,
ins KZ zu kommen, würde sich meine Familie ihrem Haus
je wieder auf dreißig Kilometer nähern.

Da meine Mutter schon bei den Nazis im KZ gesessen hatte
und da in Buchenwald Russen und deutsche Kommunisten
nur etwa zwanzigtausend Menschen weniger ermordet haben
als die Nazis — hüteten wir uns,
diesem Hause noch einmal nahezukommen,
nach seiner Enteignung 1947, da war ich drei . . .
Dieser ersten Enteignung durch Kommunisten folgte am 29. 4.
dieses Jahres die zweite durch das
Karlsruher Verfassungsgericht;
daher sagte ich: Kommunisten die D i e b e ,
CDU/FDP — die H e h l e r . . .
Denn deren Einigungsvertrag mit den Ossis
gibt uns nicht einmal das Inventar, die Bilder da oben zurück:
obgleich die wie das Schlößchen
ja kaum als »Produktionsmittel«
anzusprechen sind . . . Die Moral der BRD,
die angeblich auf Garantie des Privatbesitzes beruht!
In Wahrheit arbeitet sie als dreckige Hehler-Vereinigung,
wo sie Gestohlenes weiterverkauft oder selber behält.

AUFPASSER, *herablassend. Noch immer kann er nur mühsam*
sprechen, behindert durch Benommenheit und Wunde:
Typisch, daß Sie als Gutsbesitzer-Nachkomme nicht fragen,
was mit den Landarbeitern werden sollte, würde Bonn
denen das Land wieder wegnehmen,
das die bei der Bodenreform erhalten haben.

RUTH: N i e m a n d erhielt hier einen Meter Land bei der
Bodenreform der Kommunisten,
hier gab's gar kein Bauernland!
Das war und ist ein W a l d gut und wurde niemals aufgeteilt.
Folglich war es seit 1947 »Staatswald«, sogenannter, der DDR,
wo ihre Bonzen und Diplomaten jagten. Seit 1992
— Geschenk der Treuhand an Ihren Brotgeber Bonn —,
»Staatswald« der BRD, wo nun d e r e n

Bonzen und Diplomaten
auf Jagd gehen ... sofern der Radau da im Hof,
die zweihundert Superlimousinen samt Begleit-Motorrädern,
nicht sämtliches Wild längst vergrämt haben.
Sie machte eine Kopfbewegung Richtung Schloßhof, wo man
noch immer die Staatskarossen vor- und abfahren hört, samt
Türenschlagen, auch Hupen.

AUFPASSER: Dann entschuldige ich mich für: »Spitzel«!
RUTH, *streckt ihm die Hand hin:*
    Entschuldige mich auch – daß mein Brillant-Ring:
    mein letztes Stück aus diesem Haus, Sie so arg verletzt hat!
    War nicht beabsichtigt.
AUFPASSER, *der ihre Hand übersieht:*
    Ihr Herr Vater muß sich nun einmal damit abfinden,
    daß nun sein Gutshaus Bundeseigentum wurde.
    Rechtsstaatlich.
RUTH, *wegwerfend:*
    Wo bleibt der Arzt? – meinem Vater hat das niemals gehört,
    sondern meinem Großvater, mein Vater wurde aufgehängt.
AUFPASSER: Von den Kommunisten?
RUTH: Nein, von den Nazis: Er war mit neunundzwanzig der
    jüngste der Freunde Stauffenbergs,
    sein Bamberger Regimentskamerad,
    der nach einem geglückten Attentat
    mit seinen Soldaten die ostpreußischen Nazis in Königsberg
    hätte hoppnehmen sollen.
AUFPASSER: Ich bin Jurist: Wenn Ihr Gut hier nicht erst von den
    Russen und Kommunisten enteignet worden ist,
    sondern schon von den Nazis:
    müssen Sie es doch heute wiederbekommen
    – die Nazis schrieben doch allen Verschwörern des 20. 7. 44
    unters Todesurteil: »Sein Vermögen verfällt dem Reich«!
RUTH: Mein Vater war noch zu jung, um Vermögen zu haben,
    Gut und Haus gehörten nicht ihm,
    sondern seinem Schwiegervater,
    meinem Großvater, dem ich Sie gleich vorstellen werde ...

AUFPASSER, *der hinter Ruths Rücken Arzt und Kameramann und seine schöne Ordonnanz eintreten sah:*
Tag, Herr Professor, bin g e s t ü r z t , wie Sie sehen,
aber das Bluten hat, glaube ich, schon aufgehört.

ORDONNANZ, *nimmt Hacken schlagend »Haltung« an vor dem Lädierten, reicht ihm sieben Pässe hin, die der ihm nicht abnehmen kann, da er das Taschentuch in der Hand hält, und meldet salutierend:*
Niemand im Fahndungsbuch, keine Bedenken!

AUFPASSER, *kräht vorgesetztenwichtig, so weit sein arg lädiertes Mundwerk das zuläßt:*
»Fahndungsbuch« — Mann: Das sind O s s i -Pässe!
Sie sollten rückfragen in Bonn,
ob die als Stasis registriert sind!
Entschuldigen Sie, Herr Professor.

ORDONNANZ, *Hacken schlagend, grüßend, Hand am Helm, wiederholt den Befehl:*
Ob als Stasis registriert, jawohl, Herr Ministerialdirigent!
Kehrtwendung, ab.

ARZT — *jener Schauspieler, der in der Goethe-Hotel-Szene den Dr. Drepper spielte; niemand könnte ihm ansehen, ob er an den »Sturz« glaubt. Vermutlich: ja — einfach deshalb, weil ein Fausthieb so unvorstellbar ist:*
Da haben Sie aber einen bösen Sturz getan,
— ja, wie heißt es im ›Zerbrochenen Krug‹:
»Zum Straucheln braucht's doch nichts als Füße«!
Keine Kopfschmerzen? ... reicht auch so, ich mache,
wegen der eingerissenen Lippe besser eine Spritze:
könnten ja Bakterien aus dem Mund
an die Wunde kommen ...

Auf die Frage: Kopfschmerzen? — hat der Verarztete nur den Kopf geschüttelt, da er nicht sprechen kann, weil der Doktor ihm mit der Hand — Gummihandschuh — im Gesicht fummelt. Er hat gleich bei Betreten des Zimmers sein Köfferchen geöffnet

*und desinfizierende Watte, Jod usw. herausgenommen und
wischt mit getränkter Watte dem Gesicht die Blutspur ab. Nimmt
nun die Spritze usw. Ruth ist aus dem Zimmer gegangen, nachdem sie dem Arzt, der Arzt ihr zunickte; ab auch ihr Kameramann.*

ARZT, *murmelt, während er tätig ist:*
Die Bundestagspräsidentin wurde eben vorgefahren:
Schießt die denn auch Hirsche?
Auch einige Kabinettsmitglieder sind schon da,
der Bundeskanzler noch nicht ...

AUFPASSER, *kann jetzt reden, ein wenig verklebt durch Pflaster,
daher sein Reden so »tönt«, als habe er Essen im Munde:*
Danke – ja, Herr Professor, herzlichen Dank! Muß unbedingt
nach dem Rechten sehen. Sind auch Sie hier im Schloß
oder wo sind Sie einquartiert?

ARZT, *während der Aufpasser »Au« schreit und die Füße hebt, die
Spritze in die Lippe tat offenbar weh:*
Ja, tut ein bißchen weh, Spritze in die Lippe.
Das Protokoll wollte mich in Erfurt oder Weimar
ins Hotel setzen – ich hab' protestiert:
Wozu einen Arzt mitnehmen auf Diplomatenjagd,
– »Diplomatenjagd« ist gut, sollte Hirschjagd heißen,
wenn er nicht vorhanden ist für den Fall,
einer unsrer Gäste schießt einen andern:
die meisten haben doch sicher nie ein Gewehr angerührt?

AUFPASSER, *steht jetzt auf, fertig verarztet, höchst humorlos,
pathetisch, »echt« besorgt:*
Danke! Ja, meine Verantwortung ist fürchterlich:
wie soll man im Thüringer Wald absperren?
Muß erst mein Hemd wechseln, total durchgeblutet.
Und auch, was Sie sagen: Die sind doch durch die Bank
Sonntagsjäger, unsre Minister, die sind nicht mal haftbar,
wenn sie einen Kollegen erschießen!

ARZT, *ungerührt, da er diese »Herren« ja tagtäglich erlebt seit
Jahren:*
Was zweifellos die meisten g e r n täten!

Minister schießen: das würde ja auch
w e n i g e r Schaden anrichten
als der Nation die B ö c k e schaden,
die unsre Herren schießen!
Apropos: Minister schießen − wäre ich Attentäter,
ich schliche mich als Fernsehmensch
in eine Jagdgesellschaft ein, wenn ich hier so sehe ...

AUFPASSER, *entsetzt, ja sieht sich um, als könne jemand zuhören:*
Doktor, was sind denn d a s für perverse Gedanken!

ARZT: Im Ernst, wenn ich so sehe, wie ungeniert
hier Kameraleute rumlaufen,
jede große Kamera könnte doch leicht
eine Pistole tarnen ... ich sage das,
weil's doch schmachvoll ist, daß vierzig Jahre lang
kein einziger Häuptling im Ostblock ermordet wurde.
Wenn man uns Deutschen zu Recht niemals verzeiht,
den Hitler bejubelt zu haben, immerhin: zwei Bomben
wurden doch binnen fünf Jahren zu seinen Füßen gezündet,
die vom Elser und die vom Stauffenberg ... aber die Ossis
sämtlicher Länder − pfui Deubel:
haben in vier J a h r z e h n t e n
keinen einzigen umgelegt! Sie hatten fraglos d i e Tyrannen,
die sie − ich sage nicht: w o l l t e n ,
die sie aber kaum gestört haben ...
dabei gibt's, seit's Fernsehen gibt,
so gute Chancen, Tyrannen totzumachen!

AUFPASSER, *man sieht seinem mediokren Büro-Vorsteher-Gesicht*
an, wie »gemischt« die Gefühle sind, die der Arzt in ihm auslöste:
Berufsverkrüppelt wie er ist, hätte er noch immer mehr
Sympathien für Ulbricht als für jeden, ohne Ansehen der Person,
der einen Ulbricht erschossen hätte:
Sie haben eine Art, darüber zu reden, eine Unart, Professor:
die ja Attentate gradezu h e r b e i -redet!
Übrigens, diese Fernsehreporterin i s t Tochter eines
Mit-Attentäters von Stauffenberg.

ARZT, *die Türe, die er wie Hunde und Respektspersonen aufließ,*
hat längst angstvoll der Aufpasser geschlossen:

Ich sagte das nur, weil ich als Wessi die Ossis nicht leiden kann:
Was immer ich hier beobachtete als Reisebegleiter
– und wie nun die Ossis sich verbeugen, ja: verbiegen
vor Wessi-VIPs: g e b l i e b e n in Osteuropa, sieht man da,
sind die g e b o r e n e n Untertanen, während die Aufrechten
schon vor zwanzig Jahren nach Westen türmten!

RUTH, *die wieder eingetreten ist, vor ihr ein sehr alter Herr, ihr
Großvater, fällt dem Arzt ins Reden:*
Vor dem Mauerbau waren viele noch Kinder.
Nach dem Mauerbau – eingesperrt!
Aber ganz falsch – ich bin Ossi –, Herr Doktor, ist leider nicht,
was Sie sagen über unsere Schaf-Mentalität:
Sie muß wohl a n g e b o r e n sein, denn jetzt, in Freiheit,
lassen wir uns ja auch alle Niederträchtigkeiten gefallen,
die ihr Wessis uns antut, wenn man absieht vom Mord
am Treuhand-Präsidenten, sofern der von Ossis kam.
Großvater, ich stelle dir den Chef der Bonner
Begleitkommandos vor,
Ministerialdirigent Dr. Schulze-Pforzheim.
Und den Arzt der tausend VIPs, die Bonn heute
hier zur Jagd versammelt ... Verzeihung, Herr Doktor,
daß Ihr Name ...

AUFPASSER, *stellt ihn rasch vor:*
Professor Dr. Hillerbrechter
– ja, unser Medizin-Oberschützer.

RUTH, *weist auf ihren Großvater:*
Professor von Roessing, einst Humboldt-Universität.

ARZT, *rasch, verbeugt sich fast feierlich:*
Kenne Sie natürlich! Alle Ärzte im Westen, Herr Professor:
kennen doch Europas berühmten Molekularbiologen.
*Zu dem Aufpasser, auch zu Ruth, lächelnd wie ein Fachmann
eben leutselig zu Laien spricht:*
Was auch jeder Nichtmediziner im Westen wissen sollte.

ROESSING, *sich verneigend, gab dem Aufpasser die Hand, jetzt
herzlich auch dem Arzt, der ihm aus dem Mantel hilft; Roessing,
indem er ihm auch den Hut gibt; beides nimmt Ruth dem Arzt ab:*
Ich danke Ihnen, Herr Collega ...

ARZT, *zum Aufpasser; was er hier Roessing zuschreibt, ist tatsächlich die Leistung des Chefs des Instituts für Molekularbiologie in
Berlin-Buch, Professor Friedrich Karl Jung, Jahrgang 1915:*
Professor von Roessing kommt zum Beispiel
das Verdienst zu, daß in der DDR niemals,
in keinem einzigen Fall: ein Contergan-Krüppel
geboren wurde,
weil er dieses Medikament beizeiten verboten hat;
zweitens sitzen seine Schüler
als Ordinarien auf einem halben Dutzend
bundesdeutscher und Schweizer Lehrstühlen.

RUTH, *selbstbewußt:*
Auch einen englischen und amerikanischen
Lehrstuhl haben zwei Assistenten von Großvater!

ROESSING, *stolz, doch auch verlegen; kein übertriebener Stolz,
sondern die ausnahmslos a l l e n Alten anzumerkende Genugtuung, wenn neue Generationen noch wissen von ihrer Lebensar-
beit; er hebt abwehrend die Hände:*
Halt, halt − so bin ich ja noch nie von Komplimenten
überschwemmt worden! Kann ich hoffen,
meine Schüler, die Sie dankenswerterweise erwähnen,
Herr Collega, b l e i b e n jetzt ordinabel?
Oder verlieren die womöglich ihre Lehrstühle,
sogar die in Westdeutschland,
nur weil sie meine Schüler waren, ich aber in der DDR
zweimal den Nationalpreis erhielt −
sogar den »Vaterländischen Verdienstorden«.

RUTH: Wann wird, Herr Professor, Herr Ministerialdirigent,
der Arbeitsminister als Jagdgast erscheinen?

AUFPASSER: Ist vermutlich schon da.
Hat auch Quartier hier im Schloß.

RUTH, *lächelnd:*
S e i n Ministerialdirigent − keine Ahnung, ob der
auch sein Pressesprecher ist: hat mir ein Interview
mit dem Minister in Aussicht gestellt.
Ich bin wohl die erste, die den Minister
mit einem prominenten Rentner der ehemaligen DDR

– deshalb ist mein Großvater mit hergekommen –
zu einem Gespräch vor der Kamera vereint.

Sie weist auf ihren Großvater, während der Aufpasser es jetzt
eilig hat, zu entkommen: Ihm als Beamten ist es unheimlich,
Ohrenzeuge eines bonnkritischen Disputs zu sein. Man sieht:
er will unterbrechen und abhauen, schafft das aber noch
nicht ...

Es gab noch nie einen Film, der den Minister
mit einem von ihm Entrechteten zeigte.

ARZT, *lacht:*

Was schon beweist, daß der Minister
sich auch heute nicht filmen lassen wird.
Ich staune, daß nicht die höchste
Standesvertretung der Mediziner Protest einlegt
gegen diese Diffamierung der Ossi-Kollegen!

ROESSING, *lacht resigniert:*

Regen doch S i e das an!
Wem Gott ein Amt schenkt
– schenkt er auch Kollegen;
w a n n hätten die, w o hätten die j e etwas getan
ausgerechnet für Angehörige des gleichen Berufs?

AUFPASSER, *lacht verlegen:*

Sie entschuldigen, ich muß ein frisches Hemd anziehen
und mich um meine Schutzbefohlenen kümmern –
Wiedersehen!
Schnell ab.

ARZT: Aber Emeritierte sind doch keine Konkurrenten mehr!
– Wiedersehen, komme auch gleich!

ROESSING, *der auch dem Aufpasser zunickt:*

Vae victis: betrifft ja nicht nur Mediziner,
sondern uns »Besiegte«, kann man nicht sagen
– uns Übertölpelte aus Osten allesamt!
Haben Sie je e i n Wort der Solidarität,
von der weitaus machtvollsten Organisation gehört,
die den Bonner Staat beherrscht:
vom deutschen Beamtenbund?

ARZT, *lacht böse:*
Ja, das Problem der Berufssolidarität löst sich insofern,
als es niemals irgendwo welche gab.

RUTH, *während sie an einem Tischchen Obst schält und schneidet,*
einen Apfel, eine Apfelsine, die sie — mit einer Stoffserviette und
einem Teller, die sie in einem Stoffbeutel hatte — ihrem
Großvater dann geben wird. Der alte Mann hat sich in den Sessel
gesetzt, den der Arzt ehrerbietig dem Nestor hingerückt hatte:
So ist es: Bonn hebt Unrecht in der ehemaligen DDR nur auf,
wenn es ihm nicht auch nutzt — sonst prolongiert es
die hiesigen Schweinereien!
Du hast schon viel zu lange nichts gegessen, Großpapa.

ROESSING, *nimmt den Obstteller mit der Serviette:*
Danke, ich danke dir, mein Kind.

RUTH, *zum Arzt, der sich auch gesetzt hat; hält ihm einen Apfel hin,*
ohne Teller:
Haben Sie auch Lust auf einen Apfel — ganz wunderbare
Gravensteiner; ich muß immer achtgeben, daß Großvater
überhaupt das Essen nicht vergißt.

ARZT, *nimmt den Apfel, beißt gleich rein:*
Danke, ja — ausgezeichnet!

RUTH: Herr Professor, kennen Sie den Arbeitsminister persönlich?
Ich würde dann S i e bitten, ihn anzugehen, ob er bereit ist,
mit dem Nestor der DDR-Naturwissenschaftler zu dessen
neunzigsten Geburtstag . . .

ARZT: Macht der nie — der wittert natürlich, daß Sie ihn
aufs Glatteis führen wollen:
Manchmal ist bei denen die Furcht noch stärker als
sogar die Eitelkeit, täglich ins Fernsehen zu kommen.

RUTH, *da sie merkt daß auch e r nicht will:*
Sie haben recht — aber würden denn Sie
als ein so prominenter Wessi-Mediziner mit Großpapa
vor der Kamera sprechen, wenn er
in diesem Haus zurückblickt?

ROESSING, *winkt ab:*
Aber ich bitte dich, Ruth! Du bringst Professor Hillerbrechter
in Mißkredit, wenn er sozusagen als Regierungsmediziner . . .

ARZT, *erst verlegen, dann »kühn«; er k a n n ja jetzt nicht kneifen:*
Nein, nein – durchaus nicht, nur sagen Sie:
so gern ich vor der Kamera mit Ihrem Herrn Großvater
Medizin-Probleme und überhaupt Berufsfragen zwischen
Ossi und Wessi erörtere:
– wieso, »wenn er in diesem Haus zurückblickt«?
RUTH: Wir können doch offen sprechen: Großvater ist neunzig,
wie oft wird er noch gehen durch sein Geburtshaus,
das er heute zum ersten Mal
seit der Enteignung wiedersieht ...
ARZT, *bestürzt mehr als überrascht, ruft aus:*
I h r Geburtshaus, Herr von Roessing!
... wieso dann enteignet?
Sie waren doch im Widerstand gegen Hitler, ich dachte ...
ROESSING: Nein – ich nicht!
Ihr Vater, mein Schwiegersohn, war der jüngste
Er zeigt auf Ruth
der aufgehängten Offiziere, und Ruths Mutter, meine Tochter,
kam damals ins KZ. Meine Frau blieb mit Ruth ...
zurück als ihr Babysitter. Ich war Frontarzt,
konnte beweisen, meinen Schwiegersohn siebzehn Monate
nicht gesehen zu haben:
so wurde ich bald aus der Haft entlassen.
ARZT: Und Bonn gibt Haus und Wald Ihrer Familie nicht zurück?
Obgleich Ihr Schwiegersohn von Hitler gehängt wurde?
ROESSING, *nickt, zeigt auf die Porträts; sarkastisch lachend:*
Nicht einmal die Ahnenbilder gibt man uns!
Sind offenbar auch zu verstaatlichende Produktionsmittel,
– und hinein in dieses Schlößchen
darf ich jetzt ebensowenig wie zur Zeit der SED-Tyrannei;
Ruth als Fernsehreporterin hat mich gestern
erstmals hier eingeschmuggelt,
Er lacht, die beiden anderen sind sehr viel ernster geworden
denn ich bin ja nicht im Sinne Bonns VIP,
also gar nicht würdig, hier im Wald zu jagen,
oder auch nur zu s e i n !

RUTH: Großvater darf zwar nicht in sein Schloß zurück, doch
»erlauben« die Bonner Hehler ihm gütigst,
einen Mietzuschuß zu beantragen,
nach fast sechzig Berufsjahren,
weil die Rente auf zweitausend gekürzt wurde,
aber die Miete auf neunhundert gesteigert.

ARZT: Also, Herr von Roessing, dieses Gespräch
vor der Kamera mit Ihnen zu haben:
ist mir eine hohe Ehre. Ich bin empört!
So drastisch habe ich noch nie
die Moral der »sozialen Marktwirtschaft« erfahren.

RUTH: D i e hier waren Diebe. Ihr W e s s i s seid Hehler!
Sagte ich zu Schulze-Pforzheim auch.

ARZT, *lacht:*
Haben Sie dem deshalb das Nasenbein angeknackst?

RUTH, *lächelt:*
Das haben Sie gemerkt?

ARZT, *nickt:*
Wer so lädiert ist durch einen S t u r z
– hätte einen Schädelbruch:
Nein, das konnte nur ein Hieb sein!
Frage mich natürlich: Warum war er trotzdem so friedlich?

RUTH: Weil er mich zweimal Spitzel genannt hat.
Noch mehr in Rage brachte mich:
Er sagte, i c h hätte mich »eingeschlichen«,
»ungesetzlich« – in mein Geburtshaus!

ARZT: Ich teile ihm offiziell jetzt mit,
daß ich fürs Fernsehen ein Gespräch führe
mit dem international wegweisenden Pionier
für Molekulargenetik,
dem Nestor auch der DDR-Mediziner ...

Sie bückt sich, entnimmt ihrem Eßbeutel eine Flasche Weißwein.

RUTH, *fröhlich:*
Opa – du mußt mit mir aus e i n e m Glas trinken,
sonst habe ich für deinen Kollegen keines ...

Sie schenkt den beiden ein.

Roessing, *oft die Hand am linken, mit Hörknopf bestückten Ohr:*
»Nestor« allein – ist keine Übertreibung.
Aber ein Verdienst ist es auch nicht …
der Älteste zu sein: grau ist jeder Esel!

Arzt: Alt werden, wenn jemand ein so stürmisches Leben hatte,
verehrter Herr von Roessing, ist
– auch ein m o r a l i s c h e s Verdienst!
Zu der Tragödie Ihres Schwiegersohnes, Ihres Vaters:
Warum – erklären Sie mir das! – hat Stauffenberg
nicht g e s c h o s s e n ? Die Bombe legen
– und dann entkommen wollen?

Roessing: Wie hätte er schießen k ö n n e n !
Er hatte noch e i n Auge,
noch e i n e n Arm und drei Finger!
Er imitiert das:
Mit seinen Zähnen und drei Fingern
stellte er den Zeitzünder ein!

Arzt: Wir werden in unserem Gespräch auch solche
… persönlichen und historischen Fragen berühren?

Ruth: Ich bitte Sie sehr darum, S i e haben die Gesprächsleitung
– zumal ich nicht anwesend sein werde:
Es würde zu persönlich! Ich bin auch ganz fehl am Platze,
wenn ein Medizinprofessor einen großen Arzt
anläßlich seines 90. Geburtstages interviewt, nicht wahr?

Arzt: Wann ist Ihr Neunzigster, Herr von Roessing?

Roessing, *hebt abwehrend die Hand:*
Wenn ich ihn noch erlebe – in sechs Wochen:
die Schienbeine und die Hoffnungen nicht so weit vorstrecken!

Ruth, *will das rasch überspielen, lachend:*
Sie kriegen – übrigens auch du, Großvater,
selbstverständlich ein Honorar.

Arzt, *lacht:*
Überweisen Sie's Greenpeace oder dem Roten Kreuz.
Ich sehe jetzt unten die Jagdgästeliste an
und frage, ob ich gebraucht werde,
– dann können *wir* loslegen, wie?
Die sind jetzt alle auf der Jagd,

und wenn keiner der Sonntagsjäger
einen anderen schießt,
werde ich heute nicht mehr gebraucht!

RUTH, *weist auf den bereits abgeschlossenen Aufbau der Filmer hin:*
Großvater ruht noch ein wenig im Sessel,
dann rufe ich mein Team,
sobald Sie Zeit für uns haben, Herr Professor!
Darf ich vorschlagen, wir beginnen gegen 18 Uhr?
Viel Bewegung, Geräusche, Autos, Menschen im Hof.

ARZT: Ja – völlig einverstanden.

ROESSING: Ich schnappe am Fenster frische Luft:
meine Beine wollen nicht mehr so recht!
Der Alte ist aufgestanden, als der Arzt abging.

ARZT: Vernünftig: gibt's Windowshopping,
gibt's auch Windowgoing.
Arzt geht ab.

RUTH, *sagt besorgt, weil sie herzlich seine beiden Hände in die ihren nahm:*
Deine Hände sind sehr kalt, Großpapa, das Wiedersehen
nach sechsundvierzig Jahren mit deinem Haus,
... ich hätte dir's nicht zumuten dürfen!

ROESSING, *tritt an die Bücherwand, hinter dem Maschendraht, dann blickt er auf zum Porträt des jungen Husaren – seines Vaters:*
Nun, ist ja bald vorüber! Und m u ß t e sein.
Solche Romane las meine Mutter.
Zwölf war ich, als mein Vater in Flandern fiel, 1914:
vor ... achtundsiebzig Jahren. Meine Mutter wurde fast
geisteskrank vor Kummer.
Und mußte doch so alt werden – ach!
Wohin sie alle ... wohin. Wohin. Komm ans Fenster,
die Bullen unten vor dem Portal
sollen uns sehen: Dein perfektes Alibi.
Hat auch überfamiliären Wert,
dieses Porträt, weil's ein Trübner ist.

Wirf's aus dem Fenster, wenn's brennt.
Vermach's dem Weimarer Landesmuseum
– natürlich unter der Bedingung,
daß sie's nicht magazinieren, sondern ausstellen.
Roessing setzt sich ans Fenster.

RUTH, *sitzt mit dem Rücken nach draußen, rauchend auf der offenen Fensterbank:*
Ich lasse ein Täfelchen an den Rahmen machen: wer's war.
ROESSING: Du bleibst beim Interview dabei: Du brauchst
das hundertprozentige Alibi! Du gehst keinesfalls weg!
RUTH, *lacht leichthin:*
Und wer sollte's dann anstecken?
ROESSING, *ebenso:*
Ich hab's schon gemacht – garantiert alle
deine halbierten Teekerzen brennen:
alle dreißig! Dreißig Brandherde.
RUTH, *schreit auf:*
Du!
*Er hat aus dem Westentäschchen seine alte Schnappdeckel-Uhr
an der Kette gezogen.*
ROESSING, *feierlich:*
17 Uhr 21: In achtzehn Minuten
brennt's ganze Dach wie ein Meer,
auf dem zwei Öltanker kollidierten.
RUTH, *wieder fast ein Aufschrei, aufs schockierendste überrascht:*
Großpapa – so war's nicht abgemacht,
daß d u das tun würdest!
Küßt ihn tief bewegt.
Und niemand sah dich im Dachgeschoß?
ROESSING, *lacht:*
Du kränkst mich – sehr alt, heißt ja nicht sehr dumm!
Auch die Speichertüre wieder zugeschlossen.
RUTH: Ohne dich hätte die Energie mich längst verlassen.
ROESSING: Eine Energiefrage war das nicht:
den Vertrauten muß man haben,
den Partner im Gespräch.

Ruth: Und in zehn Minuten, sagtest du, stimmt das wirklich?
— unvorstellbar: ist dann alles vorbei,
wenn die Kerzen abgebrannt sind?

Roessing: Jedenfalls nichts mehr zu löschen!
»In zehn Minuten« ... seit mir unser Chemiker
das garantierte,
beschäftigen mich diese zehn Minuten:
denn du, Ruth, bist die zehnte Generation,
die hier geboren wurde ... dreihundertvierzig Jahre
war das Haus die Wiege, der Wigwam unserer Familie.

Ruth: Ohne deinen Zuspruch, Großpapa, hätte ich's nie gewagt.

Roessing: Das Feuer war d e i n e Idee.

Ruth, *lacht, streichelt ihn zärtlich, sagt komplizenhaft:*
Nicht auch deine?
Soll ich dir das glauben? Warum hättest du mir
sonst den › Waldgang‹ geschenkt?
Mein Vademecum seither. Ich trage es stets bei mir.
Kennst du Ernst Jünger?

Roessing: Wie hätte ich dürfen: bis zuletzt war er
von allen deutschen Dichtern der in der DDR verpönteste.
Nie durfte eine Zeile dort von ihm gedruckt werden.
Ich glaube sogar, Jünger war der e i n z i g e deutsche Dichter,
von dem niemals in der DDR
eine Zeile gedruckt werden durfte!
Er ist noch sieben Jahre älter als ich,
wird im März achtundneunzig! Und fährt noch Rad.
Er lacht:
Und liest ohne Brille.
Schrieb schon unter Hitler ganz offen, todesmutig
die Magna Charta des Widerstands: › Auf den Marmorklippen‹.

Ruth, *entnimmt das schmale Bändchen ihrer Handtasche:*
Diese Seite seiner Selbstverteidigungsfibel
war mir die eindrucksvollste —

Roessing, *da sie ihm das Bändchen aufgeschlagen hinhielt:*
Lies vor!

Ruth, *liest Jünger:*
Die Rechtsverletzung kann auch legalen Anstrich tragen, etwa

dadurch, daß die herrschende Partei eine verfassungsändernde
Mehrheit bewirkt. Die Mehrheit kann zugleich recht haben und
Unrecht tun: der Widerspruch geht in
einfache Köpfe nicht hinein.

... Die Übergriffe können sich allmählich verschärfen und
gegen bestimmte Gruppen als reine Untat auftreten. Wer
solche vom Massenbeifall unterstützten Akte beobachten
konnte, der weiß, daß dagegen mit hergebrachten Mitteln
wenig zu unternehmen ist.

... Ein Angriff gegen die Unverletzbarkeit, ja Heiligkeit der
Wohnung zum Beispiel wäre im alten Island unmöglich
gewesen in jenen Formen, wie er im Berlin von 1933 inmitten
einer Millionenbevölkerung als reine Verwaltungsmaßnahme
möglich war. Als rühmliche Ausnahme verdient ein junger
Sozialdemokrat Erwähnung, der im Hausflur seiner
Mietwohnung ein halbes Dutzend sogenannter Hilfspolizisten
erschoß. Der war noch der substantiellen, der altgermanischen
Freiheit teilhaftig, die seine Gegner theoretisch feierten. Das
hatte er natürlich auch nicht aus seinem Parteiprogramm
gelernt. Jedenfalls gehörte er nicht zu jenen, von denen Léon
Bloy sagt, daß sie zum Rechtsanwalt laufen, während ihre
Mutter vergewaltigt wird.

Wenn wir nun ferner annehmen wollen, daß in jeder Berliner
Straße auch nur mit e i n e m solchen Falle zu rechnen gewesen
wäre, dann hätten die Dinge anders ausgesehen.

Steckt das Bändchen in die Manteltasche.

ROESSING: Hätte deinem Vater gefallen, ›Der Waldgang‹!
Kein Zufall, daß Jünger seit Kriegsende
im Forsthaus der Stauffenbergs wohnt.
Übrigens, das muß man den Bonnern zugestehen:
sie verankerten — als einzige in der Welt,
das bleibt ihre Ehre — in ihrer Verfassung
ein Widerstandsrecht:
»Gegen jeden, der es unternimmt,
diese Ordnung zu beseitigen, haben
alle Deutschen das Recht zum Widerstand, wenn andere

Abhilfe unmöglich ist.«
Artikel 20, Absatz 4.
Und haben sogar − betrifft uns hier genau so!
− haben sogar im Grundgesetz das Verbot, zu enteignen,
wörtlich:»Nur zum Wohle der Allgemeinheit
sind Enteignungen zulässig«!

RUTH, *belustigt, aufgebracht:*
Dann haben also die Karlsruher Höchsten Rechtsbeuger
der BRD ihre Verfassung niemals gelesen?

ROESSING, *lacht souverän, sie dann auch:*
Also pereat! Das Feuer ist die einzige legitime Antwort
auf den Bonner Rechtsbruch:
Denn das Pack, das sich jetzt hier reingesetzt hat,
ist geradezu − genau wie vierzig Jahre lang
die DDR-Bonzen − per definitionem,
was die Allgemeinheit n i c h t ist!
Sondern was sich nur über sie erhebt,
wie A b s c h a u m obenauf.

RUTH: Und hat schon gar nicht das»Wohl« der Allgemeinheit
im Blick, wenn es sich unser Haus aneignet.
Du kommst in jedem Fall von hier
noch weg: sobald das Dach in Flammen steht,
hole ich dich. Und auch das Bild deines Vaters,
− den schönen Husaren; ich liebe es!
Sie schiebt einen Stuhl unter dieses Porträt.

ROESSING, *immer absichernde Blicke zur Tür:*
Den › Waldgang ‹ mußt du auch in die Flammen werfen:
Diese Fibel des Widerstands bei dir zu finden:
wäre ihr überzeugendstes Indiz!
Und der Hausschlüssel, der hundert Jahre alte?

RUTH: Wieder in dem Baum, wo ihn
weder Russen noch Kommunisten noch CDUer je fanden!
Hätte e i n e r − die haben doch das Haus observiert −,
einer in den drei Tagen Verdacht geschöpft:
sie hätten keine VIPs hier einquartiert.

ROESSING: Hast du den Schlüssel nie ohne Handschuh angefaßt?

RUTH: Nie. Und wo hast den kleinen zum Dachboden?

ROESSING: In den Wald geworfen, sobald alle Kerzen brannten.
Er nimmt sein Glas und tritt ans Fenster. Er murmelt:
Einer großen Sache – selbst ein Ende machen:
ist immerhin weniger schmerzlich,
als wenn das Niederträchtige sie sich aneignet!
*Er tastet mit der flachen Hand wieder über den Drahtzaun, der
ihm verwehrt, von seinen Büchern eines festzuhalten.*

RUTH, *lacht; sie nimmt ihm das Glas ab, trinkt, füllt es dann wieder,
schaut demonstrativ aus dem Fenster:*
Zwar nicht das Pack – aber immerhin sein Gepäck:
wird restlos mitverbrennen, denn alle Bullen
sind natürlich auch mit draußen auf der Jagd.
Nur die zwei Wachen vor dem Portal.
Und vermutlich viele unten vor dem Parktor
und mit Hunden im Park.
Bevor die Erfurter Feuerwehr ...
ROESSING: Die Weimarer wird kommen!
RUTH: ... bevor die da ist, überhaupt
das verwunschene Haus findet:
ist das alles Asche ... unsere Familie,
wer sonst, ist legitimiert, es der Natur zurückzugeben.
ROESSING, *nervös, aber nicht ängstlich:*
Ruth! Ruf, um's abzulenken,
dein Fernsehteam schon her! Versprich noch einmal:
nie, nie, niemals zuzugeben, mein Vorhaben geahnt
– auch nur geahnt zu haben.
Er hält sie fest und sagt f l e h e n d , innig:
Ich hab' dein Wort, daß du niemals – n i e m a l s :
ein Geständnis ablegst!
RUTH: Auch auf dich wird niemand kommen.
Und wenn: nie etwas beweisen können! Nie.
ROESSING, *zärtliches Lachen, diese Enkelin ist alles, was ihm blieb
vom Leben:*
Ich weiß gar nicht, ob ich nicht w i l l , daß die mich
als Brandstifter erkennen!
Hattest du im Ernst für möglich gehalten,

ich hätte eine Minute auch nur erwogen,
d i c h das machen zu lassen? Ich wollte wahrhaftig
dieses mir zweimal gestohlene Haus nie mehr sehen.
Ich fuhr natürlich nur mit, um zu verhindern ...
daß diese Bande d i r das Leben versaut,
meins kann sie gar nicht mehr erreichen.
– Du aber wirst keine Stunde sitzen; schwöre mir,
wenn ein Hauch Liebe in dir ist für mich:
dann tu mir nicht an,
auch nur den Verdacht aufkommen zu lassen,
du hättest i r g e n d e t w a s geahnt von meinem Vorhaben!
*Er hat – plötzlich sehr rasch und noch erstaunlich gelenkig
aufgestanden, ihre Hände gefaßt und küßt Ruth auf den Mund
und zieht sie an sich, heftig wie ein Liebhaber, in Angst:*
»Ruhmlos verunglücken« nannte das Heinrich Mann:
nämlich wie ein Dummkopf sich hoppnehmen lassen!
Das wirst du nicht tun, Ruth, das schuldest du
auch deinem Vater; schreib die Chronik
unseres nun aussterbenden Hauses:
überliefere, was dein Vater gegen Hitler leistete
und schon mein Urgroßvater gegen Napoleon.
Er lacht kurz:
Ja, und wenn du's willst, später als alte Frau,
denn Brandstiftung verjährt,
kannst du's ja im Detail noch schildern,
daß du technisch das Feuer gelegt hast
– und ich's nur anzündete – gegen Bonn!
RUTH, *lächelnd, leise, komplizenhaft:*
Ich wäre bestimmt nicht ohne
Jüngers › Waldgang‹ drauf gekommen,
daß Einäscherung die letzte Möglichkeit ist,
den Hehlern, wenn die identisch mit dem Staat sind,
ihr Diebesgut wieder abzujagen!
ROESSING, *lächelnd:*
Lieber Gott: Achtundneunzig und
nie im Leben beim Augenarzt gewesen:
was für ein gefährlicher Mann, der Jünger!

Er lacht. Beide lachen.

»Heute ein Dichter – morgen ein Königsmörder!«

RUTH, *erregt:*

Hat Jünger d a s gesagt?

ROESSING: Nein, Lessing – aber in Lessings Geist
schrieb Jünger den › Waldgang‹!
Im Grunde sind sie alle, die Autoren,
geborene Rebellen, ja Anarchisten,
denk an Goethes Bekenntnis, nie von einem Verbrechen
gehört zu haben, das nicht auch er hätte begehen können.
Und Jacob Burckhardt, obgleich stockkonservativ,
faßte zusammen:
»Der Geist ist ein Wühler.«

RUTH: Jedenfalls schützt allein Geist davor,
sich mit Unrecht abzufinden …

ROESSING, *ironisch:*

Sofern er es nicht verschuldet und in Gesetze faßt!

RUTH: Intellektuelle sind so gefügig wie andere.
Vom Grad seiner Auflehnungskraft wird der Rang
eines Bürgers bestimmt.
Du bist sicher, alle Kerzen brennen?

ROESSING, *sarkastisch, Blick zur Taschenuhr:*

Garantiert. Und da sie jetzt noch sieben Minuten
runterbrennen,
bis sie das Paraffinöl und Petroleum erreichen,
kann's höchstens zwölf noch dauern, bis die ersten Flammen
aus den Speichern schlagen … hol dein Team!

RUTH, *Blick zur Uhr, dreht den Schlüssel um, entnimmt ihrer
Reisetasche eine Zwei-Liter-Siphonflasche und versprayt auf
Bücher, Türen, Dielen deren Inhalt; sagt:*

Noch drei Minuten Zeit!
Das ist nun der letzte Raum;
damit die Rechaud-Kerze den Filmern nicht auffällt,
mache ich den mit einem Lappen erst an,
wenn oben schon alles brennt.

ROESSING, *der ihr zuschaut:*

Wie sicher ist dieser Chemiker der Armee, Ruth,

der dich darauf brachte, daß Paraffinöl
mit Petroleum geruchlos ist?

RUHT: So sicher in Gestapo- und Stasi-Zeiten
überhaupt ein Deutscher noch sein kann.
Sie verstaut die Flasche wieder.

ROESSING: Apropos Armee. Sogar das Militärstrafgesetzbuch
der Hitler-Armee kannte den Notwehrparagraphen.
Danach war Notwehr diejenige Verteidigung,
»welche erforderlich ist,
um einen gegenwärtigen rechtswidrigen
Angriff von sich oder anderen abzuwehren«.

RUTH, *wiederholt:*
»Einen rechtswidrigen Angriff abzuwehren«, sagst du?
Das betrifft auch dieses Haus:
sein Haus muß man ebenso verteidigen wie seine Familie.
Sie faßt ihren Großvater wieder zärtlich an:
Sei unbesorgt wegen dieses Chemikers:
sein Gesicht gefiele dir! Und die sicherste Gewähr:
Er hat das Zeug besorgt! Er wartet,
im Goethe-Hotel in Weimar,
wir lieben uns seit Jahren.

ROESSING: Und warum heiratet ihr nicht?

RUTH: Er ist nicht frei. Bitte. Großvater
— lassen wir das.

ROESSING: Entschuldige, mein Kind. Wie wenig eine Generation
von der nächsten — gar von der übernächsten weiß!

RUTH: Nein, deine Frage ist ja so berechtigt.
Lange dachte ich, vielleicht sei's nicht fair,
dir noch zu sagen, was ich plante,
dich n i c h t damit zu verschonen! Andererseits:
Es ist, es war d e i n Haus, du hast hier gelebt,
ich wurde hier nur geboren . . . für mich ist es
der Inbegriff alles dessen, was Terror
gegen dich war.

ROESSING: Und Terror bleibt:
Das SED-Verbot, sich ihm

auf dreißig Kilometer zu nähern – war schlimm genug.
Doch bis Ende April konnte man sich darüber beruhigen,
sich sagen: die Russen haben's uns genommen
oder ihre deutschen Hörigen. Aber seit nun Karlsruhe
dieses Unrecht als »rechtens« absegnete
– m u ß   e s   s e i n !

RUTH: Hätte ich Kinder, ich hoffte vielleicht,
es wiederholte sich ein Wunder wie das der Wiedervereinigung
– und irgendwann bekämen die doch ihr Haus!

ROESSING, *sarkastisch:*
Vergiß nicht, liebes Herz, Jüngers Buch mitzuverbrennen;
ich sagte schon: d a s Indiz!

RUTH, *lächelnd:*
Die höchste Ehrenbezeugung vor einem Buch:
es seiner Gefährlichkeit wegen zu verbrennen!
Hast du nicht gesehen, wie ich es auch
besprayt habe ... hier: mit ihm entzünde ich dieses Zimmer.
Wenn ich es – als letztes – anzünde,
dieser Raum ist mir heilig: der Porträts wegen.
*Sie hält ihm das Buch hin, aus ihrer Manteltasche. Sie zeigt nun
auf die Vorfahren.*

ROESSING: Sinnvolleres kannst du nicht mehr tun:
wie sonst, wenn nicht durch Einäscherung
unsere Mütter und Väter davor bewahren,
künftig auf die Bonner Jagdbonzen, die Hehler
hinabsehen zu müssen.
*Ruth ist hinausgetreten auf den Flur, blieb aber noch in der
Flügeltüre stehen.*

ROESSING, *als die Tür noch zu war:*
Zieh die Vorhänge vor und schließ die Fenster,
daß nicht dein Fernsehteam die Flammen so früh entdeckt
und löschen hilft!

RUTH, *ruft ins Treppenhaus:*
Ich glaube, wir fangen an; gegen sechs wollte
ja Professor Hillerbrechter das Interview machen.
Und nun kommt sie wieder ins Zimmer und schließt rasch die

sechs Fensterflügel – es ist schon fast Nacht draußen – und zieht
die schweren Samtportieren vor.
Die drei Kameraleute treten bald – nicht gemeinsam – ein. Und
endlich auch der

ARZT: Haben Sie ein Schläfchen machen können,
Herr von Roessing?

ROESSING: Nie um diese Tageszeit: im Sessel genügt.
Sehen Sie, die ganze Flasche Wein ausgetrunken
haben meine Enkelin und ich
– fast die ganze!

Er hält sie gutgelaunt hoch.

RUTH: Ich sage ganz egoistisch, Herr Professor,
einen Film zum 90. Geburtstag des Großvaters,
in dem Sie als so Namhafter
das zentrale Gespräch führen:
Werden ZDF oder ARD
selbst dann vom Deutschen Fernsehfunk
übernehmen müssen, wenn ein Ossi ihn produzierte ...

ARZT, *herzlich:*
Ich mache es gern – aber Ihnen und mir
nur wenig Hoffnung, ich sei beim Fernsehen von Einfluß!
Herr von Roessing – sobald uns jetzt
die Herren das Zeichen geben,
fange ich an ... wenn sich einer von uns verspricht,
brauchen wir nur nach einer kleinen Schrecksekunde
– ist das so?
also nach zwanzig Sekunden Schweigen abermals
den Satz zu beginnen.

RUTH, *nickt ihm zu:*
Genau so, ja. Den Vorspann und:
Warum S i e zum Neunzigsten
Großvater interviewen, das sage alles ich in meiner Einleitung.

ARZT, *lacht etwas verlegen:*
Gut. Wie versprochen: Ich stelle auch Bonn-kritische Fragen,
dann kann ich vor mir selber besser rechtfertigen, daß ich dort
Leibarzt bei Hofe bin.

Er setzt sich nun merklich »in Positur«, hier ja mit dem Unsicher-
sein des Laien, und bevor er »anhebt«, feierlich, fällt die Holz-
klappe auf Holz und ein Fernseh-Mann sagt:
Gespräch Herr Professor Hillerbrechter mit Herrn
Professor von Roessing, eins!

ARZT: Herr Karl von Roessing, Sie sind Professor Emeritus
der Humboldt-Universität und international d e r Pionier
für Molekularbiologie. Erbittert es Sie, sozusagen
am Vorabend Ihres 90. Geburtstages,
wie das sogar Ihre Schüler erbittert,
den verdienten Nobelpreis nicht bekommen zu haben?

ROESSING, *lacht lebhaft:*
Aber nein! Wir hinkten doch hinterher,
haben also den Nobelpreis keineswegs so verdient
wie d e r, der ihn bekommen hat.
Sir Evan Hamilton ist einfach schneller gewesen!
Die Russen und wir Deutschen hatten nach dem Hitlerkrieg
nicht früh genug den nötigen Erfahrungs-Austausch
mit den amerikanischen und italienischen Kollegen;
unsre schottendichten Grenzen haben uns
– anfangs, dann seit Mitte der siebziger Jahre nicht mehr –
ins Hintertreffen gebracht.
Kein Staat kann, ohne vor allem geistig
sich selbst zu amputieren,
seine Grenzen so dicht machen wie die DDR
und die Sowjetunion das früher getan haben.

ARZT: Obgleich, Sie, Herr von Roessing, noch fünf Jahre
älter als Manfred von Ardenne,
mit ihm und mit Friedrich Karl Jung,
dem namhaftesten Pharmakologen
und Biochemiker, hierzulande
der prominenteste Naturwissenschaftler sind ...

ROESSING, *abwehrend, lachend:*
Na, nun – vergessen Sie zum Beispiel Horst Klinkmann nicht,
den letzten Präsidenten unsrer Akademie,
oder Werner Albring, den Raketenforscher.

ARZT, *nickt:*

Richtig! Wir werden für unsere Zuschauer
in den alten Bundesländern Ihren Werdegang skizzieren,
der ja dramatisch genug war. Zunächst aber: Sie haben
vor vierzehn Tagen in einer bedeutenden Wochenzeitung
mit anderen prominenten Hochschullehrern der DDR
protestiert gegen die – wie Sie das genannt haben –
Planierung der DDR-Wissenschaft. Sie nannten eine
höchst alarmierende Zahl: Von 87000 Mitarbeitern in der
Industrieforschung der DDR ist nach der Wende
kaum mehr als ein Fünftel übriggeblieben.

ROESSING: Ja, die oft Hochqualifizierten
waren sich selbst überlassen und den Gesetzen
der Marktwirtschaft, die zu brutal mit ihnen umspringen.
Erinnere nur an den Vizepräsidenten
der Berliner Bauakademie, den Städteplaner
... Ruth, sein Name?

RUTH: Bernd Grünwald ... bin befreundet mit seiner Witwe
hier in Weimar, hab' heut mit ihr telefoniert.
Bernd Grünwald, achtundvierzig, hat sich aufgehängt,
als er seine Mitarbeiter entlassen sollte.

ROESSING, *der eine Hand ans Ohr hielt, während seine Enkelin
sprach:*

Die Bauakademie wurde geschlossen von den Wessis.
Grünwalds Sohn, der Denkmal-Pfleger gelernt hat,
ist nun Fliesenleger.

RUTH: Da sein Vater dreitausend Ostmark Gehalt hatte,
folgert Bonn, seiner Witwe stehe wegen Systemnähe
des Hochschullehrers – elf Jahre war er's –,
nur zweihundert Mark Hinterbliebenen-Rente zu.

ROESSING: Ich kenne mehrere Kollegen, die auch wegen der
noch nicht errechneten Pension nur einen
sogenannten Abschlag von sechshundertfünfzig Mark
erhalten – aber schon hohe Mieten zahlen.
Weh dem, der keine berufstätige Frau hat.

ARZT – *man spürt: es berührt ihn wenig:*
Traurig, ja – diese Schicksale.

RUTH: Aber wir haben nun die Aufnahme gesprengt,
   weil Großvater mich anredete.
   Fahren Sie bitte fort, sprechen Sie aber
   bitte Großvater nachher auf Grünwald
   noch einmal an – ein exemplarischer Fall.
   Danke.
ARZT: Aber sind Sie nicht mit mir einer Meinung,
   verehrter Herr von Roessing, daß die DDR-Wissenschaft
   auch aufgebläht und uneffektiv gewesen ist,
   besonders die Akademie der Wissenschaften
   mit ihren zahllosen Instituten und
   Tausenden von Mitarbeitern?
ROESSING: Gewiß, deshalb glaubten wir ja,
   es gäbe einen Neubeginn,
   als mit dem Einigungsvertrag die Auflösung
   der Akademie zum 31. 12. 1991 verordnet wurde.
   Wir hofften auf neue Strukturen.
ARZT: Die dann ausblieben?
ROESSING: Zweifellos ausbleiben s o l l t e n !
   Kommissionen wurden eingesetzt, zur Evaluierung, die ...
ARZT: Erklären Sie doch bitte unseren Zuschauern:
   Was ist Evaluierung?
ROESSING: Durchchecken der Wissenschaftseinrichtungen
   hinsichtlich ihrer Leistungsfähigkeit,
   strukturell, personell, inhaltlich.
   1990 schrieb noch der Bonner Forschungsminister,
   er begrüße dabei die M i t w i r k u n g
   bundesdeutscher Wissenschaftler:
   so fing das an! – heute, drei Jahre später,
   sind sämtliche DDR-Forscher von den westlichen
   entmündigt oder hinausgeworfen,
   Weltkapazitäten wie der 1979 gewählte Präsident
   der Internationalen Gesellschaft für künstliche Organe:
   Horst Klinkmann, müssen auf ausländischen Lehrstühlen
   wie Bologna Zuflucht suchen
   – die Wessis genieren sich nicht,
   unter dem Vorwand, die seien »systemnah« gewesen,

bedeutende Konkurrenten zu vertreiben,
im Stile der Hexenjagd des Amerikaners McCarthy.
Diese Deutschen haben allesamt vergessen,
daß es nicht ihr Verdienst ist,
unter westliche statt östliche Besatzungsmacht
nach Hitlers Ende geraten zu sein.

Nun macht der alte Herr einen s e h r groben Fehler, ohne daß die anderen — außer seiner Enkeltochter — es merken. Auch er merkt erst, als Ruth entsetzt zu ihm hinschaut, was allerdings niemand merkt außer ihm, w a s für einen Fehler er gemacht hat: Er hat auf seine Taschenuhr geschaut ... doch noch nie hat jemand auf die Uhr geschaut, während er interviewt wurde; allenfalls schaut d e r auf die Zeit, der interviewt ... Aber der alte Mann wartet darauf, daß endlich das Dachgeschoß brennend auf die erste Etage stürzt ...

ARZT: Darf ich aber doch fragen,
ob diese Systemnähe nicht nur
ein zweckgerichteter Vorwurf ist, sondern
tatsächlich die Leistungsfähigkeit
jedes einzelnen reduziert hat?
ROESSING: Berechtigt, Ihre Vermutung:
Die Verneinung des Individuellen
ist einer der gravierendsten Nachteile
der Wissenschaft hierzulande gewesen.
Das Spargelbeet-Phänomen wurde perfektioniert:
jedem Spargel, der zu hoch gewachsen war,
wurde der Kopf abgeschnitten.
ARZT, *lächelnd:*
Dieser Widerwille gegen den einzelnen Überragenden
ist durchaus kein spezifisches Merkmal der Diktaturen;
in Demokratien kommt der Angepaßte auch schneller hoch:
mit vierzehn konfirmiert — zehn Jahre später konformiert.
ROESSING: In jedem System waren es immer
nur die Ausnahmeerscheinungen,
die Bewegung ins Verkrustete brachten:

hier unsre Bürgerrechtler,
durch die der Widerstand aufflammte.

Feuer-Geschrei vom Hof her, schon wird die Türe aufgestoßen —
sie gehen nach innen auf, die Flügel der hohen Türe —, eine
Fernsehlampe, die da steht, wird in den Raum umgestürzt, aus
dem Treppenhaus schreit jemand:
Feuer, Feuer — schnell raus, schnell
auch über euch brennt schon das ganze Dach.

Ruth, *aufspringend, schreit:*
Helft Großvater!

Sie ist mit einem langen Satz an den Fenstern, reißt die schweren
Samtvorhänge auseinander und schreckt zurück vor einem
Großbrand, der sie, so rasch denn doch gegen ihre Absicht, nun
wirklich in Todesangst um ihren Großvater stürzt. Bevor sie
noch eins der drei geschlossenen Fenster aufgerissen hat, schreit
sie ihr Team an:
Retten wir Großvater!

Der sitzt noch immer, als einziger. Völlig gelassen sitzt er da, er
weiß das steinerne Treppenhaus kommt er noch hinab. Man hebt
ihn fast weg — ganz schnell, auch ihre Geräte schnappen die
Fernsehleute noch.

Ruth verläßt als letzte, ohne einen Blick zurückzuwerfen, den
Raum, in Panik wegen der Schnelligkeit, mit der das Feuer schon
völlig Besitz vom Obergeschoß des Schlößchens ergriffen hat:
Ein Bild, so ingeniös und rampennah Großfeuer darstellend, als
habe es jener Bühnenbrandstifter angefacht, der 1991 für Tho-
mas Langhoffs › Käthchen von Heilbronn‹-Inszenierung im Ber-
liner Deutschen Theater das Schloß eingeäschert hat . . .

Das Portal, »die Front« des Hauses, wie Fontane geschrieben
hätte, die so gut sichtbar gewesen ist durch die drei großen
Fenster und jetzt wieder sichtbar ist: brennt wie eine Teerpappe-
Fabrik — eine einzige wilde Fackel totaler Verwüstung, dann
stürzt die Fassade ein. Der Volksarmee-Chemiker, das sieht
man, hat sein Handwerk gelernt.

Die Bühne ist leer, dreißig Sekunden. Dann kommt Ruth,
obgleich Rauch auch hier schon den Raum zu füllen beginnt,

zurück, gleich hinter ihr Aufpasser Schulze-Pforzheim, wahn-
sinnig schreiend, das Entsetzen hat sein Schwäbeln verstärkt,
drastisch wie in seiner Kindheit:

AUFPASSER: Ich bin nicht zuständig, ich lehne – jede, jede
    Haftung ab: die verdammte Bauerei hier im Schloß
    ... noch diese Woche
    ... diese Bande blöder Ossi-Handwerker!
BUNDESWEHR-OFFIZIER, *hinter ihm, salutierend:*
    Melde gehorsamst: kein Telefonbuch von Weimar aufzufinden!
AUFPASSER, *schreiend:*
    Kein Telefonbuch von Weimar? Idiot:
    Dann holen Sie die Erfurter Feuerwehr!
    Zu Ruth:
    Raus – gehen Sie doch, um Gottes willen – mußte ja!
    Was machen Sie ... weg, raus! Lehne jede Haftung für Sie ab.
    Auch für das Feuer.
    Ist ja ein Großfeuer: die Handwerker, sage ich.
RUTH, *schreit ihm zu:*
    Quatschen Sie nicht, alarmieren Sie die Feuerwehr ...
AUFPASSER: Wie? Keine Telefonbücher, keins von Erfurt,
    keins von Weimar ... wir haben die Namen
    aller 924 741 Thüringer SED-Mitglieder
    aller 87 417 Thüringer Stasis bei uns im Computer,
    aber wer denkt an die Telefone der Feuerwehren!
    Kommen Sie raus, lehne jede Haftung ab!
    Jede. Großfeuer ist im Protokoll gar nicht vorgesehen.

Er verschwindet, Ruth steht auf dem Stuhl, schon sieht man, wie
hinter ihr, zwischen Rampe und Bühnenmitte, die Decke bren-
nend herabzustürzen beginnt; sie hat Schwierigkeiten, das große
Ölbild Trübners – ihr Urgroßvater als roter Husar – abzuhän-
gen, offenbar ist der Rahmen sehr viel schwerer, als sie vermutet
hat. Endlich hat sie das Bild vom Haken – wird aber von seiner
Schwere vom Stuhl gestürzt, fällt, die Decke fällt. Man sieht, sie
kann sich aufraffen, wirft das Bild zum Fenster hinaus ... man
hört unten einen Schrei, vielleicht bekam einer das Porträt ins
Genick. Vermutlich nur ein Schock-Schrei, jetzt auch von Ruth.

Die Decke stürzt in den Salon, doch sieht es so aus, als habe Ruth noch entkommen können.

Prasselnde Feuergeräusche, Einsturzlärm, Geschrei im Hof, ein blödes Autohupen; und das ins Idiotische gesteigerte Geschrei Schulze-Pforzheims unter den Fenstern, ein Wohnküche-Schwäbeln, das einen stärker entnervt als das Feuer:

Nein — gehört nicht zu m e i n e n Sicherheits-Pflichten,
lehne jede Haftung ab, jede . . .
Großfeuer ist im Protokoll nicht vorgesehen!
Was — sage ich doch, sage ich doch, sage ich doch:
Unfähige Ossis — nicht mal ein Telefonbuch! Unfähig.
Also einen Wagen: Dann h o l e i c h
in Erfurt die Feuerwehr.
Das büßen Sie. Sie fliegen — Sie werden niemals Major:
Sie werden gefeuert. Das büßen Sie Idiot Sie:
Was — ja: Ihr verdammter Computer, sämtliche
neunhundertvierundzwanzigtausend Thüringer
SED-Mitglieder, aber kein Feuerwehr-Telefon.
Quatsch in Weimar! — in Erfurt. In Erfurt.
Widersprechen Sie nicht:
ich sage in Erfurt. Lehne jede Haftung ab, jede.
In Erfurt.
Wie? Sage ich doch, sage ja: In Weimar!
Nicht in Erfurt, sage ich doch:
In Weimar!

Der Raum brennt jetzt.

Vorhang

Anhang:
Das Stück in der Diskussion

Das Bekenntnis

Im mm-Interview: Die kalkulierten Provokationen
eines professionellen Dramatikers

mm*: Herr Hochhuth, Sie konstatieren in Ihrem Stück ›Wessis in
Weimar‹ die Ausplünderung der DDR-Deutschen durch die
Treuhand und beschreiben die Behörde als kriminelle Vereinigung. Dies bereitet den Weg für den zweiten Anschlag auf Detlev
Rohwedder. Eine Schlüsselszene Ihres Stücks liefert die Legitimation dafür nach, warum es zumindest verständlich, wenn nicht
sogar berechtigt war, diesen Menschen zu liquidieren.

Hochhuth: Berechtigt war das überhaupt nicht − berechtigt
kann ein Meuchelmord gar nicht sein. Aber verständlich: Jetzt
müssen wir ganz vorsichtig sein. Ich habe nicht die Legitimation
dafür nachgereicht, sondern ich habe Rohwedders Besucherin mit
Argumenten ausgestattet, die ihm die Ermordung als zwangsläu-
fig ankündigt. Ich legitimiere nicht seine Ermordung, ich versuche
nur zu erklären, warum es Menschen gibt, die auf ihn geschossen
haben.

mm: In unseren Augen legitimieren Sie den Mord. Sie zitieren
in diesem Zusammenhang zur moralischen Absicherung den
Schweizer Historiker Jacob Burckhardt:»Man wird Richter in
eigener Sache bei Abwesenheit aller legalen Rechtsmittel.«

Hochhuth: Ja, das ist eine Chance, die viele Völker jahrzehntelang vergessen. Der ganze Ostblock zum Beispiel. In vier Jahrzehnten ist kein einziger Häuptling des Ostblocks ermordet wor-

---

* Mit Rolf Hochhuth sprachen die mm-Redakteure Michael Gatermann, Peter
Saalbach und mm-Mitarbeiter Wolfgang Nagel.

den. Das ist auch − in gewissem Sinn − eine Rehabilitierung der Nazi-Deutschen, die immerhin in nur fünf Jahren zweimal Männer hervorbrachten, Elser und Stauffenberg, die zu Füßen Hitlers Bomben zündeten, die ein halbes Dutzend Mitbanditen umbrachten, während 70 Jahre lang kein Russe, 40 Jahre lang kein Ostblockler einen durch Attentat aus der Welt geschafft hat: schmachvoll.

Ich habe Jacob Burckhardt zitiert, weil es eben keine abstruse Idee von mir ist, ein solcher Gewaltakt sei zu erwarten gewesen. Kein Ossi hat irgendein legales Rechtsmittel, die Ausplünderung seiner Heimat durch uns Wessis bekämpfen zu können. Daher bleibt ein Meuchelmord zwar ethisch unhaltbar, aber er mußte vorausgesehen werden von jedem, der Geschichte kennt. Wer so etwas wie Rohwedder tut, der mußte wissen, was auf ihn zukommen könnte.

mm: Soweit Sie sich auf das reale Attentat beziehen, verwischen Sie die Tatsachen. »Richter in eigener Sache« könnten nur Ostdeutsche gewesen sein, während sich im Fall Rohwedder eindeutig die RAF zu dem Mord bekannt hat.

Hochhuth: Wenn Sie hören, daß die Terroristen der Bundesrepublik weitestgehend von der DDR ausgebildet oder versteckt worden sind, dann gibt es ja für die eine Grenze zwischen West und Ost nicht.

mm: Aber diese Terroristen haben nicht als enttäuschte Ossis, sondern als RAF-Mitglieder aus dem Westen geschossen.

Hochhuth: Ich habe das bewußt offengelassen. Ich finde, daß hier vom Stückeschreiber ein bißchen viel verlangt wird: Wie soll ich, wie wollen Sie wissen, wer der Mörder war?

mm: Man verlangt das gerade von Ihnen, und zwar aus Gründen der historischen Wahrhaftigkeit. In unseren Augen sind Sie mit diesem Stück ein Brandstifter, der wider besseres Wissen aus einer nicht ausrecherchierten Situation ein Theaterstück gebaut hat, mit dem er sensationell in den Vordergrund treten kann − unter Ausnutzung vorhandener Emotionen.

Hochhuth: Ein Stück soll schon Brandstiftung sein, im Sinne der so wegweisenden wie schrecklichen Maxime Lessings: »Heute ein Dichter − morgen ein Königsmörder«.

Ich wehre mich aber entschieden gegen Ihre Bemerkung »wider besseres Wissen«. Wir wissen es alle nicht, wie Rohwedder zu Tode kam. Vielleicht waren es einfache westliche Killer, die gar keine Beziehung zur DDR hatten. Aber Sie werden zugeben, meine Version ist die dramatisch radikalste, daher auch künstlerisch bestgeeignete Exposition, um einen Zustand zu veranschaulichen, der bestimmt vielen Ossis als Gewaltakt erscheinen muß. Was man gegenüber den Bürgern der DDR in Anwendung bringt, ist eine ungeheuerliche wirtschaftliche Gewalt.

mm: Ihr Vorgehen hat aber doch Methode. Sie plazieren, soweit wir das Material kennen, in jedem Akt eine »verständliche« Gewalttat.

Hochhuth: Sie kennen nur drei Szenen von zwölf. Gewalt, zugegeben, ist auch, was einen Ossi, wie ich zeige, zum Selbstmord treibt, aus Verzweiflung über unseren Wirtschaftsdarwinismus.

mm: Ihr Stück ist ohne Frage auch ein Aufruf zur Gewalt.

Hochhuth: Das ist nicht nur legitim, sondern nötig: Bereits 1972 hat die hessische CDU mich anläßlich meiner Komödie ›Die Hebamme‹ wegen »Volksverhetzung« angezeigt. Der Baseler Gerichtspräsident hat diese Anzeige wegen Lächerlichkeit in den Papierkorb geworfen. Sollte nach Ihrer Meinung − nach meiner nicht − mein neues Stück Gewaltanwendung predigen, so ist es doch geschrieben in der vollen Einsicht, daß die nicht kommt, auch gar nicht möglich wäre. Sie wäre auch ziemlich sinnlos.

mm: Das steht aber nicht im Stück. Sie schildern einerseits, wie es die DDR-Bevölkerung nach zwei Diktaturen nicht geschafft hat, sich zu wehren. Gleichzeitig vermitteln Sie aber den Zuschauern die Botschaft: Erhebt euch, steckt die Häuser an, wehrt euch, und selbst politischer Mord ist vielleicht nicht das beste, aber er ist doch begründbar. In der ehemaligen DDR werden Sie ein Publikum dafür finden.

Hochhuth: Nein, nein. Ich muß eindeutig darauf hinweisen, meine Hildegard propagiert nicht den politischen Mord. Sie sagt, und in der Realität gebe ich ihr recht: Wer so etwas tut wie Rohwedder, gegen eine wehrlose Bevölkerung, die im Einigungsverfahren niemals zu dieser Frage gehört worden ist, soll sich nicht wundern, wenn er erschossen wird.

mm: Die frei gewählten Volksvertreter der Noch-DDR haben den Einigungsvertrag ausgehandelt.

Hochhuth: Die repräsentieren doch nicht den Willen des Volkes...

mm: ... immerhin verstehen wir so die Demokratie.

Hochhuth: Natürlich brauchen wir in so einem Fall die im Grundgesetz nicht vorgesehene Volksabstimmung. Wo es die nicht gibt, da kommt es notwendigerweise zu den bei uns üblichen Abstimmungen gegen das Volk.

mm: Ihr Stück fußt auf der absurden These, daß die Treuhand einen wertvollen Schatz verwaltet, den sie ungerechterweise westlichen Unternehmern in den Rachen wirft und damit die Ostdeutschen nach 40 Jahren Sozialismus noch einmal expropriiert. Die ökonomische Realität sieht ganz anders aus. Nach Ihrer Vorstellung müßte diese Treuhand ja ein wunderbares Geschäft sein. De facto wird sie uns einige hundert Milliarden Mark kosten. Weswegen wir im Moment − Sie auch − einen 7,5prozentigen Aufschlag auf unsere Steuern zahlen und unsere Staatsverschuldung drastisch wächst.

Hochhuth: Sie sind sicher vorzüglich informiert. Aber dazu wenigstens eine Frage: Ist denn nicht deshalb unterm Strich, nach westlicher Auffassung, so wenig übriggeblieben, weil man zum Beispiel durch die andere, durch unsere Währung, vielleicht auch durch die übereilte Zerschlagung von Betrieben, die noch gearbeitet und exportiert haben. dieses Land exportunfähig gemacht hat? Ist es denn etwa nicht wahr, daß es das siebt- oder neuntgrößte Exportland der ganzen Welt gewesen ist?

mm: Ja, in einem geschlossenen System mit ganz eigenen Spielregeln. Jeder der RGW-Staaten hatte bestimmte Dinge zu produzieren und damit den ganzen Verbund zu beliefern. Mit normalem Export hatte das wenig zu tun. Wenn Sie in Ihrem Prolog unterstellen, daß die schnelle DM-Einführung vom Westen gesteuert, gewollt und forciert wurde, verdrehen Sie die Geschichte. Es waren DDR-Bürger, die mit Transparenten die D-Mark forderten.

Hochhuth: Warum hat die Bundesregierung es dann getan? Oder sah sie − das ist meine Überzeugung − die Folgen nicht?

mm: Weil es nicht mehr aufzuschieben war. Weil die Leute aus der DDR zu Hunderttausenden einfach 100 Kilometer weiter nach Westen gefahren wären, wo die Westmark zu verdienen war. In Leipzig haben die Demonstranten doch gedroht: »Kommt die D-Mark, bleiben wir. Kommt sie nicht, geh'n wir zu ihr.«

Hochhuth: Nun habe ich aber nicht zuletzt in meinem Gespräch mit der Treuhand gemerkt, daß gar keine andere Möglichkeit erwogen worden ist. Tatsache ist, diesen Einheimischen geschieht eklatant Unrecht.

mm: Schon Ihre Grundthese ist falsch, daß der Westen schuld sei an der Verelendung von Menschen in den neuen Bundesländern. Das ist durch keinen Fakt zu belegen.

Hochhuth: Ich spreche nicht von der Verelendung, sondern von der zweiten und diesmal endgültigen Enteignung der dort Wohnenden.

mm: Es gibt nichts mehr zu enteignen, im Sozialismus hat dem einzelnen so gut wie nichts gehört.

Hochhuth: Nun, es gibt Häuser und Boden. Und da der Kommunismus die den Einheimischen gestohlen hat, mußte der Westen sie den Einheimischen zurückgeben. Die Ossi-Funktionäre waren die Diebe – die Wessi-Funktionäre sind die Hehler: Das gab es nie in der Weltgeschichte, daß die aus rein geographischen Gründen aus dem Hitlerkrieg gut weggekommenen Reichen die wiederum nur aus geographischen Gründen unter russischer Besatzung schlecht Weggekommenen derart ausplündern: das eigene Volk!

mm: Häuser und Grundstücke werden doch den früheren Eignern zurückgegeben.

Hochhuth: Nur die, die nicht bis Ende 1949 enteignet wurden.

mm: Also die allermeisten, und die anderen haben wir Westler uns ja keinesfalls zugeschanzt...

Hochhuth: Die Sanktionierung aller Diebstähle vor 1950 ist gangsterhaft. Selbst Dieter Hildebrandt würde den Hohn nicht so auf die Spitze treiben, die BRD als Rechtsstaat zu bezeichnen.

mm: Die Rückgabebeschränkung war der Preis für die Einheit, von den Sowjets für ihre Zustimmung erpreßt. Aber noch einmal: Es gab nichts mehr zu enteignen.

Hochhuth: Nichts? Verzeihung, ich finde dieses Gespräch ziemlich albern. Wollen Sie den Wert des DDR-Vermögens mit Null ansetzen und – ein Beispiel – allein karitative Beweggründe unterstellen, wenn die Klingbeil-Gruppe für 2,8 Milliarden Mark 28 von 31 Interhotels gekauft hat? Und 50 Prozent dieser Investition abschreiben darf?

mm: Der Wert des DDR-Vermögens ist in der Tat negativ. Und was Klingbeil angeht: Es bleibt ein hoher Einstandspreis. Auch Ostmanager und Belegschaften übernehmen übrigens Unternehmen, und gar nicht einmal so wenige.

Hochhuth: Wollen Sie leugnen, daß kein einziger Ossi auch nur einen Quadratmeter Innenstadt-Geschäftslage erwerben kann? Und das in einem Land, in dem er geboren und 40 Jahre wie seine Eltern von Kommunisten brutal ausgebeutet wurde? Das finden Sie erträglich? Es ist ein Verbrechen, das notwendigerweise Verbrechen provoziert.

mm: Noch einmal: Im Osten gibt es nichts zu expropriieren. Sie können sich nicht dahinter verschanzen, daß Sie kein Volkswirt sind. Ihre Argumentation zielt nun mal auf die Abwicklungssituation. Wenn Sie die Treuhand im Kern falsch beurteilen, sinkt doch alles in sich zusammen.

Hochhuth: Ich antworte in Bildern und dramatischen Szenen, daß auch der Weg hätte versucht werden müssen, den jetzt Havel für die ČSFR angeordnet hat, indem er Volksaktien ausgibt...

mm: ...deren Erfolg fraglich ist...

Hochhuth: ...ein Weg, den auch Thierse von der SPD gehen wollte. Wenn schon 8,5 Millionen Tschechen und Slowaken Volksaktien erworben haben, wie sie einst bei uns der CDU-Minister Schmücker gegen den Willen der eigentumsfeindlichen SPD und Gewerkschaften vom Volkswagenwerk ausgab, dann kann das ja nicht so unmöglich sein.

mm: Der Dichter in den Niederungen der Vermögensbildung?

Hochhuth: Vermögensbildung ist keine Niederung, sondern die einzige Voraussetzung für Freiheit.

mm: Wie kommt es, daß nur Sie Stoffe aufgreifen und dramatisieren, die andere links liegenlassen?

Hochhuth: Das liegt an einem höheren Interesse an der Realität. Und an meiner — mich täglich beschämenden — Ohnmacht als Zeitungsleser oder Fernsehzuschauer. Zu totaler Passivität verurteilt zu sein, das ist so eine Art von verletztem Stolz oder verletzter Eitelkeit, weil man vielleicht gern mitreden würde. Man merkt aber, man würde gar nicht gehört. Also versucht man, sich als Mitbürger, der keine Stimme in der Polis hat — bis auf den Wahlzettel, was doch trostlos wenig ist —, mit einem Drama Gehör zu schaffen.

mm: So großes Leid, weil auch ein Herr Hochhuth die verdrehte Welt nicht zurechtrücken kann?

Hochhuth: Die Welt zurechtrücken, so vermessen will ich nicht sein.

mm: Jedenfalls legen Sie es in Ihren Stücken ja immer wieder auf eine Provokation an.

Hochhuth: Ich lege es nicht darauf an, provozierend sind die Realitäten, die ich in meinen Stücken aufgreife. Pólemos heißt Krieg. Und die Form des Polemikers ist deshalb das Drama, weil er — wie ich — unfähig ist, einen Roman zu schreiben. Am Anfang steht immer ein Ärgernis, ein Empörtsein. Und dann setzt ein Prozeß ein, der den Autor selbst dauernd überrascht. Ich halte es da ohne jede Anmaßung mit meinem unerreichbaren Lehrherrn Thomas Mann, der sagte: Besser, ein Kunstwerk unbrauchbar machen und weltunmöglich, als nicht an jedem Punkte bis zum Äußersten gehen.

mm: Kommt Empörung in unserer Gesellschaft zu kurz?

Hochhuth: In der literarischen Welt sicherlich. Was für einen trostlosen Anblick bietet unsere so völlig ungefährliche, weil ungefährdete bundesdeutsche Geistigkeit, die so polemiklos ist. Es fehlen einfach die großen Kontroversen.

mm: Der Polemiker Hochhuth ist politisch schwer einzuordnen: Für die alten Linken sind Sie ein liberaler Scheißer, für die alten und neuen Rechten sind Sie ein linker Wühler. Wie sehen Sie sich selbst?

Hochhuth: Ich bin ein liberaler Scheißer. Und war das immer. Eigentlich war ich sogar, obwohl man das heute wegen der falschen Anklänge an die Vergangenheit nicht mehr sagen darf, ein mehr oder weniger verkrachter Deutschnationaler, und zwar aus dem Protest des 14jährigen heraus – am 1. April 1945 wurde ich 14.

mm: Und was hat Sie dann national geprägt?

Hochhuth: Die Teilung Deutschlands habe ich als Zonenrandler sehr bewußt erlebt. Gefühlsmäßig war das für mich furchtbar.

mm: Sie sind wie kaum ein anderer Autor angegriffen worden: von Erhards »Pinscher« bis zu Strauß' »Ratten und Schmeißfliegen«. Wie gehen Sie damit um?

Hochhuth: Man wird härter im Nehmen, aber leider auch milder im Austeilen.

mm: Herr Hochhuth, angesichts Ihres neuen Stücks stellt sich die alte Frage: Was kann, was soll Ihre Literatur bewirken? Bei Ihnen lugt Schillers Theater als moralische Anstalt durch, also: Belehrung, womöglich Läuterung der Öffentlichkeit, und danach wird alles besser.

Hochhuth: Ich habe mich immer sehr gegen dieses Etikett gewehrt, denn Moralisieren ist das Peinlichste, was der Mensch machen kann. Letztendlich ist es sehr wenig, was Literatur wirklich im öffentlichen Leben positiv oder negativ anrichten kann.

mm: Was wünschten Sie sich?

Hochhuth: Zum Beispiel, daß ›Wessis in Weimar‹ dazu beiträgt, die Frage der Vermögensbildung bei den Ostdeutschen, die im Gegensatz zu uns allein den Rußlandfeldzug abbezahlt haben, neu zu erörtern. Es geht doch wirklich nicht, daß den dort Geborenen und dort Arbeitenden an Produktionsmitteln und wertvollem Boden nichts bleibt als das Grab. Darüber habe ich einmal das Gedicht ›Sein Grundbesitz‹ gemacht. Hier ist es, drucken Sie es ab, auch wenn es Ihren Abonnenten nicht gefällt:

So wollten das die Schwarzen stets in Bonn.
Die Roten dulden das dort auch – »Genossen«:
Wer schuftet, dem bleibt nichts davon!
Gleich einem Gottesurteil ward beschlossen.

Arbeit, die Hände und Gesicht beschmutzt,
bringt keinem Eigentum: Haus, Aktien, Boden.
Als Mittel nur im Berg, am Bau vernutzt,
am Fließband auch – wird in Regierungszoten

der Proletarier verhöhnt: Daß ihm Konsum −
Kleid, Essen, Hausrat − »Werte« gab!
Gewiß, auch er kriegt Land − posthum;
auf zwanzig Jahre Grundbesitz: Sein Grab.

Als Motto hatte ich diesem Gedicht die Zeile von Kant vorange-
stellt: »Kein Mensch darf nur als Mittel benutzt werden«. Ein
Mensch, der vom 16. bis 64. Jahr Maurer war, selbst aber keinen
Bau oder Boden besitzt, ist nur als Mittel benutzt worden − heute
nicht anders als vor 3000 Jahren. Das ist eine Schande unserer
Gesellschaft. Dagegen muß der Stückeschreiber als »Brandstifter«, wie Sie das nennen, vorgehen.

mm: Wären sie fähig, Gewalt auszuüben, wenn Sie das Ventil
des Schreibens nicht hätten?

Hochhuth: Das klingt sehr arrogant, aber es ist die Wahrheit:
Ich kann mir mein Leben nicht vorstellen ohne Schreiben.

mm: Trotzdem: Wären Sie fähig zur Gewalt?

Hochhuth: Ich habe niemals im Leben eine Pistole auch nur
berührt, ich war ja auch kein Soldat − weißer Jahrgang. Aber ich
kenne Familien, deren Kindern das ganze Leben versaut wurde,
weil sie nicht zur höheren Schule durften. Das ist schon ein Grund,
denke ich, einen Funktionär totzuschießen.

manager magazin, Hamburg, Juni 1992

Volker Müller:
Wirbel um ›Wessis in Weimar‹
Rolf Hochhuths neues Stück empört die deutschen Chefetagen

Das ist Rolf Hochhuth: Noch sind nicht alle Szenen des Dramas geschrieben, da findet das Stück schon öffentlich statt. Der gefürchtete »Fährtensammler und Großwildjäger« unserer Zeitgeschichte, dessen Feder unter anderem die Säulen des Vatikans zum Beben brachte und einen deutschen Ministerpräsidenten aus dem Amt hebelte, sitzt über einem neuen Werk. Arbeitstitel: »Wessis in Weimar«. Thema: der Umgang altbundesrepublikanischer Unternehmer mit der wirtschaftlichen Hinterlassenschaft der DDR. Portiönchenweise an die Öffentlichkeit gebracht, schockiert und empört das Stück – vom Autor sicher nicht ganz ungewollt – die Gemüter vor allem in den Chefetagen von Banken und Treuhand und auf den Fluren der Politik in Bonn.

Drei der zwölf für das Stück geplanten Szenen gingen dem ›manager magazin‹ zu. Dargestellt werden der Mord an Treuhandchef Detlev Karsten Rohwedder Ostern 1991, das Briefbomben-Attentat auf den Berliner Senatsmitarbeiter Hanno Klein im Juni 1991 und eine fiktive Brandstiftung in Weimar durch Vater und Tochter, die von westdeutscher Ministerialbürokratie um das Haus ihrer Ahnen gebracht wurden.

Hochhuths Grundthese, ausführlich erläutert in einem Interview mit drei Mitarbeitern besagten Magazins: »Was man gegenüber den Bürgern der DDR in Anwendung bringt, ist eine ungeheuerliche wirtschaftliche Gewalt.« Nach der ersten Enteignung durch die Kommunisten finde heute für zahllose Bürger die zweite und endgültige Enteignung statt. Sie erzeuge »Gegengewalt«. Der Autor treibt seine dramatische Provokation so weit, daß er Rohwedder zum Opfer dieser Gegenwehr werden läßt. Hochhuth konfrontiert im Stück den Treuhand-Präsidenten mit einer Juristin namens Hildegard, die ihn über seinen »brutalen Wirtschaftsdarwinismus« aufzuklären versucht. »Dafür wird man Sie hinrichten«, läßt er Hildegard sagen, bevor die tödlichen Schüsse fallen.

Das Hören-Sagen von dieser Schlüsselszene hat Autor und Stück jetzt so vehement in die Schlagzeilen gebracht. »Der zweite Anschlag auf Detlev Rohwedder« kündigt das Deckblatt des jüngsten ›manager magazins‹ seine Titelgeschichte an. Darin wird gefragt, ob der Schriftsteller, der sich als Dramatiker schon mit dem Papst, mit Churchill und Filbinger anlegte, jetzt »die Jagd auf die Wirtschaftselite« freigebe. Dialog-Zitate aus dem Stück aufgreifend, wird dem Autor zur Last gelegt, er schmähe Rohwedder als »nützlichen Idioten von Spekulanten« und rechtfertige den Mord an ihm. Die erste Öffentlichkeit für das Werk und den Autor nehme »lediglich die Empörung der Manager und Politiker im alten Westen vorweg«. Der echte Kontaktsprengstoff aber liege »im Osten, in der Reaktion von Menschen, die sich tatsächlich ausgeplündert fühlen, die gedemütigt sind und ihrer Hoffnungen beraubt... Ihre unterdrückte Wut wird jetzt nach oben kommen, mit dem falschen Stück zum richtigen Zeitpunkt.«

Das Magazin war noch nicht ausgeliefert, da trafen den Stückeschreiber Anfang der Woche auch bereits zornige Hiebe von Politikern. Bundesarbeitsminister Norbert Blüm sprach gegenüber der Zeitung ›Die Welt‹ (deren Kolumnist Hochhuth ist) von »intellektuellem Schmierestehen für Mörder«. »Abstoßend und geschmacklos«, urteilte die stellvertretende SPD-Vorsitzende Herta Däubler-Gmelin. In der Bonner Kabinettssitzung vom Dienstag griff auch Bundeskanzler Helmut Kohl in die Debatte ein: Die Äußerungen Hochhuths in besagtem Interview würden sich wie »ein Freibrief für Mörder lesen«, verunglimpften das Andenken an einen deutschen Patrioten. Zugleich bedeuteten sie eine »unerträgliche Verharmlosung« der SED und ihrer kommunistischen Mißwirtschaft, mit deren Folgen die Treuhand unter Leitung von Rohwedder zu kämpfen hatte.

Der Schriftsteller und sein Verlag, Rowohlt in Hamburg, weisen in dieser Debatte die Frauen und Männer aus Politik und Wirtschaft mit Nachdruck darauf hin, daß Haltungen und Äußerungen von literarischen Figuren weder aus ihrem Fabelzusammenhang gerissen noch a priori mit den Ansichten ihres Schöpfers gleichgesetzt werden dürfen. Er versuche nur zu erklären, warum es Menschen gibt, die auf Rohwedder geschossen haben, sagt Hochhuth. »Nein, nein, meine Hildegard propagiert nicht den politischen Mord. Sie sagt, und in der Realität gebe ich ihr recht: Wer so etwas tut wie Rohwedder, soll sich nicht wundern, wenn er erschossen wird.« Ein kalter, böser Satz.

Im übrigen: Der Provokateur Hochhuth, der seit fast drei Jahrzehnten gezielt und folgenreich in politische Wespennester sticht, ist an Skandale, Prozesse, Politikerschelte gewöhnt. Als er im Wahljahr 1965 das Soziale der sozialen Marktwirtschaft in Frage stellte, galt Bundeskanzler Erhards berühmt-berüchtigte Beschimpfung: »Da hört der Dichter auf, da fängt der ganz kleine Pinscher an!«.

Berliner Zeitung, 29. Mai 1992

Toni Meissner:
Ein Interview

Ist Rolf Hochhuths neues Stück über die »Wessis in Weimar« und das Walten der Treuhand oder aber die Inszenierung des Dramas durch Einar Schleef das größere Skandalon? Die Frage wird sich, vielleicht, am Freitagabend bei der Premiere der ›Wessis in Weimar‹ auf der Bühne des (Ost)Berliner Ensembles (BE) beantworten. Das Drama enthält eine Menge Sprengstoff:

Schon vor Jahresfrist versuchte Hochhuth, dem ›manager magazin‹ gerichtlich die Behauptung untersagen zu lassen, in einer Szene rechtfertige er den Mord an Detlev Rohwedder, dem ersten Treuhandchef. Das genau tut er nicht. Immerhin aber zeigt er, wie die Institution Treuhand, mit moralisch höchst bedenklichen formaljuristischen Mitteln das Ehepaar Herbert und Käthe in den Tod treibt, beschreibt er einen wahren Fall: Ein Ehepaar namens Seidel erhängt sich, als ihm nach der Enteignung von Haus und großen Grundstücken durch die DDR nach der Wiedervereinigung ganze 10 000 Westmark gehörten – ein Betrag, für den die Treuhand-Chefin Birgit Breuel ganze zweieinhalb Tage lang treuhänderisch tätig sein muß.

Was der Ossi Einar Schleef aus Hochhuths »Wessis« gemacht hat, ließ den Autor abermals eine Einstweilige Verfügung erwägen. Letztlich wird es aber doch zu einem Kompromiß kommen: Schleef darf seine Version zeigen, in der der eigentliche Autor allenfalls noch zehn Prozent seines Textes, und auch die noch mit reichlich Schleef-Zutaten versetzt, wiedererkennt. Als Gegenleistung mußte sich das BE verpflichten, jedem der 550 Premierenbesucher das (im Verlag Volk und Welt erscheinende) Originaltextbuch der »Wessis« (zum Preis von 24,80 DM) kostenlos zur Verfügung zu stellen.

Die zweite Bühne, die das Hochhuth-Drama ›Wessis in Weimar‹ in diesem Monat (25. 2.) aufführen wird, das Ernst-Deutsch-Theater in Hamburg, braucht solchen Ärger nicht zu gewärtigen.

Yves Jansen inszeniert zur Genugtuung des Autors die »Wessis« annähernd unbearbeitet, werkgetreu, naturalistisch. Wer von den beiden Regisseuren, Schleef oder Jansen, dem Stück größeres Unrecht tut, ist freilich noch ungewiß. Denn zweifellos birgt sowohl Schleefs poetische Stilisierung in Richtung wildes Spectaculum wie auch Jansens werkgetreuer Reportagestil Risiken. Doch was, bitte, könnte letztendlich wichtiger sein, als die Botschaft des Autors, der Ausdruck seiner Empörung über Unrecht, das Menschen geschieht? Fragen an Rolf Hochhuth:

Frage: Sie prangern in drei von zehn großen Szenen die Ungerechtigkeiten der Treuhand an. Haben Sie eine Vorstellung, wie man das finanzielle Problem eines bankrotten Staates, uralter Bausubstanzen und desolater Infrastrukturen hätte gerechter lösen können?

Hochhuth: Die vorbildlichste soziale Tat seit Gründung der Bundesrepublick war die Verwandlung des staatseigenen Volkswagenwerkes in eine Volks-Aktiengesellschaft. Das ist im Grunde der gleiche Weg, den Vaclav Havel in Prag gehen wird, wenn er seinen Tschechen das Volksvermögen, das ihnen die Kommunisten vorenthalten haben, zurückgeben will. Außerdem erinnere ich an das, was die FAZ am 16. März 1990 anläßlich der Gründung der »Treuhandanstalt zur Sicherung der Rechte und des Eigentums der DDR-Bürger« berichtet hat: 25 bis 30 Prozent des auf 650 Milliarden Mark geschätzten volkseigenen Industrievermögens, pro Person etwa 40000 Mark, sollten in Privateigentum verwandelt werden. Was aber ist aus diesen Plänen geworden? Empörend empfinde ich vor allem die Tatsache, daß die Bundesrepublik das Recht des Unrechtsstaates DDR zum eigenen Vorteil sanktioniert hat. Zum Beispiel der skandalöse Fall der von der DDR für ein Butterbrot enteigneten Mauergrundstücke in Berlin, die in Bundesbesitz übergingen. Eine 83jährige alte Dame, ehemals Besitzerin eines 15-Familien-Wohnhauses, das abgerissen wurde, bekommt heute 480 DM Sozialhilfe monatlich plus ein paar Beihilfen. Das Grundstück aber, das sich die Bundesrepublik angeeignet hat, ist mindestens neun Millionen wert.

Frage: Ein Pressesprecher der Treuhand hat Ihnen gerade vorgeworfen, daß Sie zur Lösung solcher Probleme letztendlich Gewalt befürworten. Tun Sie das?

Hochhuth: Das ist doch kompletter Unsinn. Wenn ich sage, daß man die Ungerechtigkeit eines Systems nicht mit einer Stimme auf dem Wahlzettel verändern kann, dann meine ich damit ein ganzes Spektrum von demokratischen Möglichkeiten, nämlich Proteste, Demonstrationen, Unterschriften-Aktionen, Bürgerinitiativen oder Streiks.

Frage: Welche Bedenken haben Sie gegen die Schleef-Inszenierung?

Hochhuth: Zunächst einmal grundsätzliche: Ich mißbillige seine ebenso ignorante wie arrogante Unbeeinflußbarkeit. Schleef erscheint mir hochmütig und selbstherrlich. Er hat nicht nur seine Mit-Intendanten Langhoff und Heiner Müller, sondern auch die Presse von den Proben ausgeschlossen. Er hat sich jeder Diskussion verweigert, um völlig unkontrolliert mein Stück zu dem seinen machen zu können.

Hinzukommt eine aberwitzige Willkür: Im Spätsommer 92 hat er mir seine Streichvorschläge geschickt, ich war vorbehaltlos einverstanden mit ihnen. Nur — von dem, was er stehen ließ, spielt er allenfalls zehn Prozent. Und er spielt sie nicht mal, sondern er läßt sie rezitieren. Ein Wunder, daß er nicht völlig ohne mich auszukommen versucht. Wenn ich ihm untersagen würde, meine Texte zu verwenden, könnte er mit seinen Zutaten immerhin noch eine anderthalbstündige Aufführung bestreiten, nämlich mit Schumann-Liedern, dem Choral ›O Haupt voll Blut und Wunden‹, dann mit dem in Gebetsform überhöhten Bekenntnis Bert Brechts zur Kommunistischen Partei, das aus den zwanziger Jahren stammt, und das Schleef bringt, ohne auch nur mit einer Silbe anzudeuten, daß dieses Gebet von Brecht stammt und eine Schleefsche Zugabe ist. In den ersten zwanzig Minuten des »Hochhuth«-Stückes fällt kein einziges von Hochhuth geschriebenes Wort. Dafür werden allerlei Umzüge der 24 Mitwirkenden auf der Bühne veranstaltet. Auch wenn dann endlich einmal eine Hochhuth-Figur auftaucht, kennt der Regisseur keine Gnade: Einen Berliner Senatsrat, einen kultivierten älteren Herrn, kleidet er in einen schmutzigen Militärmantel, läß ihn über die Bühne torkeln, auf eine DDR-Fahne niederknien und exzessiv onanieren. Für solche Regieleistungen ist er ja bekannt und gefürchtet. Im letzten Bild einer Faust-Inszenierung ließ er einmal zehn Gretchen zugleich auftreten, das heißt auf je einem Eimer niederhokken und pinkeln.

Was er aus meinem Stück gemacht hat, spottet jeder Beschreibung. Es gibt kein Bühnenbild, keine Requisiten. Ein Mann, der telefoniert, kniet auf dem Boden und lauscht nach oben, als spräche er mit dem lieben Gott. Es ist tatsächlich unmöglich, auch nur eine einzige der ursprünglich von mir geschriebenen Szenen zu verstehen, wenn man das Textbuch nicht gelesen hat.

Frage: Ist Ihnen andererseits die Gefahr bewußt, daß eine werkgetreue Inszenierung Ihres Stückes, wie sie etwa in Hamburg versucht wird, zur Gerhart-Hauptmann-Parodie mißraten könnte?

Hochhuth: Ich sehe diese Gefahr nicht. Die sogenannten kleinen Leute, die in den politischen Stücken Hauptmanns im Mittelpunkt stehen, kommen bei mir nur in zwei Szenen vor. Und auch da bin ich der Ansicht: Je näher sie an Hauptmann herangeschrieben sind, desto besser wird es ihnen bekommen. Und die anderen Szenen beschäftigen sich ja mit prominenten Leuten wie etwa der amtierenden Bundesjustizministerin Leutheusser-Schnarrenberger. Da gibt es doch nicht die geringste Parallele zu Gerhart Hauptmann. Der werkgetreuen Hamburger Inszenierung von Yves Jansen sehe ich jedenfalls mit allergrößtem Optimismus und grenzenlosem Vertrauen entgegen ...

Abendzeitung München, 10. Februar 1993

Ernst Schumacher:
Wirkliche Kunst ist nicht gefällig
Einar Schleefs Hochhuth-Inszenierung verwendet den Stücktext
nur als Spruchmaterial

Bei der Präsentation der Buchausgabe von ›Wessis in Weimar‹
schob Autor Rolf Hochhuth in einer »Entgegnung« noch nach:
Einar Schleef habe sein Stück, »das Opfer und Täter in Deutschland zeigt«, »total entpolitisiert« und damit um die Provokation gebracht. Besonders beschämend sei, daß sich das am
95. Geburtstag von Brecht ausgerechnet im Berliner Ensemble
zutrage. Es trifft zu: Von zehn »Szenen aus einem besetzten Land«
sind in der Aufführung im BE ganze vier angerissen. Die verbliebenen Dialogteile werden meist als chorisches Sprech- und
Spruchmaterial verwendet. Die Erklärungen, die Polyhistor Hochhuth seinen Szenen voranschickt, werden vom Regisseur gleich-
rangig mitverwendet. Hochhuths Szenen werden von Schleef mit
Szenen aus ›Kabale und Liebe‹, ›Maria Stuart‹, ›Die Räuber‹,
›Faust‹, Brechts ›Maßnahme‹, mit Volks- und FDJ-Liedern und
Chorälen durchsetzt. Schleef behandelt Hochhuths dramatische
Vorlage tatsächlich als bloßen »Materialwert«, wie der junge
Brecht es klassischen Texten zubilligen wollte.

Was dabei herauskommt, sind keine »verkörperten« Abbilder
der »Okkupanten aus dem Rheinland« und der »Eingeborenen«
der früheren DDR mehr, wie sie Hochhuth im Wortsinn »gestaltet«, sondern durchgängig Sinnbilder, die das Typische aus dem
Zufälligen und Besonderen herausheben. Das Ergebnis ist ein
symbolisches Geschichtsbild mit dem Titel »Leiden an Deutschland«. Das »deutsche Wesen«, das sich darin ausdrückt, sieht
Schleef dabei offensichtlich durch Uniformierung, Gleichschal-
tung, Disziplinierung bestimmt, das dann notwendig in kollektiven
und vereinzelten Selbstentblößungen seine Kompensation sucht:
die Wehrmachtsmäntel, die da zwei Dutzend Schauspieler tragen,
werden immer wieder abgeworfen, um »die Seele nackt« zu zeigen.

Aus einem deutschen Schulmeister wird der Regisseur zu einem Drillmeister. Sprachliche Kommunikation erfolgt meist als kollektive Aufsage und Chorgesang. Nichts mehr von konkretem Milieu, nichts mehr mit dem »Charakterkopf« der Schauspieler, nichts mehr mit der Darstellung »lebendiger Menschen«, die Brecht bei aller gestischer Verfremdung noch haben wollte. Was entsteht, ist nicht totales, sondern totalitäres Theater, bei dem sich die Schauspieler dem Willen des Regisseurs und die Zuschauer der Gewalt kollektiver »An-Sprüche« ausgesetzt sehen. Das Ergebnis läßt sich auf die ästhetische Formel bringen, die der vormarxistische Brecht für die ›Ödipus‹-Inszenierung von Jessener fand: »Spirituell. Zeremoniell. Rituell.« Aber aus dem szenischen »Brandopfer«, in dem die Hochhuthschen »Täter und Opfer in Deutschland« mit »Namen und Gesicht« verbrennen, steigen doch beeindruckende Sinnbilder auf.

Es beginnt mit der Einbettung falscher Selbstaufopferung der deutschen Jungmannen und Jungfrauen durch die »Anspielung« auf Ferdinand und Luise in ›Kabale und Liebe‹. Es endet im Nachspiel mit der Vorführung deutscher Zipfelmützigkeit durch das Rezitieren von Wagner-Texten aus ›Faust‹. Die Abfindung der bescheuerten und folgsamen »Ossis« durch die geschäftstüchtigen »Wessis in Weimar« erfolgt als »Abspeisung« wie bei der Kommunion. Die Endlosaufsage bundesrepublikanischer Rechtsbestimmungen über Eigentumsfragen durch eine Schauspielerin in der Doppelgestalt von Justitia und einer benennbaren Justizministerin ist symbolkräftiger als das Aufsagen einzelner Unrechtsfälle, wie sie in Hochhuths Text erfolgt. Daß ein Kulturwahrer offen vor sich hinonaniert, ist zwar die von ihm benannte »grobe Taktlosigkeit«, aber auch sehr bildkräftig.

Doch die radikale Entindividualisierung macht nicht nur einzelne Szenen schwer verständlich, sondern behindert auch das Betroffensein des Publikums. Zu völligem sinnzerstörendem Manierismus gerät die am breitesten ausgespielte Szene »Ossis: Diebe, Wessis: Hehler«. Der Disput trägt sich als kollektives Rezitatorium zwischen den Proszeniumslogen zu. Der Zuschauer, der nur Zuhörer ist, bekommt da selbst ein »Haupt voll Blut und Wunden« durch das auf ihn eindringende Gebrüll.

Schleef kann sich als Regisseur auf Brechts Auffassung berufen. »Der Spielleiter hat eine Lesart zu wählen, die seine eigene Zeit interessiert.« Das Problem ist, daß daraus so recht nur noch eine Spiel-Art wird. Die ästhetische Provokation drängt die politische, um die es Hochhuth geht, doch stark in den Hintergrund, läßt die konkreten Bedrängnisse im Gesamtbild der »deutschen Misere« aufgehen. Brecht beklagte 1954, zu seinen Lebzeiten könne er nur »30 Prozent« seiner Vorstellungen eines verfremdeten, epischen Theaters verwirklichen. Schleef versucht es gleich mit »hundertdreißig Prozent«.

Das Premierenpublikum ging erstaunlich mit. Ob das beim en-suite-Spiel auch noch der Fall ist, wird man sehen. Ob ein realistisches Spiel der Wirkung des Dramas mehr dienlich ist, um politisch zu provozieren, wird die Aufführung im Hamburger Ernst-Deutsch-Theater zeigen, die Hochhuth als die eigentliche Uraufführung ansieht. Für das Berliner Ensemble bedeutet die Schleefsche Inszenierung jedenfalls den eigentlichen Neuanfang. In ihrer Rigorosität entspricht sie der vom späten Brecht stammenden Auffassung: »Wirkliche Kunst ist nicht gefällig. Das Natürliche ist schon das Nachgeben.«

Berliner Zeitung, 12. Februar 1993

Stefan Rammer:
Ein Drama als Spiegel der Realität

»Szenen aus einem besetzten Land« nennt Rolf Hochhuth sein Buch ›Wessis in Weimar‹ im Untertitel. Das klingt nicht nur dramatisch, ist es auch. Dokumentarische Literatur hat Hochhuth da geschaffen. Es gibt wenige Dichter, die dieses Genre wirklich beherrsch(t)en, Bertolt Brecht und Karl Kraus sind zu nennen und dann gleich Hochhuth, der dies schon mit seinem ›Stellvertreter‹ 1963 unter Beweis stellte.

Die Wirklichkeit, das sind die Welten der Obstarbeiter, deren Plantage gerodet wird, der »Abgewickelten«, der in den vorzeitigen Ruhestand Versetzten, des Bauernehepaares Seydel, das gerade mal acht Pfennig pro Quadratmeter für ihren Grund bekommt und verzweifelt Selbstmord begeht. Diese und viel mehr Wirklichkeit wird nicht nur dargestellt, sondern im Text reproduziert. Die einzelnen Teile sind von großer Authentizität, reale Gegebenheiten montiert der Autor mit Dokumenten, Zitaten zu einem Stück zusammen, das seinen Standpunkt klar vertritt.

Ein Prozeß der Entrechtung, der Bevormundung und Ausbeutung des Ostens und seiner Bürger wird vorgestellt. Hochhuth ist auf seiten der Opfer, klagt an und schafft eine Gegenwirklichkeit zu dem Bild der Vereinigung Deutschlands, in dem von den kriminellen Machenschaften, von den menschenverachtenden Aktionen mancher Behörden allenfalls am Rande die Rede ist.

Das Buch ist ein erschütterndes Zeitstück und wie ein Steinbruch von den Theatermachern zu benutzen. Insofern ist der Ärger Hochhuths anläßlich der Berliner Uraufführung nicht verständlich. Jeder einzelne Teil des Stückes enthüllt und entlarvt, zeigt das Mitleiden des Autors an den deutschen Zuständen.

Passauer Neue Presse, 14. April 1993

Günther Rühle:
Der Bürger in Frageform

Rolf Hochhuth ist der Bürger in Frageform. Brav und gediegen mit Anzug und Krawatte, winterlich mit Pelzmütze, russisch-elegant, ein Schriftsteller mit anscheinend unzerstörbarem Renommé, auch durch keine Hinrichtung schärfster Rezensenten zu treffen, auch nicht durch sich selbst. Kurz: er ist ein haltbarer Kerl. Die Geheuerlichkeit, die ihn prädestiniert hat, selbst mit höchsten Staatsorganen auf repräsentative Reisen zu gehen, steht Hochhuth im Gesicht, die Ungeheuerlichkeit ist sein stiller Begleiter.

Keiner von unseren Schriftstellern hat zu den Lebzeiten unserer Leser so weltweit wirkende Fragen gestellt wie er. Seine Biographie ist ausgeleuchtet durch Namen wie Pius XII., dem er im Drama ›Der Stellvertreter‹ die Frage stellte, was er gegen die Judenvernichtung der Nazis unternommen habe. Weiterhin durch Namen wie den des polnischen Marschalls Sikorski, des Bomber-Harris und Winston Churchill, durch den Namen Filbinger, der durch Hochhuths Fingerstreich ins Stürzen kam.

Seine neuesten Fragen hat er in Sachen deutsche Vereinigung, Treuhand und Okkupation von Ost durch West gestellt, verbunden mit dem Namen des ermordeten Treuhandchefs Detlev Rohwedder. Gestern abend war die Uraufführung des Stücks, ›Wessis in Weimar‹ genannt, im Berliner Ensemble. Hochhuth war nicht dabei und doch ganz anwesend. Er, der gegen viele Zustände protestiert und aus dem Protest seine dramatischen Untersuchungen ableitet, hat gegen seine eigene Uraufführung protestiert. So will er das Theater nicht, wie Einar Schleef es ihm anhand von Hochhuth vorführt.

Im Fragenstellen fortschrittlich, in der Form ganz konservativ: subversiv im Denken, aber unter der Pelzmütze, das ist sein Verhältnis zur szenischen Kunst, die ihm die beste Plattform für seine dramatischen Fragen abgibt. Schon nun genau dreißig Jahre lang!

Von allen, die Anfang der sechziger Jahre mit ihm antraten, also Martin Walser, Heinar Kipphardt, Peter Weiss, und das Dokumentarische Drama als die erste Spielform des sich formierenden Politischen Theaters begründeten – von allen ist er der wirklich Überlebende.

Kurz: der Vielangegriffene und anscheinend Unermüdliche vertritt heute fast allein die rar gewordene Spezies aus dem Vermächtnis Erwin Piscators, der ihn am 20. Februar 1963 in der Freien Volksbühne Berlin ins Licht hob. Verständlich also ist sein wieder erhobener Ruf nach mehr politischer Fragestellung auf dem Theater. Der piscatorinfizierte Hochhuth weiß: Wenn Theater nur Sinnenvergnügen wird, bleibt nichts mehr dran. Es braucht die öffentliche Erregung, die Reibung, die Wirklichkeit, die sich an ihm zu erkennen gibt.

Er hat diese Erregung mit seinen ›Wessis in Weimar‹ abermals geschafft. Zu Hochhuths theatralischen Streichen gehört immer das Theater vor- und nachher. Auch diese Aufführung wird Folgen haben wie der ›Stellvertreter‹, gegen den von Frankfurt bis nach Basel katholische Bürger auf die Straße gingen, weil sie verhindern wollten, daß passierte, was schon passiert war: daß der bis dahin sakrosankte Papst kritisierbar wurde. Noch unser derzeitiger Kanzler hat sich bei Papst Wojtyla wegen der Spätfolgen dafür entschuldigt.

Die Treuhandanstalt hat nun Klage angekündigt gegen ihren Kläger Hochhuth. Man wird sehen, ob das noch das Nachspiel wird. Mit dem Vorspiel waren ja schon der Bundeskanzler Helmut Kohl, Frau Rita Süssmuth und andere, auch von Hochhuth ohne genauere Lektüre leicht erregbare Persönlichkeiten tätig, als wollten sie um keinen Preis vergessen machen, daß es sich bei Hochhuth eben um einen jener »Pinscher« handelt, die schon vor dreißig Jahren als solche an den Kunstpranger der CDU gestellt wurden. Seit dem Mittelalter ist es eine alte Weisheit: Wer einen an den Pranger bringen will, hat selbst mit dem Pranger zu tun.

Der Tagesspiegel, Berlin, 11. Februar 1993

Dietmar Göllner:
Hochhuth las Passagen aus seinen ›Wessis in Weimar‹

Seit 30 Jahren nun schreibt Rolf Hochhuth an einem einzigen Stück: dem Stück menschlicher Verbrechen und ewigen menschlichen Versagens. Was hier mit fast kriminalistischem Eifer und gut recherchiert aufgedeckt wird, weist jedoch den staubtrockenen Gestus einer Dokumentarliteratur von sich: Nicht um die Fakten, sondern um die künstlerisch erhöhte Essenz der Wirklichkeit ist es Hochhuth zu tun.

Rolf Hochhuth ist das, was man einen engagierten Autor nennt. Das ist heutzutage eine undankbare aber gleichwohl unverzichtbare Rolle: Vor kurzem noch wollte ein Großteil der literarischen Intelligenz die gesamte engagierte Dichtung der Nachkriegszeit als »Gesinnungsliteratur« in den Mülleimer der Geschichte verschwinden lassen.

Unverdrossen aber veröffentlicht Hochhuth alle paar Jahre einen Akt seines großen Sittendramas, ob der nun ›Der Stellvertreter‹ oder nun ›Wessis in Weimar‹ heißt − das Stück, aus dem Hochhuth jetzt vor der Premiere im Berliner Ensemble am 10. Februar las. Dem Stück eilt fast ein Skandal voraus. Mehr gerüchteweise hatte man vernommen, es unternehme den Versuch, den Mord an Treuhand-Chef Rohwedder zu rechtfertigen.

Aus dem, was Hochhuth nun vorlas, klang anderes: Hochhuth rekonstruiert dichterisch in einer Szene den Selbstmord zweier ehemaliger LPG-Bauern. Diese Bauern sind noch kurz vor der Wende wegen eines Braunkohlefundes unter ihrem Hof von der SED enteignet worden.

200 Jahre hatte die Familie des Ehepaares auf diesem Grund gelebt; nun müssen sie zwangsweise für 16 Pfennig Ost pro Quadratmeter verkaufen. Ein gewaltiges Grundstück für 20 000 DM Ost, von denen nach der Wende durch den Umtausch nur noch die Hälfte bleibt. Ohne ihr Land verlieren die beiden kurz darauf ihre Arbeit in der LPG.

Der dritte Schlag: Der Einheitsvertrag erklärt die Enteignungen der SED für rechtens — das Grundstück des Ehepaar fällt in die Verwaltung der Treuhand. Und nun spart Hochhuth nicht an drastischen Vergleichen: Selbst Hitler sei ein solcher Raubzug nicht geglückt, wie ihn die »Schweine« aus der Leipziger Straße vollbracht hätten. Ein kompletter Bauernhof für das Geld, das die Treuhand-Chefin in zweieinhalb Tagen verdiene.

Der Zorn, der sich hier artikuliert, wird unabweisbar durch das gedemütigte Schicksal zweier Menschen. Er zeigt, daß Politik nicht mit Lehrbuchgrößen operiert, sondern mit Menschen. Menschen, deren hilflose Wut bei Rolf Hochhuth in leisen Selbsthaß kippt. Die beiden erhängen sich.

Berliner Morgenpost, 23. Januar 1993

Stefan von Bergen:
Bühnen-Polemik um Wiedervereinigung

Rolf Hochhuth distanzierte sich zornig von der Erstaufführung seines Stücks ›Wessis in Weimar‹. Jetzt liegt es in Buchform vor und entpuppt sich als lesenswertes polemisches Weißbuch über die deutsche Wiedervereinigung.

Selten wird ein Theaterstück erst bei seiner zweiten Aufführung uraufgeführt. ›Wessis in Weimar‹, das neue Stück des streitbaren Moralisten Rolf Hochhuth, wurde zwar am 10. Februar unter Starregisseur Einar Schleef am Berliner Ensemble erstmals gespielt. Als Uraufführung anerkannte der Autor aber erst die zweite Aufführung vom 25. Februar im Hamburger Ernst-Deutsch-Theater unter der Regie des Schweizers Yves Jansen. Der erzürnte Hochhuth warf Schleef vor, sein Stück »zerstückelt und verfälscht« zu haben. Er zog es nur nicht zurück, weil den Zuschauern in Berlin Hochhuths Textbuch gratis abgegeben wurde. Jene Buchausgabe ist nun im Buchhandel greifbar, die Kontroverse um das Stück kann so am Text überprüft werden.

Hochhuths Stück ist nicht ohne Eingriffe auf die Bühne zu bringen. Der 260seitige Text gäbe dramatischen Stoff für eine gut sechsstündige Vorstellung ab. Und der Stoff läßt sich kaum als konzentrierte Dramenhandlung umsetzen. Denn Hochhuth wuchtet nichts weniger auf die Bühne als das Schicksal der ehemaligen DDR, seit sie nach der sogenannten Wiedervereinigung durch die Treuhand-Anstalt privatisiert und ausverkauft wird.

In neun Szenen deutet Hochhuth den Anschluß der DDR an die BRD als Kolonialisierung des deutschen Ostteils durch skrupellose Wessi-Kapitalisten. Im Prolog wird der ehemalige Treuhand-Chef Detlev Karsten Rohwedder kurz vor seiner Ermordung (am 1. April 1991) von einer SPD-Juristin an seine Verantwortung für den DDR-Ausverkauf gemahnt. Die übrigen Szenen geben ein Panorama des aussichtslosen Kampfes von Ossi-Opfern für ihr

Hab und Gut ab. Da wehrt sich eine Bäuerin gegen das Abholzen von Obstplantagen. Berlinern werden die als Baugrund wertvollen Grundstücke nicht zurückgegeben, die die DDR für den Mauerbau enteignete. Die BRD übernimmt sie als Staatseigentum von der DDR und legitimiert so nachträglich den Mauerbau. Im Finale lassen die Besitzer ein von der SED und nun von der BRD-Politprominenz genutztes Jagdschloß in Flammen aufgehen.

Nun mögen Hochhuths Szenen für die darin gezeigten Opfer dramatisch sein, für die Bühne hat er sie aber undramatisch bearbeitet. Stärker als die Dialoge sind nämlich die jeder Szene vorangestellten Einführungstexte mit Zeitungsartikeln und Rechtserlassen als dokumentarisches Material. Auf der Bühne treffen in unrealistischen Begegnungen empörte Opfer auf seelenlose Machtträger, die in papierener Sprache hölzern Antwort geben, so als würden sie belehrende Vorträge halten. Die Dialoge wirken einseitig und moralgetränkt, denn die Rollen von schuldigen Wessis und unschuldigen Ossis sind klar verteilt.

Die Berliner und die Hamburger Aufführung waren beide gescheiterte Rettungsversuche eines Stücks, das kein richtiges Bühnenstück ist. Einar Schleef hat in Berlin aus ›Wessis in Weimar‹ eine symbolschwangere Collage über die Deutschen und ihre blutige Geschichte gemacht. Zu einmontierten Musik- und Textzitaten von Bach über Schiller bis zu Brecht läßt er Chöre von Frauen oder axtschwingenden Männern auftreten. Hochhuth sah so seine Frage nach der Verantwortung des Individuums mißverstanden. Seinen Zorn über die Kolonialisierung der ehemaligen DDR durch die Treuhand übertrug er auf Schleef. Der Regisseur wurde ihm zum treulosen Treuhänder seines Stücks, der ›Wessis in Weimar‹ mit seinen Regieeinfällen kolonialisiert.

Auch Yves Jansens werkgetreue Inszenierung in Hamburg hat aber das Stück nicht gerettet, sondern im Gegenteil seine Schwächen aufgedeckt. Die Deutsche Presseagentur (dpa) vermeldete eine »glanzlose« Inszenierung und nur »freundlichen Applaus« für die »wenig bewegenden Szenen aus dem Alltag der wiedervereinigten Republik«.

Als Buch, als Lesestück ist ›Wessis in Weimar‹ eigentlich zu gut, um hinter einem Theater-Skandal zu verschwinden. Das Werk wäre von seinem Autor allerdings besser in Prosa abgefaßt worden. Dann wäre es noch eher das, was es beim Lesen jetzt schon ist: ein polemisches Weißbuch über die schwarzen Flecken der sogenannten Wiedervereinigung. Beim Lesen werden Schwächen des Stücks zu Stärken. Die unrealistische Begegnung von Machtträgern und Opfern mutet an wie eine provozierende Montage von Macht und Ohnmacht. Hochhuths auf der Bühne unsichtbare Einleitungen sind polemische Leitartikel von entlarvender Schärfe. Und der dokumentarische Stil verleiht dem Text Authentizität.

Natürlich: ›Wessis in Weimar‹ wird auch als Lesestück umstritten bleiben und heftige Diskussionen über die kürzlich bejubelte Wiedervereinigung auslösen. Denn der streitbare Hochhuth scheut sich nicht, die BRD als die schlimmere Unterdrückerin Ostdeutschlands darzustellen als zuvor das Dritte Reich und die Sowjetunion.

Berner Zeitung BZ, 16. März 1993

Urs Jenny:
„So läppisch wie rätselhaft"

Bei der Inszenierung der blühenden Landschaften, die einem
Kanzlerwort gemäß nach der Vereinigung in den neuen Bundesländern erstehen sollten, hat nicht alles geklappt. Riesige Obstplantagen wurden abgeholzt, sogenannte Filetstück-Immobilien
wurden verschachert, womöglich von treulosen Treuhand-Agen-
ten, Hunderttausende von Werktätigen wurden um ihren siche-
ren, wenn auch unproduktiven Arbeitsplatz gebracht.

Viel sah nach Unrecht aus. Und nun meldet sich einer, der seine
Stimme dagegen erhob, als Opfer, und klagt, ihm sei beispiellose
Gewalt angetan worden in einem Fall von Vereinigungs-Kримina-
lität besonderer Art: auf dem Theater.

Es ist der Schriftsteller Rolf Hochhuth. Nicht als Rächer, doch
als Mahner namens der Enterbten prangert er nun schon seit einer
langen Weile die Liquidation der DDR als eine brutal kapitalistische Vergewaltigung und Ausplünderung ihrer Bewohner an und
billigt den armen Ossis, denen das Fell über die Ohren gezerrt
werden soll, ein Notwehr-Recht auf Widerstand zu.

In einer Reihe von „Szenen aus einem besetzten Land" (Untertitel) mit dem Etikett ›Wessis in Weimar‹ hatte Hochhuth dramatisch zusammengefaßt, was an Unheilsstoff sein Herz so bewegt,
und er durfte hoffen, die berühmteste Bühne der einstigen DDR,
das von Brecht gegründete Berliner Ensemble im Theater am
Schiffbauerdamm, wäre der angemessene Uraufführungsort für
sein Klage- und Anklagewerk.

Aber wehe, bei seinem ersten Probenbesuch Anfang Februar
wurde ihm klar, daß er unter die Räuber gefallen war, und fortan
trompetete er in jedes Medien-Mikrofon, das sich ihm entgegen-
reckte, seinem Werk werde auf dieser Bühne unter der Regie von
Einar Schleef etwa so übel mitgespielt wie dem Volksvermögen
der Ossis durch die Raubritter des Kapitals.

Ein Beispiel für die Regie-Willkür, die Hochhuth so schokkierte: In einer Szene hatte er, durch einen authentischen Fall angeregt, das letzte Stündlein eines hohen Berliner Senats-Funktionärs ausgemalt, der dann von einer Briefbombe zerrissen wurde.

Er hatte sich diesen Mann zu Hause in entspanntem Feierabend-Ambiente vorgestellt, wie er einerseits mit seiner Geliebten telefonierte, die verheiratet und deshalb im Augenblick nicht greifbar war, anderseits mit einem Herrn Thierse, dem er Abträgliches über die Treuhand hinterbrachte, wie er vor allem aber in ein Diktiergerät einen recht langen Brief an den Daimler-Benz-Chef Reuter in Sachen Potsdamer Platz einspeicherte.

Hochhuth hatte also sein publizistisches Anliegen (Wiederaufbau des Liebermann-Hauses) ordentlich auf jene menschelnde Theaterart verpackt, daß dann die unerwartete Bomben-Detonation dem Publikum in die Knochen fahren sollte. Doch bei jenem Probenbesuch mußte er feststellen, daß der Regisseur das ganze sinnige Beiwerk in den Wind geschlagen hatte und auch gutem Zureden oder juristischen Drohungen unzugänglich blieb: Einar Schleefs Ruhm ist seine Sturheit.

So war auch bei der Premiere am vergangenen Mittwoch nicht die von Hochhuth gewünschte Wohnzimmer-Behaglichkeit eines musischen Ministerialbeamten zu sehen, der gern Rotwein trinkt. Die Bühne war leer, und an der Rampe stand ein nackter Mann im Wehrmachtsmantel, der mit der linken Hand ein Glas O-Saft umklammerte, mit der rechten alsbald zu onanieren begann und dann unter verbissenem Rubbeln den Text der Szene, diesen Leitartikel betreffs Potsdamer Platz hervorpreßte und -stieß, bis er plötzlich zusammenbrach, vielleicht von einer inneren oder äußeren Explosion umgerissen, am Boden einen Augenblick verschnaufte und sich dann wie über sich selbst erschrocken von der Bühne schlich.

An die Stelle der kulturpolitischen Argumentation, die Hochhuth wichtig war, trat also eine theatralische Verzweiflungs-Chiffre, ein grelles und sinistres Panik-Solo, wobei das Kostüm die Zuschauer kaum noch befremdete: Mit ein paar kurzen Ausnahmen wurde die Aufführung auf leerer Bühne von der ganzen Darsteller-Riege, auch den Damen, in schwerem Schuhwerk und Wehrmachtsmänteln durchexerziert.

Daß Hochhuth dies alles als »groben Unfug«, als »Schändung« seines Werkes empfand und dennoch geschehen ließ, ehrt ihn: Er demonstrierte Großmut gegenüber künstlerisch Andersdenkenden und verlangte lediglich, daß auf Kosten des Theaters jeder Premierenbesucher den gedruckten Stücktext geschenkt bekam.

Um aber zu verstehen, wie es geschah, daß die beiden rührendsten Dickköpfe und verbohrtesten Rechthaber des deutschen Theaterbetriebs, also Rolf Hochhuth und Einar Schleef, aneinandergerieten und die Uraufführung die Form einer Notschlachtung annahm, ist eine Rückblende nötig, zurück in die Tage des Aufbruchs, als blühende Kulturlandschaften aus dem Boden gestampft werden sollten, auch im vereinten Groß-Berlin.

Erst einmal wurden Böcke geschossen. An die Staatsoper wurde ein Verwaltungschef auf fünf Jahre verpflichtet, der sein Büro kaum bezogen hatte, als man ihn schon wieder für überflüssig befand. Am Schiller-Theater wurde ein Direktor hinauskomplimentiert, bei vollen Bezügen bis 1995, um einem neuen Platz zu machen. Am Berliner Ensemble, dem „weltberühmtesten deutschen Theater" (so Kultursenator Roloff-Momin), folgte dem abservierten letzten SED-Intendanten ein Geschäftsführer, der sich als Veranstalter der Rittersaal-Festspiele Schloß Burg an der Wupper für diesen Job qualifiziert hatte. Er wurde drei Monate nach Amtsantritt wieder gefeuert.

Natürlich ist bei jeder solchen Panne eine Abfindung fällig, die nicht als Arbeitslosenhilfe zu betrachten ist, wohl jeweils ein paar hunderttausend Mark (genaue Höhe noch strittig), also, wie der Geldmensch sagt, Peanuts.

Dafür ist aber, Triumph, für das Berliner Ensemble am 1. Februar das vom Kultursenator angeregte Privatisierungsmodell in Kraft getreten, das bei seiner ersten Präsentation im September 1991 viel Hohn auf sich gezogen hatte. Als »Rentnerband« wurden damals die fünf verdienten Theatermacher verspottet, die den ehemaligen DDR-Staatsbetrieb gemeinsam als GmbH betreiben wollte, auch als »Fünferpack«.

Doch die fünf (Matthias Langhoff, Fritz Marquardt, Heiner Müller, Peter Palitzsch und Peter Zadek) ließen sich nicht bange machen. Jeder hat 20 000 Mark zum Stammkapital beigesteuert, jeder bekommt monatlich 10 000 Mark (dazu jeweils sein marktübliches Regiehonorar), und das Land Berlin stellt ihnen den Theaterbau sowie 24,5 Millionen Mark jährliche Subvention zur Verfügung. Dafür müssen sie, was nicht allen fünfen recht war, für einen regelmäßigen Vorstellungsbetrieb sorgen.

Von den gut 60 Schauspielerinnen und Schauspielern, die zu DDR-Zeiten beim Berliner Ensemble fest angestellt waren, hat man die Hälfte auf die Straße gesetzt; manche von ihnen, so spottete Heiner Müller, seien nur noch als Zuschauer brauchbar. Auch da wird nun natürlich um Abfindungen prozessiert – aber die wären, so sagt die Kulturbehörde, aus dem Theateretat zu bezahlen.

Das Repertoire an mehr oder weniger abgestandenen Brecht-Inszenierungen, die dem Berliner Ensemble bis zuletzt etwa 80 Prozent Nostalgie-Touristen aus dem Westen als Zuschauer sicherten, wurde im vergangenen Sommer abgewrackt. Seit dem Neubeginn nach halbjähriger Renovierungspause gilt das Prinzip, daß immer nur ein Stück ein paar Wochen lang gespielt wird: Jeder der fünf Herren soll jeweils für sein Projekt Mitarbeiter und Darsteller möglichst frei zusammenengagieren können.

Den Anfang machte im Januar Peter Palitzsch mit einer Inszenierung von Shakespeares wenig populärem Spätwerk ›Pericles‹. Als bemerkenswert wurde berichtet, daß das Publikum dabei wie zu Shakespeares Zeit stehen mußte, ansonsten war es, so der Berliner ›Tagesspiegel‹, »ein Anfang wie ein Ende«.

Daß dieses Ad-hoc-Konzept mit dem Ziel gemeinsamer und kontinuierlicher Arbeit nichts mehr zu tun hat, das Brecht mit dem Begriff »Berliner Ensemble« verband, liegt auf der Hand. Die Brecht-Tochter Barbara, die als Erbin und Ehefrau des stellvertretenden Intendanten zu DDR-Zeiten geballte Hausmacht ausübte, sieht den guten alten Firmennamen nun als »Deckmäntelchen« mißbraucht: »Das ist ein Bauernfängertitel, ohne den kämen die Herren nicht weiter.«

Die erste Skandal-Nachricht von Hochhuths »Wessi«-Stück, im vergangenen Mai, platzte mitten in die Eröffnungs-Planspiele dieser Herren. Durch ein Interview im ›manager-magazin‹ geriet Hochhuth in den Verdacht, mit den Mördern des Treuhand-Chefs

Rohwedder zu sympathisieren. Er bezog dafür von Kanzler Kohl und Minister Blüm jene Prügel, die in Bonn üblicherweise ohne Nachdenken oder Prüfen der Sache ausgeteilt werden – er erhielt aber auch, noch am Tag, an dem die umstrittene Szene im ›Spiegel‹ (23/1992) erschienen war, einen Anruf von Heiner Müller im Namen des Berliner Ensembles: Man wollte unbedingt die ›Wessis in Weimar‹ zur Uraufführung haben.

Gewiß war Hochhuth geschmeichelt, denn interessante Theaterleute hatten sich seit langem nicht mehr für seine Produktion interessiert, und so nahm er auch hin, daß doch keiner der fünf Hausherren selbst Regiehand anlegen wollte, sondern ihm dafür Einar Schleef nahegebracht wurde.

Schleef, gelernter Bühnenbildner, der nach seinen ersten Regie-Taten Mitte der siebziger Jahre am Berliner Ensemble (gemeinsam mit B. K. Tragelehn) in den Westen vergrault wurde, hat zuletzt hauptsächlich in Frankfurt am Main gewirkt. Was immer er inszenierte, unterwarf er einer rigorosen Formalisierung; er ließ fragmentierte Stücktexte im Chor deklarieren und rhythmisch zerstampfen; er verbreitete mit diesem harthölzernen Oratorienstil Furcht und Schrecken, wurde dafür aber auch mit dem Fritz-Kortner-Preis geehrt.

Hochhuth, in seinem Freizeit-Beruf als Theaterkritiker, hatte das letzte solche Schleef-Marathon »so läppisch wie rätselhaft« gefunden, ließ sich aber doch mit ihm zusammenspannen und faßte sogar Zuneigung zu diesem Querkopf in Gestalt eines hühnenhaften, doch gutartigen Waldschrats.

Hochhuth hat sich in Schleef getäuscht, hat sich auch täuschen lassen, wenn nicht täuschen lassen wollen. Natürlich hat Schleef, wie jedesmal, in seinem apokalyptischen Einheitsstil nur Stücke des Hochhuth-Stücks sowie Stücke anderer Stücke (von Goethe und Schiller) und Chorgesänge in einem theatralischen Exorzismus über die Bühne gepeitscht. Nicht die Sache, nur der Furor kam zur Wirkung, der wütende Wunsch, das eine Deutschland möge bei seinem Versuch, sich das andere einzuverleiben, an diesem verdorbenen Happen verrecken: eine ungeheuer teutonische Angelegenheit.

Das Berliner Ensemble wird seinen schweren Gang weitergehen: mit einer nächsten Schleef-Collage, mit Horváths Reichswehr-Stück ›Sladek‹, inszeniert von Fritz Marquardt, mit Brechts ›Fatzer‹-Fragment, inszeniert von Heiner Müller, mit Peter Turrinis ›Grillparzer im Pornoshop‹, inszeniert von Peter Palitzsch, mit Cesare Zavattinis Film-Drehbuch ›Das Wunder von Mailand‹, inszeniert von Peter Zadek − alles in allem mehr verbrannte Erde als blühende Landschaft. Dafür wirbt es mit dem kessen Spruch: »Wollen Sie jetzt eine Masochismusvorführung, oder wollen Sie keine Masochismusvorführung?«

Rolf Hochhuth erhält am Hamburger Ernst-Deutsch-Theater Satisfikation durch eine »werkgetreue« Inszenierung der ›Wessis in Weimar‹, die dann durch 75 Städte auf Tournee geht, und im Auftrag des Theaters am Kurfürstendamm strebt er neuen Blütenträumen entgegen als deutscher Texter eines Marlene-Dietrich-Musicals mit dem Titel ›Sag mir, wo die Blumen sind‹.

Der Spiegel, Hamburg, 7/1993

Rolf Hochhuth:
Entgegnung

Nimmt man sämtliche Texte von mir aus der Veranstaltung heraus, so bleiben mehr als neunzig Minuten, die Herr Schleef aus klassischen Texten und Liedern gestaltet: Nahezu zwanzig Minuten nach Beginn der Vorstellung ist noch keine Silbe von R. H. gesprochen worden. Am Tage schon des ersten Durchlaufs herrschte er mich an: »Was wollen sie überhaupt hier, Goethe steigt auch nicht aus dem Grabe, wenn man ihn inszeniert!« Schleef wußte, er müsse mir bis zuletzt verheimlichen – um mir zu erschweren, pünktlich eine einstweilige Verfügung gegen seine Inszenierung zu erwirken –, welche fremden Texte er einblendet, ohne das Puplikum wissen zu lassen, daß sie nicht von mir sind. Zum Beispiel Brechts Lob der kommunistischen Partei. Ich weiß auch nicht, warum eine Veranstaltung, die unter meinem Namen firmiert, in Chören ›O Haupt voll Blut und Wunden‹ und FDJ-Lieder absingt und Szenen aus drei Dramen Schillers einfügt. Jedoch das Angebot des Direktors Langhoff, nachdem er zum ersten Mal einen Ausschnitt aus der Schleef-Probe gesehen hatte: jedem der 530 Besucher der Uraufführung die Buchausgabe meines Dramas (Verlag Volk und Welt) kostenlos auszuhändigen, ist so großzügig, daß der Rowohlt Theater Verlag als Inhaber der Bühnenrechte und ich auf naheliegende urheberrechtliche Schritte verzichten.

Herr Schleef hatte mir im Spätsommer seine Strichfassung vorgelegt, mit der ich völlig einverstanden sein konnte. Er hat dann aber nicht einen einzigen meiner zehn Szenen-Anfänge oder Szenen-Schlüsse inszeniert. Die Menschen verschwinden in Chören, die Schleef statt einzelner auf die Bühne stellt. Er zitiert viermal mehr aus meinen essayistischen Zutaten, deren keiner für die Bühne geschrieben wurde, als aus meinen Dialogen.

Schleef hat mich hingehalten und getäuscht, da er nun doch nur einen Bruchteil der von ihm selber aus meinem Buch herausgesuchten Dialoge »spielt«, auch gar kein Bühnenbild hat, fast keine seiner Figuren sprechen darf, sondern beinahe alle nur in Chören skandieren dürfen: Ein Neunzigjähriger wird von zwölf jüngeren Männern in Militärmänteln Hitlers gleichzeitig skandierend und schreiend und jedenfalls total verfälschend »gesprochen«, seine Enkeltochter von neun Damen ebenso.

Schleefs Blick auf die Menschen, die ich auf die Bühne stelle, ist beleidigend inhuman. So wenn er einen durch Briefbombe dann ermordeten Berliner Baurat in seinem Militärmantel Hitlers exzessiv onanieren läßt, während der Mann von der drohenden Vergasung der Witwe Max Liebermanns spricht! Schleef vertut die Zeit mit einem Fußballspiel. Von zehn Figuren jener Szene, die er selber bei mir bestellt hat, um die Underdogs zu zeigen, denen Bonn ihre Mauergrundstücke nicht zurückgibt, hat Schleef alle bis auf *eine* gestrichen. Die aber als Bonner Justizministerin überhaupt nicht kenntlich wird, sondern nur deren quälend langweiligen Brief in fast unverständlichem Juristen-Rotwelsch aufsagt. Da es keinerlei Requisiten gibt, nicht mal einen Stuhl, geschweige eine Wand oder Türe, läßt Schleef die meisten durch den Souffleurkasten abgehen. Niemand kann zum Beispiel erfahren, daß der Treuhand-Präsident ermordet wird.

Ich habe ein Stück geschrieben, das Täter und Opfer in Deutschland zeigt. Einar Schleef hat ›Wessis in Weimar‹ zertrümmert und verfälscht. Er zeigt Chöre statt Individuen. Meine Menschen dürfen nicht sprechen, sondern müssen skandieren.

Die Wahrheit ist aber nicht symbolisch. Sie ist konkret.

Berlin, 10. Februar 1993

Rolf Hochhuth

Zwischen Sylt und Wilhelmstrasse

240 Seiten
Gebunden
DM 34,-
ISBN 3-353-01166-8

Zwischen der Ferieninsel Sylt und der Berliner Wilhelmstraße, dem deutschen Machtzentrum, spannt Rolf Hochhuth große Bögen von engagierter Zeitgenossenschaft und persönlichem Bekenntnis – fast allen Texten sind Abschied und Verlust als geheimes Wasserzeichen eingeschrieben, im Politischen wie im Privaten: die Arbeitswelt verändert sich, und die Globalisierung greift ins Schicksal jedes einzelnen ein. Abschied meint aber auch die Vergänglichkeit der Liebe und die Wehmut des Alterns. Gegen die Gefährdungen unserer Existenz beschwört Hochhuth das bestmögliche »Maß der Abwehrkräfte«, das er finden kann.

»Bei Hochhuth wird aus Geschichte Literatur – und das in aufdeckender, in aufrüttelnder Weise.«

Friedrich Schorlemmer

VVW Verlag Volk & Welt

Günter Grass im dtv

»Günter Grass ist der originellste und
vielseitigste lebende Autor.«
John Irving

Die Blechtrommel
Roman · dtv 11821

Katz und Maus
Eine Novelle · dtv 11822

Hundejahre
Roman · dtv 11823

Der Butt
Roman · dtv 11824

**Ein Schnäppchen
namens DDR**
dtv 11825

Unkenrufe
dtv 11846

**Angestiftet, Partei zu
ergreifen**
dtv 11938

Das Treffen in Telgte
dtv 11988

**Die Deutschen und
ihre Dichter**
dtv 12027

örtlich betäubt
Roman · dtv 12069

**Ach Butt, dein Märchen
geht böse aus**
dtv 12148

**Der Schriftsteller als
Zeitgenosse**
dtv 12296

**Der Autor als
fragwürdiger Zeuge**
dtv 12446

Ein weites Feld
Roman · dtv 12447

Die Rättin
dtv 12528

**Aus dem Tagebuch einer
Schnecke**
dtv 12593

Kopfgeburten
dtv 12594

Zunge zeigen
dtv 12686

Gedichte und Kurzprosa
dtv 12687

**Mit Sophie in die Pilze
gegangen**
dtv 12688

Volker Neuhaus
**Schreiben gegen die
verstreichende Zeit
Zu Leben und Werk von
Günter Grass** · dtv 12445

Erich Loest im dtv

»Lest Loest, und ihr wißt mehr über Leipzig
und wie alles gekommen ist.«
Armin Eichholz

Schattenboxen
Roman
dtv 10853
Gert Kohler wird nach
zweieinhalb Jahren aus
dem Gefängnis entlassen.
Die erträumte Freiheit!
Doch inzwischen gibt es
den kleinen Jörg und neue
Probleme...

Zwiebelmuster
Roman
dtv 10919
»Dieser Roman erweist
einmal mehr die Stärke
Loests, Alltag pointiert in
Szene zu setzen.«
(Deutsches Allgemeines
Sonntagsblatt)

Froschkonzert
Roman
dtv 11241
Satire auf bundesdeutsche
Krähwinkelei.

Durch die Erde ein Riß
Ein Lebenslauf
dtv 11318

Wälder, weit wie das Meer
Reisebilder
dtv 11507

Fallhöhe
Roman
dtv 11596
Die letzten Tage der DDR.

Bauchschüsse
Erzählungen
dtv 12290

Nikolaikirche
Roman
dtv 12448
Chronik einer Leipziger
Familie. Ein Wende-
Roman.

Völkerschlachtdenkmal
Roman
dtv 12533
Glanz und Elend der Stadt
Leipzig – ein Parforceritt
durch die Historie
Sachsens.

Es geht seinen Gang
oder
Mühen in unserer Ebene
Roman
dtv 12549
Ein Mann verweigert sich
dem Leistungsdruck in
Gesellschaft und Familie.
DDR-Roman.

Botho Strauß im dtv

Christa Wolf im dtv

»Grelle Töne sind Christa Wolfs Sache nie gewesen; nicht als Autorin, nicht als Zeitgenossin hat sie je zur Lautstärke geneigt, und doch hat sie nie Zweifel an ihrer Haltung gelassen.«
Heinrich Böll